DER AUF
DIE PFERDE
HÖRT

MARK RASHID

DER AUF DIE PFERDE HÖRT

Erfahrungen eines Horseman aus Colorado

KOSMOS

Aus dem Amerikanischen übersetzt von Andrea und Thomas Ahlers.
Titel der Originalausgabe: „Considering the Horse. Tales of problems solved
and lessons learned"
Johnson Printing, Boulder, Colorado
© 1993, Marc Rashid

Umschlaggestaltung von Atelier Reichert, Stuttgart, unter Verwendung von
Farbfotografien von Marc Rashid (unten rechts), Estes Park und Sorrel,
Ebersbach

Die Deutsche Bibliothek – CIP-Einheitsaufnahme

Rashid, Mark:
Der auf die Pferde hört : Erfahrungen eines Horseman aus Colorado /
Mark Rashid. [Aus dem Amerikan. übers. von Andrea und Thomas
Ahlers]. – Stuttgart : Kosmos, 1999
    Einheitssacht.: Considering the horse <dt.>
    ISBN 3-440-07753-5

kosmos Bücher • Videos • CDs • Kalender • Experi-
mentierkästen • Spiele • Seminare
Natur • NaturReiseführer • Garten und Zim-
merpflanzen • Heimtiere • Astronomie •
Pferde & Reiten • Kinder- und Jugendbuch •
Eisenbahn/Nutzfahrzeuge
Informationen senden wir Ihnen gerne zu:
KOSMOS Verlag · Postfach 106011 · 70049 Stuttgart
Telefon: 0711-2191-0 · Fax 0711-2191-422

Kosmos Verlag
Mitglied in der

Deutsche Vereinigung zum
Schutz des Pferdes e.V.
Wienkamp 11 rechts
46354 Südlohn

Für die deutschsprachige Ausgabe:
© 1999, Franckh-Kosmos Verlags-GmbH & Co., Stuttgart
Alle Rechte vorbehalten
ISBN 3-440-07753-5
Lektorat: Alexandra Haungs
Herstellung: Lilo Pabel
Printed in Czech Republic / Imprimé en République Tchèque
Satz: TypoDesign, Radebeul
Druck und buchbinderische Verarbeitung: Těšínska Tiskárna, Český Těšín

DER AUF DIE PFERDE HÖRT

Für meine Frau Wendy,
meine Tochter Lindsey und meine
Söhne Tyler und Aaron.
Ich danke Euch!

EINE ERKLÄRUNG
VORAB

Ich habe dieses Buch geschrieben, um Ihnen von meinen persönlichen Erfahrungen zu berichten, den positiven wie den negativen, die in ihrer Summe meine Sichtweise von Pferden und meine Arbeit mit ihnen verändert haben. Als ich die Arbeit an diesem Buch beendet hatte, wurde mir klar, daß sich mit Sicherheit nach der Lektüre einige Fragen ergeben würden, die einer Antwort bedürfen.

Zunächst werden Sie sich vielleicht wundern, warum um alles in der Welt das Buch so geschrieben wurde, wie Sie es jetzt in der Hand halten: in Form von Geschichten, statt in der geradlinigen und nüchternen Form anderer Ratgeber. Nun, die Antwort ist ganz einfach: Ich wollte, daß mein Buch nicht nur interessant ist und Vergnügen beim Lesen bereitet, ich wollte vor allem, daß Sie sehen, wie ich angefangen habe. Ich dachte, es sei vielleicht wichtig für Sie zu wissen, daß mir nicht alles einfach in den Schoß gefallen ist und ich eine Antwort auf jede Frage gehabt hätte. So ist es nämlich nicht. Alles, was ich heute weiß, habe ich während vieler Jahre und durch Situationen gelernt, in denen ich gewiß nicht immer die richtigen Entscheidungen getroffen habe.

Mit Bestimmtheit kann ich heute sagen, daß, wenn ich nicht einige dieser Fehler gemacht hätte, ich wahrscheinlich niemals das Wissen hätte sammeln können, um dieses Buch zu schreiben. Oft waren es gerade die Fehler und Fehleinschätzungen, durch die ich die wertvollsten Erkenntnisse gewonnen habe. Es wäre nicht richtig gewesen, wenn ich Ihnen nur die Lösung eines Problems erzählt hätte, ohne vorher zu beschreiben, wie ich darauf gekommen bin. Wenn das bedeutet, einen Fehler zugeben zu müssen, den ich begangen habe, während ich nach einer Lösung gesucht habe, dann ist es eben so.

Außerdem ist es mein Wunsch, daß mein Buch von Pferde-Menschen und Nicht-Pferde-Menschen gleichermaßen gern gelesen und verstanden werden kann. Ich hoffe, daß Sie Zugang zu den Geschichten finden, ob Sie nun jeden Tag reiten oder vielleicht nur ein einziges Mal in Ihrem Leben im Sattel eines Karussellpferdes auf dem Jahrmarkt gesessen haben. Sie mögen das Gefühl haben, daß es vielleicht mehrere und nicht nur die eine Lösung für manche Probleme gibt, die ich in diesem Buch anbiete. Nun, aller Wahrscheinlichkeit nach ist Ihr Gefühl richtig. Ich habe einige Antworten absichtlich weggelassen, damit Sie diese Freiräume selbst füllen können. Wenn Sie zum Beispiel den Abschnitt über Probleme beim Aufsitzen gelesen und genug Informationen gesammelt haben, um sich eine eigene Vorstellung zu machen, wie man ein solches Problem lösen könnte, dann haben wir gemeinsam etwas erreicht. Mir wäre dann gelungen, Ihnen das Werkzeug zur Verfügung zu stellen, damit Sie über eine Lösung Ihres eigenen Problems nachdenken können, und Sie hätten dies als eine Chance begriffen, es zur eigenen Lösung zu nutzen. Es ist immer besser, wenn die Informationen, die einem zur Verfügung stehen, zum Denken anregen, als wenn man denkt, man verfüge über mehr Informationen, als man braucht.

Sie werden vielleicht feststellen, daß ich zum Beispiel das Problem der zum Stall zurückdrängenden Pferde ganz ausgelassen habe. Auch dies ist beabsichtigt. Während das spezielle Problem eines stallscheuen Pferdes nicht behandelt wird, findet man aber die Information, wie man das Problem löst, sehr wohl in diesem Buch. Ich überlasse es nur einfach Ihnen, das herauszufinden.

Andere Probleme, beispielsweise Pferde, die buckeln, steigen oder ausschlagen, sind ebenfalls absichtlich ausgelassen worden, nicht jedoch aus dem soeben erwähnten Grund. Derartige Problemstellungen habe ich deshalb nicht in dieses Buch aufgenommen, weil ich sehr genau weiß, wie extrem gefährlich sie sich darstellen können, und ich wäre sehr unglücklich, wenn jemand Verletzungen davontragen würde aufgrund von Informationen, die ich weitergegeben habe. Es ist besser, wenn sich ein erfahrener Ausbilder mit solchen Problemen auseinandersetzt.

Wie ich bereits einleitend erwähnte, ist das Hauptanliegen dieses Buches, Ihnen aus erster Hand einen Bericht über meine Erlebnisse zu geben, die eine Veränderung meiner Sichtweise von Pferden und meiner Arbeit mit ihnen herbeigeführt haben. Ich hoffe, daß sich auch Ihre Sichtweise während der Lektüre verändern wird, denn nur dann habe ich mein Ziel erreicht. Ich wünsche Ihnen viel Spaß beim Lesen.

Mark Rashid

WIE PFERDE FÜHLEN

Aus der Sicht des Pferdes

Die Familie Pike bewohnte und bewirtschaftete den Boden bereits seit irgendwann um das Jahr 1800. Drei Generationen hatten hier gelebt, ehe das Haus 1941 schließlich an die Stromversorgung angeschlossen wurde. Nach allem, was man so hörte, muß das eine größere Aktion gewesen sein. Von weit her kamen Leute angereist, um zuzuschauen, wie der Bohrer der Elektrizitäts-Gesellschaft die Löcher für die Strommasten aushob und ein Mast nach dem anderen im Boden versenkt wurde. Über diese Masten sollten die Leitungen verlegt werden, die den Strom zur Pike Farm führten. Allerdings lag die Farm so weit abseits von der Straße, daß elf dieser ölverschmierten Masten notwendig waren, um die Leitungen bis zum Haus zu führen. Im Verlauf der Arbeiten gelang es der Elektrizitäts-Gesellschaft, den größten Teil des Geländes zur linken Seite des Fahrweges, der zum Haus der Familie Pike führte, zu ruinieren.

Als wäre das noch nicht genug gewesen, entwurzelte ein später Sommer-Tornado, der zwei Monate später in der Gegend wütete, alle Masten bis auf einen. Der Tornado zerstörte den Viehstall, hob das Dach des Wohnhauses ab und vernichtete die gesamte Heuernte sowie den größten Teil des Viehbestandes. Die Familie versuchte, alles wieder aufzubauen, endete aber im Ruin und sah sich zehn Jahre später gezwungen, ihren ganzen Besitz an Jim Johnson zu verkaufen. Johnson wollte auf dem Anwesen Pferde züchten, trainieren und verkaufen.

Das erste, was Johnson an der Farm auffiel, war der Starkstrommast, den der Tornado nicht erwischt hatte. Er stand fest verwurzelt an der südwestlichen Ecke des Werkzeugschuppens und war seit jenem Sturm nicht mehr seinem eigentlichen Zweck entsprechend genutzt worden. Das, dachte Johnson, wäre das ideale Stück Holz für den Pfosten, den er in der Mitte des geplanten Round Pen einrammen wollte. Mit Hacken und Schaufeln versuchten er und sein Onkel, den Mast auszugraben. Zwei Tage später, als der Mast noch immer fest im Boden verankert war, mußten sie erkennen, daß es einfacher wäre, den Round Pen um den Mast herum zu bauen, statt den Mast in den Round Pen zu verpflanzen. Und genau das taten sie dann auch.

Sie rissen den Werkzeugschuppen ab und bauten an dieser Stelle den Round Pen. Seine Wände waren aus grob bearbeiteten Balken zusammengefügt und neigten sich leicht nach außen. Der oberste Balken war 1,30 Meter vom Boden entfernt und wurde hauptsächlich als Sitzplatz von Leuten genutzt, die zuschauten, wie die Pferde eingeritten wurden. Der Round Pen wurde über die Jahre so sehr beansprucht, daß der Boden nur noch aus einer Mischung aus Dreck und pulverisiertem Pferdemist bestand.

Während der nassen Jahreszeit war er deshalb praktisch unbenutzbar. Der Boden wurde so glitschig, daß es sehr schwierig war, darauf zu gehen, und absolut unmöglich, dort mit Pferden zu arbeiten. Auch während der trockenen Jahreszeit war es nicht viel besser. Durch die Arbeit mit den Pferden im Pen wurde so viel Staub aufgewirbelt, daß vorbeigehende Leute die Staubwolke häufig für Rauch hielten, der von einem brennenden Gebäude aufstieg.

Es war an einem dieser trockenen, staubigen Tage im Sommer 1968, als ich auf dem obersten Balken von Johnsons Round Pen saß. Neben mir mein Chef, Walter Pruit. Wir waren die knapp sechs Kilometer von Walters Ranch zu Johnsons Ranch gefahren, um eine Wagenladung Heu zu holen. Nun hockten wir dort, nachdem wir den Truck beladen hatten, um den Jungs bei der Arbeit mit einem der neuen Jungpferde zuzusehen.

Es war das erste Mal, daß ich die Gelegenheit hatte, das Einreiten eines Pferdes so hautnah mitzuerleben, und es fiel mir schwer, dabei still sitzen zu bleiben. Durch die Staubwolke sah ich den Männern bei der Arbeit zu. Einer von ihnen preßte seinen Fuß hart gegen den alten Starkstrommast in der Mitte des Pen, um das Seil besser festhalten zu können, das zwei oder dreimal um den Mast gewickelt war. Am anderen Ende des Seils zog das junge Pferd, dem man ein Lederhalfter über den Kopf gezogen hatte und dessen Augen mit einem Tuch verbunden waren.

Die Hand eines zweiten Mannes lag auf dem Tuch, seine andere Hand umklammerte das Ohr des Pferdes, an dem er mit aller Macht zog. Zudem hatte er seine Zähne in die äußere Ecke des Ohrs verkeilt. Der dritte Mann warf dem Pferd den Sattel auf den Rücken und zog, so schnell er konnte, den Sattelgurt an.

Alle drei schwitzten so stark, daß sich der Staub, mit dem sie in Berührung kamen, sofort in Schlamm verwandelte. Ihre Arme und Gesichter waren von der schwarzen, schmierigen Masse überzogen, und ihre Hemden waren so verdreckt, daß nicht mehr zu erkennen war, welche Farbe sie einmal gehabt hatten.

Das war in der Tat eine ehrfurchterweckende Vorführung von Reitkunst, dachte ich. Es war eindeutig, daß dieses Pferd seinen Meister gefunden hatte. Als ich dort saß und zuschaute, war mir klar, daß ich genau das eines Tages auch würde machen wollen – Pferde einbrechen.

Weitere Farmarbeiter hatten sich nach und nach um den Pen versammelt und feuerten die drei Männer lautstark an. Ich merkte, daß ich mit ihnen im Chor brüllte. Als der dritte Mann so weit war, daß er aufsitzen konnte, geschah etwas Seltsames. Ich vernahm die sanfte Stimme des alten Mannes, der neben mir saß:

„Was glaubst du wohl, wie sich das Pferd dabei fühlt?" fragte er, während er sich gelassen eine filterlose Zigarette zwischen die Lippen schob und anzündete.

„Was?" fragte ich und versuchte das Beifallsgeschrei der Menge zu übertönen.

„Das Pferd." Er stieß eine bläuliche Dampfwolke aus.

„Was glaubst du, wie sich das Pferd dabei fühlt?"

„Ist doch nur ein Pferd", hörte ich meine zwölf Jahre alte Jungenstimme beinahe mit Abscheu sagen.

Bis zu diesem Zeitpunkt waren Pferde für mich ausschließlich Objekte gewesen, die überwältigt und unterworfen werden mußten. Ich war nie auf die Idee gekommen, mir zu überlegen, was das Pferd dabei empfinden könnte. Natürlich hatte bis zu diesem Tag auch niemand von mir verlangt, daß ich mir darüber Gedanken machte.

Rechtzeitig lenkte ich meine Aufmerksamkeit wieder auf das Geschehen, um zu beobachten, wie der Cowboy ein Bein über das Pferd warf und sich tief in den Sattel setzte. Und plötzlich nahm ich das Pferd mit anderen Augen wahr. Die Stute war tropfnaß von Schweiß und Schmutz, was eine genaue Bestimmung ihrer Farbe unmöglich machte. Sie stand inmitten von Staub und flirrender Hitze hilflos an den Pfosten gebunden. Jeder Muskel ihres Körpers war angespannt, und sie zitterte vor Angst. Als der Mann ihr die Augenbinde abnahm und sie losband, spiegelte ihr Gesichtsausdruck blankes Entsetzen.

Der Reiter, bereit loszulegen, trieb die kleine Stute mit seinen Sporen an. Sie explodierte sofort und war nur noch als ein verschwommenes Durcheinander von Hufen, Fell und Staub wahrnehmbar. Sie buckelte so stark, daß ihre Hinterbeine jedesmal ein knackendes Geräusch machten, wenn sie gestreckt nach hinten ausschlug. Die röchelnden Laute, die sie bei jedem Satz von sich gab, wenn die Luft gewaltsam aus ihrer Lunge gepreßt wurde, waren entsetzlich. Ich habe solche Laute niemals zuvor und nie wieder danach gehört.

Einer der Jungs, der mit uns auf dem obersten Balken saß, sagte, daß Tony, der Mann auf dem Rücken des Pferdes, sich wohl zuviel zugetraut hatte. Und so war es auch. Pferd und Reiter schafften drei sehr schnelle und ungestüme Runden im Round Pen, bevor Tony in die Luft geschleudert wurde wie der Typ, der sich auf dem Jahrmarkt einmal aus einer Kanone hatte abfeuern lassen. Tony landete wie ein nasser Sack sechs Meter von der Abwurfstelle entfernt. Als die Männer in den Round Pen kletterten, um ihm zu helfen und das Pferd wieder einzufangen, berührte mich der alte Mann leicht am Arm.

„Komm", sagte er, indem er ein Bein rückwärts über die hintere Absperrung schwang. „Wir müssen noch Heu abladen."

Seit meinem zehnten Lebensjahr arbeitete ich in dem kleinen Pferdebetrieb des alten Mannes, meistens als Stalljunge und Laufbursche. Als Gegenleistung durfte ich umsonst reiten. Während dieser zwei Jahre war ich mit ihm ungefähr ein halbes Dutzend Mal zum Heuaufladen unterwegs gewesen. Dabei stand ich immer oben auf dem Heustoß und warf die Ballen runter auf den Lieferwagen, wo er sie dann aufstapelte. Der Wagen war ein 1949er Ford Pickup und sah aus, als sei er irgendwo einen steilen Abhang hinuntergestürzt, mit etwas Glück auf allen vier Rädern gelandet und einfach weitergefahren.

Der alte Mann bestand jedesmal darauf, fünf Ballen mehr auf den Truck zu laden, als dort eigentlich Platz hatten. Er weigerte sich immer, die Ladung zu befestigen und verkündete, daß wir schließlich nicht sehr weit zu fahren hätten und die Ladung zu befestigen zuviel Zeit kosten würde. Es war daher unvermeidbar, daß der größte Teil des Heus auf dem Nachhauseweg auf der Straße landete. Es kostete uns immer mindestens eine weitere Stunde, bis wir die Heuballen wieder auf der Ladefläche hatten.

Auch heute war es nicht anders. Als wir vom Feldweg auf die asphaltierte Straße einbogen, schwankte der Wagen verräterisch, und sogleich wußte ich, daß die Heuballen, die gerade noch hinten auf dem Truck gestapelt waren, jetzt auf der Straße lagen.

Während wir alles wieder aufluden, konnte ich an nichts anderes denken als an die Frage, die der alte Mann mir im Round Pen gestellt hatte: Was ich wohl glaubte, wie sich das Pferd dabei fühlte? Es war, als hätte der alte Mann mit dieser einen Frage versucht, mir die Augen zu öffnen für eine andere Seite der Pferde, die viele Menschen, mich zu diesem Zeitpunkt eingeschlossen, nicht sehen. Ich wollte ihm gerne sagen, daß ich verstand, was er mit dieser Frage beabsichtigt hatte. Ich wollte ihm auch sagen, daß ich gesehen hatte, was er mir hatte zeigen wollen – die Angst des Pferdes.

Doch während wir beide dort standen und Heu auf den Wagen stapelten, konnte ich einfach nicht die richtigen Worte finden. Mir wollte einfach nichts Passendes einfallen. Erst als wir den vorletzten Ballen auf den Truck schleuderten, sprach ich ihn an.

„Sie hatte Angst", sagte ich kleinlaut zu ihm. Der alte Mann hielt inne und schaute mich an, als wollte er sagen: „Ich weiß nicht, wovon du redest." Doch mir war klar, daß er es wußte.

„Die Stute", fuhr ich fort. „Sie hatte Angst. Das ist es, was sie fühlte."

Er nickte zustimmend mit dem Kopf und sagte ganz ruhig: „Ich bin froh, daß du das gemerkt hast." Ich erwartete, daß er noch etwas sagen würde. Etwas Tiefgründiges vielleicht wie: „Alle guten Reiter bemerken solche Dinge." Oder: „Du bist sehr aufmerksam." Oder sogar: „Du bist nicht so dumm, wie ich dachte." Aber er fügte nichts mehr hinzu. Später wurde mir klar, daß es nichts gab, was noch hätte gesagt werden müssen. Er hatte seinen Standpunkt deutlich gemacht. Er war der Auffassung, daß es mehr gab im Zusammenhang mit Pferden, als einfach nur aufzusitzen und zu reiten, sehr viel mehr. Das hatte er deutlich gemacht, und alles weitere war meine Sache. Entweder ich fing etwas damit an oder ich ließ es bleiben. Also beschloß ich, mich von diesem Tage an sehr viel intensiver damit zu beschäftigen, wie Pferde wirklich funktionieren.

Wie gern würde ich behaupten, daß die verbleibenden Tage dieses Sommers eine außergewöhnliche Erfahrung für mich gewesen seien. Dem war nicht so. Obwohl ich jetzt versuchte, Pferde aus einer anderen Perspektive zu betrachten, lief alles ganz genauso weiter wie vorher. Ich mistete Ställe aus, reparierte Zäune und nur selten, wenn überhaupt, hatte ich die Gelegenheit, mit Pferden zu arbeiten.

Erst im darauffolgenden Frühjahr konnte ich meine neu gewonnene Einstellung Pferden gegenüber auch anwenden. Eines Morgens, als ich wieder mal die Boxen ausmistete, fuhr ein Pickup mit einem Viehanhänger auf den Hof. Im Innern des Anhängers warf sich ein Rotfuchs-Wallach von einer Seite auf die andere, in der Hoffnung, sich befreien zu können. Der Fahrer setzte den Anhänger rückwärts an einen freien Auslauf, dessen Tor der alte Mann geöffnet hatte. Kaum war die hintere Klappe des Anhängers auf, schoß der Wallach auch schon in den sechs mal neun Meter großen Corral hinaus. Bald merkte er jedoch, daß er nicht weit kam, und baute sich in der am weitesten entfernten Ecke auf.

Er hatte einige leichte Schnittwunden an Kopf, Beinen und Kruppe und zitterte so entsetzlich vor Angst, daß ich dachte, er würde im nächsten Augenblick zusammenbrechen. Der Fahrer des Wagens teilte uns mit, daß das Pferd absolut wertlos sei, und wenn wir mit ihm zurechtkämen, dann könnten wir ihn behalten. Als der Anhänger vom Hof rollte, kam der alte Mann zu mir herüber.

„Möchtest du mit dem hier arbeiten?" fragte er mich in sachlichem Ton. Niemals zuvor hatte der alte Mann auch nur angedeutet, daß ich eines Tages mit Pferden arbeiten dürfte, deshalb war ich vollkommen überrumpelt.

„Ich weiß überhaupt nicht, was ich mit ihm machen soll", sagte ich.

„Das Pferd wird dir zeigen, was zu tun ist", lautete seine Anwort. „Du mußt nur alles, was du tust, aus seiner Sicht betrachten, alles andere ergibt sich von selbst."

„Ich wüßte nicht einmal, wo ich anfangen sollte", sagte ich zu ihm.

„Er hat Angst", brummte der alte Mann. „Damit fängst du an." Und er ging davon.

Das war's. Wieder einmal hatte er alles mir überlassen. Ich konnte den Stier entweder bei den Hörnern packen und mit dem Pferd arbeiten oder weiter Ställe sauber machen. Nachdem ich beide Möglichkeiten gründlich gegeneinander abgewogen hatte, um ja nichts zu überstürzen, beschloß ich, in den Stall zu gehen und auszumisten. Die nächsten zwei Tage ging ich meiner gewohnten Arbeit nach. Am dritten Tag hörte ich, wie der alte Mann aus seinem Pickup zu mir herüberbrüllte. Über den Lärm des laufenden Motors rief er mir zu, daß er in die Stadt müsse. Er schrie noch, daß er ein Halfter im Corral des neuen Wallachs vergessen hätte, und ob ich so gut sein könnte, es da rauszuholen. Ich antwortete, daß ich das tun würde.

Das vertraute Geräusch des klappernden Metalls und der gequälten Gangschaltung verlor sich in der Ferne, als ich um die Ecke bog, um den Wallach in seinem Auslauf aufzusuchen. Ich war schockiert, als ich sah, daß das einzige Halfter im Corral am Kopf des Wallachs saß. Es mußte dem alten Mann an diesem Morgen gelungen sein, so nah an das Pferd heranzukommen, daß er ihn nicht nur hatte einfangen können, sondern es sogar geschafft hatte, ihm das Halfter anzulegen. Und das alles, ohne daß ich ihn dabei gesehen oder gehört hatte. Es war unglaublich. Na gut, dachte ich – so wie nur ein Teenager denken kann –, wenn er das kann, kann ich es auch.

Ich nahm allen Mut und alle Entschlossenheit zusammen und betrat den Pen. Das Pferd war nicht beeindruckt. Es

drehte sich einfach um und begann, an der äußeren Umzäunung des Corrals entlang zu traben. Furchtlos lief ich hinter ihm
her. Eine Viertelstunde später war die Situation unverändert. Er
trabte noch immer, ich ging hinter ihm her.

Es waren etwa 25 Minuten vergangen, als ich beschloß,
meine Strategie zu überdenken. Ich bewegte mich auf die Mitte
des Auslaufs zu und blieb dort stehen, um wieder zu Atem zu
kommen. Zu meiner großen Überraschung blieb das Pferd
ebenfalls stehen. Nicht nur das, es wandte sich mir zu und sah
mich an. Einige Zeit hatten wir einander bewegungslos gegenübergestanden und uns angesehen. Jeder hatte versucht herauszufinden, was wohl als nächstes geschehen würde, als ich
eine Biene bemerkte, die auf mich zugeflogen kam. Es war eine
von diesen Bienen mit schwarz-gelb gestreiftem Körper und
der Größe eines Bierfasses, die ein Geräusch machten wie ein
Hubschrauber, wenn sie vorbei fliegen. Die Biene war jetzt
direkt vor mir, etwa in Brusthöhe stand sie tanzend in der Luft.
Ich wich ihr aus, indem ich einige Schritte zurücktrat.

Die Biene umkreiste meinen Kopf drei- oder viermal, um
dann erneut in Brusthöhe vor mir in der Luft stehenzubleiben.
Wieder trat ich zurück. Drei- oder viermal wiederholten wir dieses Spiel, bis die Biene das Interesse verlor und davonflog. Ich
hatte meine gesamte Aufmerksamkeit der Biene zugewandt
und war daher, als ich mich schließlich wieder dem Pferd
zuwendete, vollkommen überrascht, als ich feststellte, daß es
in der Mitte des Corrals stand. Ich dagegen hatte mich wegen
der Biene immer weiter von der Mitte weg bewegt und stand
jetzt näher am Zaun.

Plötzlich kam mir der Gedanke, daß der Wallach hinter
mir hergelaufen sein könnte, während ich mich rückwärts
bewegt hatte, ebenso wie ich ihm vorher gefolgt war, als er vor
mir davongelaufen war. Ich ging noch ein paar Schritte weiter
zurück, um zu prüfen, ob dies tatsächlich der Fall war. Das
Pferd zögerte und ging dann ein paar Schritte auf mich zu.

Ich hatte eine überraschende Entdeckung gemacht. Je länger ich darüber nachdachte, desto einleuchtender erschien es mir. Wenn ich Angst hätte, und jemand würde mich jagen, würde ich weglaufen. Genau so hatte sich der Wallach verhalten. Er war vor mir weggerannt, weil ich ihm Angst gemacht hatte. Sobald ich aufhörte, hinter ihm herzulaufen, verlor er seine Angst und fühlte sich sicher genug, um stehenzubleiben. Ich konnte mir jedoch nicht erklären, was ihn dazu gebracht hatte, hinter mir herzulaufen. Obwohl es mich interessierte, zerbrach ich mir nicht lange den Kopf darüber. Wenigstens rannte das Pferd nicht mehr vor mir davon. Allein die Tatsache, daß er sich bemühte, auf mich zuzugehen, war ein echter Erfolg.

Ich bewegte mich weiter rückwärts, und der Wallach folgte mir. Mit jedem Schritt kam er näher an mich heran. Zehn Minuten später befand sich sein Kopf weniger als dreißig Zentimeter von meiner Brust entfernt. Ganz langsam hob ich die Hand und berührte seine Nase. Er wurde ein bißchen nervös, blieb aber stehen. Ich nahm meine Hand herunter und versuchte es noch einmal. Er schien es bereits etwas besser zu ertragen, war aber immer noch ängstlich.

Ich machte weiter, berührte ihn und zog meine Hand vorsichtig wieder zurück. Es dauerte lange, jedenfalls kam es mir so vor, bis ich es endlich schaffte, ihm Stirn, Nase und Ganaschen zu streicheln. Ich erinnere mich, daß ich Angst hatte, mich falsch zu verhalten oder etwas zu tun, was ihn erschrecken könnte. Aus diesem Grund waren meine Bewegungen immer langsamer geworden. Es stellte sich aber heraus, daß es genau diese langsamen Bewegungen waren, die er brauchte. Sie schienen eine überwältigend beruhigende Wirkung auf ihn zu haben. Auf diese Weise gelang es mir, mich bis an seine Seite vorzuarbeiten und ihm schließlich auch das Halfter vom Kopf zu streifen.

Nachdem ich ihm das Halfter abgenommen hatte, trat

ich rückwärts vom Pferd weg und steuerte auf das Tor zu. Ich war außer mir. Ich hatte das Gefühl, daß das Pferd bereitwillig zugelassen hatte, daß ich das Halfter abnahm, obwohl es Angst hatte. Ich hatte es geschafft, mich in das Pferd hineinzuversetzen, und Dinge getan, durch die ich mich selbst, zumindest glaubte ich das, in einer ähnlichen Situation wohl gefühlt hätte. Es hatte geklappt.

Ich konnte kaum erwarten, daß der alte Mann endlich zurückkam und ich ihm von meiner Heldentat berichten konnte. Als er endlich eintraf, setzte er sich ruhig auf einen Heuballen, rauchte eine Zigarette und hörte aufmerksam zu, wie ich ihm atemlos und bis ins kleinste Detail erzählte, daß ich es tatsächlich geschafft hatte, dem Pferd das Halfter abzunehmen.

„Sieht so aus, als hättest du alles genau richtig gemacht", sagte er schließlich. „Es war gar nicht so schwierig wie du dachtest, stimmt's?"

„Nein!" stimmte ich ihm zu. „Es war großartig."

Der alte Mann nickte bedächtig mit dem Kopf, zog an seiner Zigarette und sagte: „Nun, wir machen uns besser an die Arbeit. Die Ställe müssen noch ausgemistet werden."

Ställe, dachte ich. Wie konnte er mich bloß dorthin schicken? Ich hatte es doch immerhin geschafft, dem Pferd das Halfter abzunehmen! Für ihn war das offensichtlich keine so großartige Angelegenheit wie für mich. Aber schließlich war mir das egal. Ich hatte es geschafft, und niemand konnte mir diese Erfahrung jemals nehmen. Und für mich war es ein Anfang. Ich hatte den alten Mann unzählige Male über die Sichtweise des Pferdes reden hören, und obwohl ich es nicht verstanden hatte, hatte ich es doch erlebt. Das Verstehen würde mit der Zeit schon kommen.

In den nächsten Jahren fing ich an, mir praktische Kenntnisse in der Ausbildung von Pferden anzueignen und dabei ihre Sicht der Dinge zu beachten. Das ist so ähnlich wie die Geschichte des einbeinigen Mannes, der erzählt, daß er die

Bewegungsabläufe beim Square Dance beherrscht. Er mag zwar in der Lage sein zu tanzen, aber es sieht nicht besonders elegant aus.

Mir wurde klar, daß zwei Dinge notwendig waren, um erfolgreich Pferde zu trainieren. Erstens, ich mußte soviel wie möglich über das Pferd als Tier lernen. Und zweitens, mit so vielen Pferden wie möglich arbeiten. Erst dann könnte ich mein Wissen und meine Erfahrungen individuell auf die jeweiligen Pferde anwenden. Ein Problem war allerdings, daß ein großer Teil der Informationen, die ich entweder aus Büchern oder durch Berichte anderer Pferdeleute gesammelt hatte, nicht mit dem übereinstimmten, was der alte Mann mich gelehrt, oder die Pferde selbst mir erzählt hatten.

Es wird zum Beispiel allgemein angenommen, daß Pferde keine intelligenten Tiere seien und nicht fähig, zu denken. Wie auch immer, ich habe während meiner täglichen Arbeit mit Pferden genau das Gegenteil erfahren. Ich habe Pferde erlebt, die sich selbst beigebracht haben, ein Gatter zu öffnen. Andere, deren Sattelgurt immer zu fest angezogen worden war, bliesen sich auf. Sobald der Reiter aufsaß, ließen sie Luft ab, damit sie sich freier fühlten, während sie geritten wurden. Ich habe Pferde beobachtet, die entweder leicht oder aber nur sehr schwer einzufangen waren, je nachdem wie sie behandelt wurden, nachdem man sie eingefangen hatte.

Viele Leute, die solche Erfahrungen im Umgang mit ihren Pferden machen, denken, ihre Pferde seien unverbesserliche Unruhestifter, nur weil sie etwas tun, was in den Augen dieser Leute falsch oder nicht wünschenswert ist.

Die einzige Erkenntnis, die ich im Laufe der Zeit im Umgang mit Pferden gewonnen habe, ist die, daß sie nicht wie Menschen sind. Sie denken nicht wie wir, und sie lernen nicht wie wir. Jedesmal wenn wir das Tier zwingen, gemäß menschlicher Gedanken, Empfindungen und Emotionen zu funktionieren, bekommen wir Probleme.

Sehr oft vergessen wir, daß ein Pferd, wenn es geboren wird, nichts anderes ist als ein Pferd. Ich meine nicht das ausgebildete, gezähmte Pferd, das hinter unserem Haus steht, sondern das wilde Tier, das ausschließlich seinen Instinkten gehorcht. Der Überlebensinstinkt gebietet jedem einzelnen Tier, vor allem wegzulaufen, was Angst auslöst, und bevor es keine anderen Erfahrungen gemacht hat, löst erst einmal alles Angst aus. Es ist dieser Grundzug im Wesen des Pferdes, der es vom Tage seiner Geburt bis zum Tage seines Todes beherrscht. Genau das ist es, wodurch die größten Mißverständnisse entstehen. Weil das Pferd nicht so reagiert, wie wir es von ihm erwarten, wird es für dumm oder wertlos erachtet. In Wahrheit aber reagiert es vielleicht lediglich so, wie es sein Verstand zuläßt, indem es nämlich versucht, zu überleben oder sich zu schützen.

Diese einfache Erkenntnis wurde mir schmerzlich bewußt in dem Jahr, bevor der alte Mann starb. Er hatte mir ein Pferd anvertraut, von dem er sagte, daß es geschlagen worden wäre und daher ein wenig schreckhaft sei. Ich sollte versuchen, es so weit hinzukriegen, daß man es reiten könnte. Als mir dieses Pferd anvertraut wurde, hatte ich ungefähr ein Dutzend Pferde erfolgreich trainiert oder korrigiert. Ich muß fairerweise gestehen, daß mich diese Erfolge ein wenig eingebildet gemacht hatten. Bei den vorangegangenen zwölf Pferden hatte ich mehr oder weniger nach dem gleichen Trainingsplan gearbeitet. Ein paar Tage im Round Pen, damit man miteinander vertraut wurde, drei oder vier Tage an der Longe und Bodenarbeit, ein oder zwei Tage Arbeit, damit das Pferd sich an den Sattel gewöhnte und schließlich aufsitzen und die ersten Schritte gehen lassen. Ich sah keinen Grund, warum es mit diesem Pferd anders gehen sollte.

Um so überraschter war ich, als ich nach drei Tagen im Round Pen kaum eine Veränderung im Verhalten des Pferdes feststellen konnte. Die zwei Tage, an denen wir an der Longe und am Boden gearbeitet hatten, führten zu keiner Verbesserung, in gewisser Hinsicht bewirkte diese Arbeit sogar eine Verschlechterung. Das tat aber nichts zur Sache, denn nach sieben Tage hatte ich das Pferd soweit. Es ließ sich den Sattel auflegen, und ich konnte sogar den Steigbügelriemen belasten.

Am achten Tag schwang ich das Bein über das Pferd und setzte mich ruhig in den Sattel. Es zitterte vor Angst, und ich versuchte es zu beruhigen, indem ich seinen Hals streichelte. Wenn ich heute darüber nachdenke, muß die Wirkung so ähnlich gewesen sein, als ob man mit einer Wasserpistole versucht, einen Waldbrand zu löschen. Damals war mir das egal – die Hauptsache war, daß ich im Sattel saß.

Nachdem ich einige Minuten im Sattel gesessen hatte, wollte ich, daß das Pferd sich vorwärtsbewegte, also klopfte ich es dreimal leicht mit dem Absatz an. Die einzige Reaktion, die ich bekam, war eine ängstliche, zuckende Bewegung des ganzen Körpers, als ich das Pferd berührte. Weil die Reaktion anders ausfiel, als ich erwartet hatte, gab ich noch etwas mehr Druck, indem ich ihm einen harten Stoß versetzte.

Es überrascht mich immer wieder, wieviel explosive Energie ein Pferd aufbringen kann, wenn es denjenigen, der auf seinem Rücken sitzt, um alles in der Welt loswerden will. Besonders dann, wenn diese Person ihm über eine Woche lang Streß und Ärger bereitet hat.

Dieses Pferd hatte mich so schnell abgeworfen, daß mein Gesicht im Dreck lag, bevor ich überhaupt begriffen hatte, daß ich in Schwierigkeiten war. Ich erinnere mich, daß ich eine Flut von Flüchen ausstieß, die die Farbe vom Schuppen abblättern ließen. Von einigen dieser Wörter kannte ich nicht einmal die Bedeutung. Als ich mich vom Boden hochgerappelt hatte, baute ich mich vor dem Pferd auf und brüllte, so laut ich konnte: „Du blöder, verdammter, wertloser Gaul!"

Plötzlich bemerkte ich den alten Mann, der am Zaun des Corrals lehnte und mich mit diesem ganz besonderen Blick anstarrte. Dieser Blick, der mir sagte, daß der Fehler ganz allein bei mir lag, weil ich versucht hatte, dem Pferd meine Vorstellung davon aufzuzwängen, wie es sich zu verhalten hatte. Natürlich hatte er Recht. Durch meine Ungeduld hatte ich dem Pferd keine andere Wahl gelassen, als sich zu verteidigen gegen etwas, das es als Bedrohung wahrgenommen hatte. Sein Überlebensinstinkt hatte sich durchgesetzt, und das Ergebnis war mein völlig verdrecktes Gesicht. Man nennt das poetische Gerechtigkeit, glaube ich.

Was ich damit eigentlich erläutern möchte, ist, daß ich Pferde nicht für dumm halte. Im Gegenteil, ich denke, daß sie sehr viel intelligenter sind, als wir ihnen oft zugestehen. Wir erleben sie als nicht sehr klug, da sich der Instinkt durchsetzt, wenn irgend etwas falsch läuft oder sie verwirrt sind. In solchen Situationen kommt es uns oft so vor, als würden sie sich dumm oder sinnlos verhalten. Für Pferde bedeutet eine solche Reaktion aber vielleicht einfach den Unterschied zwischen Leben und Tod.

Ich erinnere mich daran, daß der alte Mann einmal zu mir sagte, um ein guter Trainer zu sein, müsse ich aufhören, wie ein Mensch und anfangen, wie ein Pferd zu denken. Ich sollte versuchen, die Welt mit den Augen des Pferdes statt mit meinen Augen zu sehen. Ich habe schnell gemerkt, daß das sehr viel einfacher gesagt als umgesetzt ist, obwohl ich mit dieser Einstellung buchstäblich aufgewachsen bin.

Mir wurde klar, daß ich außer dem Verständnis für das Verhalten der Pferde auch unendlich viel Geduld aufbringen mußte. Das hat mehrere Gründe, wovon vielleicht der entscheidende der ist, daß Pferde keinerlei Zeitgefühl haben. Damit meine ich, daß Pferde, im Gegensatz zu uns, niemals unter Zeitdruck stehen. Sie müssen keine Einkäufe machen, nicht ins Kino gehen, sie müssen nicht zur Bank und nicht zur Reinigung, sie müssen nicht einmal das Mittagessen zubereiten.

Mit anderen Worten, sie haben den ganzen Tag Zeit zu lernen, was wir ihnen beibringen. Es ist ihnen egal, ob wir um drei Uhr irgendwo einen Termin haben. Sie haben keinen. Man kann sie nicht dazu zwingen, etwas schneller zu verstehen oder zu tun, nur weil wir in Zeitnot sind. Das ist wahrscheinlich ein wesentlicher Grund, weshalb Menschen Probleme mit ihren Pferden haben. Das und die Tatsache, daß viele Menschen ein angeborenes Bedürfnis haben, Pferde zu dominieren und einzuschüchtern, mehr noch als den Wunsch, mit ihnen zu kommunizieren.

Ich erinnere mich, wie ich vor einigen Jahren Anfang September als freiwilliger Helfer bei einem Benefiz-Ritt aushalf. Wie so oft im Frühherbst in den Ausläufern des Gebirges war die Temperatur auf etwa 35 Grad angestiegen, und am Himmel stand keine Wolke. Es war ein Fünfundzwanzig-Kilometer-Ritt, der gegen acht Uhr morgens begann und gegen zwei Uhr am Nachmittag endete.

Der Parkplatz, auf dem er begann und später auch enden würde, stand voll mit Pferdeanhängern aller Marken, Formen und Größen. In der einen Ecke des Platzes parkte ein Pickup mit einem sehr schönen, dunkelgrauen Zweipferdehänger. Die Hängerklappe war zweigeteilt, und jede Seite bestand aus einem oberen und einem unteren Teil, mit denen man den Transporter fest verschließen konnte. Der Anhänger war den ganzen Tag verschlossen gewesen.

Als der Wanderritt beendet war, kam eine Frau auf einem glänzenden braunen Quarter Horse Wallach auf den Anhänger zu. Sie stieg ab, band das Pferd am Anhänger fest, nahm ihm das Sattelzeug ab und fing an, ihn mit übertriebener Sorgfalt zu putzen. Mittlerweile hatte die Temperatur gut 38 Grad erreicht.

Als sie mit dem Putzen fertig war, band sie ihn los, ging mit ihm zur hinteren Seite des Pferdeanhängers und öffnete die Klappen. Dem Transporter entströmte eine Hitze wie einem überdimensionierten Pizza-Ofen. Es schlug ihr so heiß aus dem Anhänger entgegen, daß die Frau einen Schritt zurücktaumelte, während sie sich mit den Händen Wind zufächelte. Sie wartete 30 Sekunden, führte den Wallach an die Klappe und befahl ihm hineinzugehen. Er steckte den Kopf und einen Fuß in den Anhänger und scheute sofort zurück. Er sah die Frau an, als wollte er sagen: Mann, das ist echt heiß da drin. Was hältst du davon, wenn wir ein paar Minuten warten, bevor ich da reingehe?

Die Frau scherte sich nicht darum. Sie führte das Pferd zurück zum Anhänger und befahl ihm wieder hineinzugehen. Der Wallach scheute erneut, und es begann ein zähes Ringen. Während der nächsten zwei Stunden tobte ein verbissener Kampf zwischen der gelegentlich gewaltsamen menschlichen Natur und dem Instinkt des Pferdes, am Leben zu bleiben. Einige Zeit später zählte ich siebzehn Menschen, die sich um das Pferd und den Anhänger versammelt hatten, und jeder von ihnen bot seinen Rat und seine Muskelkraft an. Keiner hatte Erfolg.

Im Verlauf dieser zwei Stunden hatte ich die Besitzerin des Pferdes mehrere Male sagen hören, daß sie um fünf Uhr zu Hause sein müsse, da sie Gäste zum Abendessen erwarte. Nur wegen ihres „blöden" Pferdes, das sich nicht verladen lassen wollte, würde sie nicht rechtzeitig heimkommen. Ich fand es sehr aufschlußreich, daß sie für ihre Ungeduld das Pferd verantwortlich machte – ein Pferd, das, wie sie selbst eingestand, noch niemals zuvor Probleme beim Verladen gemacht hatte. Ich konnte mir auch den Gedanken nicht verkneifen, daß der gesamte Vorfall überhaupt nicht notwendig gewesen wäre, wenn sie sich nur zehn oder fünfzehn Minuten Zeit genommen hätte, um den Anhänger abkühlen zu lassen.

Statt dessen machte sie genau den gleichen Fehler, der mir damals mit jenem Pferd unterlaufen war, das mich in hohem Bogen in den Dreck geworfen hatte. Sie wollte ihr Pferd schneller zu etwas zwingen, als das Pferd bereit war, dies umzusetzen. Das Ergebnis war das gleiche. Der Überlebensinstinkt des Pferdes dominierte sein Handeln, und es reagierte in Notwehr. Bald wurde deutlich, daß jeder einzelne Bewohner Denvers der Frau seine Hilfe hätte anbieten können, das Pferd wäre trotz alledem nicht zu bewegen gewesen, in den Anhänger zu gehen. Der Instinkt hatte sich über seine gesamte Ausbildung hinweggesetzt und ihm signalisiert, daß es sich in einer lebensbedrohlichen Situation befand, obgleich dies gar nicht der Fall war.

Im Laufe der Jahre habe ich begriffen, daß beinahe jedes Trainingsproblem, das sich bei der Arbeit mit Pferden ergeben kann, aus unserem mangelnden Verständnis für genau diese einfache Wahrnehmung des Pferdes besteht. Dies und die Tatsache, daß wir oft viel zu sehr in Eile sind, um das Tier geduldig dazu zu bewegen, all das zu tun, was wir von ihm verlangen, ist der Grund, weshalb Trainingsstunden und Trails oft in einer Katastrophe enden.

Ich kann die Art und Weise, wie manche Leute mit ihren Pferden arbeiten, nur damit vergleichen, wie der alte Mann Heu transportierte. Er wollte sich keine fünfzehn Minuten zusätzlich Zeit nehmen, um die Ladung zu befestigen. Also brachten wir dann über eine Stunde damit zu, den Truck wieder zu beladen, nachdem das Heu heruntergefallen war. Mit Pferden verhält es sich genauso. Wenn wir uns nicht die Zeit nehmen, die Dinge beim ersten Mal richtig zu machen, müssen wir uns mit ziemlicher Sicherheit wieder und immer wieder die Zeit dazu nehmen. Ich habe zu viele gute Pferde erlebt, die nur deshalb zu Problempferden geworden sind, weil es uns an Verständnis und Bereitschaft gefehlt hat, einen Weg zur Verständigung mit ihnen zu finden. Wo doch ein wenig Geduld ausgereicht hätte, um das Problem von Anfang an zu vermeiden.

Ich will damit natürlich nicht andeuten, daß es allein auf das Verständnis für die Sichtweise des Pferdes ankommt, um es leicht und mühelos zu trainieren. So einfach ist es nun auch wieder nicht. Vor allem ist ein Denkansatz notwendig, der sich grundlegend von der wilden und heftigen Art der Cowboys vergangener Tage unterscheidet, wie Pferde eingeritten werden sollten. Es bedarf einer einfühlsamen Hand anstelle eines langen Stockes – eine unangenehme Vorstellung für manche Leute.

Ich erinnere mich, wie ich die alte Johnson Ranch im Sommer 1980 noch einmal aufgesucht habe, einige Tage, bevor alles planiert werden sollte, um Raum zu schaffen für ein paar neue Häuser. Der Ort war seit 1975, dem Jahr, in welchem Jim Johnson gestorben war, verlassen und stach nun aus der Landschaft heraus wie eine Wunde im Zentrum dessen, was in der Zwischenzeit zu einem Vorort herangewachsen war.

Ich bahnte mir einen Weg durch das hüfthohe Unkraut bis zum alten, zerfallenen Round Pen, kletterte auf den obersten Balken und setzte mich. Ich ließ meinen Blick über das wildwuchernde Unkraut schweifen, das es irgendwie geschafft hatte, im Inneren des Pen zu gedeihen, und betrachtete den alten Starkstrommast, der noch immer in der Mitte stand. Wenige Zentimeter oberhalb der „Unkrautkante" waren die Narben eingekerbt, die sich während der ungezählten Kämpfe mit den an ihm festgebundenen Pferden in den Mast eingegraben hatten. Hunderte von Seilen hatten drei verschieden tiefe Einkerbungen hinterlassen.

Schon oft ist mir der Gedanke gekommen, daß die Einstellung mancher Menschen zur Pferdeausbildung dem alten Mast sehr ähnlich ist – unnachgiebig und unversöhnlich und so tief verwurzelt, daß man sie einfach nicht herausbekommt. Oft habe ich auch an all die Pferde denken müssen, die gegen diesen Pfahl und die durch ihn verkörperte Einstellung niemals eine Chance bekommen haben.

Natürlich ist mir bewußt, daß viele Pferdebesitzer es einfach nicht besser wissen. Sie behandeln ihre Pferde so, wie man es ihnen beibrachte, und weil niemand sie je mit einer

anderen Form des Umgangs vertraut gemacht hat. Im Gegensatz zu mir werden sie vielleicht niemals den Unterschied
kennenlernen, wenn sie nicht jemand darauf aufmerksam
macht, oder sie sich nicht selbst darum bemühen, ihn herauszufinden.

Meine Erfahrung zeigt mir, daß sich die meisten Pfer-
debesitzer durchaus bemühen, mit dem Pferd statt gegen das
Pferd zu arbeiten, wenn sie erst einmal entdeckt haben, daß
Pferde tatsächlich ihre eigene Sicht der Dinge haben.

Jede Einstellung kann man ändern. Manchmal brauchen
wir einfach ein bißchen mehr Zeit und Mühe, als wir ursprünglich angenommen haben. Auch dieser alte Mast, der all die
Jahre unerschrocken in der Mitte des Round Pen gestanden
hatte, ist schließlich umgefallen. Allerdings war dafür ein Acht-
Tonnen-Bulldozer nötig.

Ursachen für Probleme

„Ich muß mir ein Pferd ansehen", sagte der alte Mann, als er
an mir vorbeiging. „Willst du mitkommen?"

„Na klar", stimmte ich zu. Ich lehnte meine Mistgabel
gegen die Wand und rannte hinter ihm her, während er auf den
alten Pickup zusteuerte. Wenn der alte Mann sagte „ein Pferd
ansehen", bedeutete das meistens, daß er beabsichtigte, es zu
kaufen, und ihm beim Pferdekauf zuzusehen, war immer wieder ein Erlebnis.

Seine Fähigkeit, den augenblicklichen und den poten-
tiellen Wert eines Pferdes zu bestimmen, war meisterhaft, und
oft tat er nicht mehr, als sich mit dem Pferdebesitzer am Telefon zu unterhalten. Außerdem schaffte er es immer, daß der
Besitzer ihm das Pferd exakt zu dem Preis verkaufte, den er,
ohne feilschen zu müssen, bereit war, dafür zu zahlen.

Es bereitete mir immer viel Vergnügen, ihn dabei zu
beobachten, wie er seine Pferdehändler-Kunst einsetzte, und

ich stürzte mich auf jede Gelegenheit, um dabei zu sein. Es gab allerdings ein Hindernis, das einer zügigen Abfahrt jedesmal im Wege stand – die Beifahrertür des alten Pickup. Bevor ich einsteigen konnte, mußte ich zuerst das „Beifahrer-Tür-Ritual" überstehen. Es bestand darin, daß ich erst durch das geöffnete Fenster fassen, den inneren Türknopf erwischen und mit aller Kraft daran ziehen mußte, während ich gleichzeitig gegen die Unterseite der Tür trat. Es war unvermeidlich, daß die Tür dann aufsprang und mich direkt am Schienbein erwischte, was ein kurzes, aber schmerzhaftes Tänzchen auf einem Bein zur Folge hatte. War ich dann endlich eingestiegen, mußte ich die Tür drei- oder viermal kräftig zuschlagen, damit sie sicher schloß. Durch das Zuknallen der Tür scheuchte ich die fünf- bis sechstausend Fliegen auf, die sich in der Fahrerkabine niedergelassen hatten. Gegen den Fliegenschwarm half nur, den Truck bei weit geöffneten Fenstern auf ungefähr 60 Stundenkilometer hochzudrehen (das allein schon war eine große Leistung) und gleichzeitig wild mit den Armen zu fuchteln. Das hielt die Fliegen lang genug in Bewegung, damit sie vom Fahrtwind aus dem Wagen gesogen wurden. Nach ungefähr acht oder neun Kilometern hatte der Wind sie dann restlos aus den Fenstern gesaugt.

Als der alte Mann den Truck in die Zufahrt gelenkt hatte, die zu dem gepflegten Pensionsstall führte, in dem das Pferd stand, hatten wir die Fahrerkabine erfolgreich von allen Fliegen befreit. Die äußere Erscheinung des alten Fords und die Geräusche, die er von sich gab, standen deutlich und unverkennbar in Kontrast zu den kilometerlangen weißen Zäunen, den übertrieben blankgeputzten, hochgezüchteten Pferden und den makellosen weiß-roten Ställen. Als wir hineinfuhren, fühlte ich mich wie jener Mann, der zu einer Party eingeladen ist und ein Faschingsfest erwartet, um dann festzustellen, daß es sich um ein Gala-Dinner handelt, bei dem man 200 Dollar pro Nase zahlen muß.

Wir näherten uns dem zweiten der drei Ställe, stellten den Motor ab und stiegen aus. Wir waren noch nicht einmal zwei Meter von der alten Kiste entfernt, als er uns eine sehr laute und enthusiastische Fehlzündung hinterherschickte. Der alte Mann zwinkerte mir schmunzelnd zu. „Endlich mal ein Auto mit Charakter", witzelte er, während wir die Stallgasse hinunter auf eine junge Frau zugingen, die ihren Vollblutwallach striegelte. Die Fehlzündung schien das Pferd ein wenig beunruhigt zu haben.

„Entschuldigen Sie", sagte der alte Mann höflich und tat so, als ob das verängstigte Pferd an ihrer Seite nicht vorhanden wäre. „Könnten Sie mir bitte sagen, wo ich Mr. John Forms finden kann?"

„Wen?" fragte die Frau mit schriller Stimme, während sie ihrem Pferd den Hals klopfte, wobei sie den Eindruck vermittelte, als wolle sie das Pferd für sein Verhalten tadeln. „John Forms", wiederholte der alte Mann.

„Hinten, auf dem Reitplatz", zischte sie.

„Vielen Dank", antwortete der alte Mann und tippte an seinen Hut, doch die Frau war zu sehr mit ihrem Pferd beschäftigt, um es zu bemerken. Wir gingen den Gang hinunter, verfolgt von ihren Flüchen und dem dröhnenden Krach, den das Pferd verursachte, als es zunächst das Putzzeug umstieß und dann einen Eimer mit Hafer. Der alte Mann schien die ganze Aufregung hinter uns nicht wahrzunehmen, und im Gegensatz zu mir schaute er sich nicht ein einziges Mal um.

Wir verließen den Stall durch die Hintertür und standen am Rand eines sehr großen und gut instandgehaltenen Reitplatzes. Mehrere Reiter bewegten dort ihre Pferde. Anscheinend waren alle Pferde folgsam und gut ausgebildet – außer einem in der Mitte des Reitplatzes. Es handelte sich um einen sehr imposanten Apfelschimmel, der eine solche Aufregung verursachte, daß die anderen Reiter alles versuchten, um ihm nicht in die Quere zu kommen. Er sprang mit allen vieren

gleichzeitig hoch, stieg, riß den Kopf hoch, wieherte, schnaubte wütend und drehte sich um die eigene Achse. Und das, so
jedenfalls schien es, alles gleichzeitig.

Als wir dort standen und zusahen, gingen mir zwei
Gedanken durch den Kopf: daß der Reiter sich nicht lange im
Sattel würde halten können und daß es hoffentlich nicht dieses
Pferd war, das wir uns ansehen wollten. Falls es doch dieses
Pferd sein sollte, war ich sicher, daß der alte Mann den Ausflug
als Zeitverschwendung betrachten würde und wir uns bald wie-
der auf dem Rückweg befänden, was dann allerdings bedeute-
te, daß ich weiter Ställe saubermachen mußte.

„Welches ist das Pferd, das wir uns ansehen wollen?"
fragte ich, als der alte Mann sich seine (wahrscheinlich) fünf-
undzwanzigste Zigarette an diesem Morgen anzündete.

„Der Schimmel", antwortete er in sachlichem Ton.

In diesem Augenblick ließ das Pferd eine Schulter fallen,
schnellte sofort buckelnd wieder nach oben, und der Reiter flog
durch die Luft. Kaum war der Mann auf dem Boden aufgekommen, war er auch schon wieder auf den Beinen und zerrte gewaltsam und ruckartig an den Zügeln. Er ließ das Pferd
beinahe die gesamte Länge des Reitplatzes rückwärtsgehen,
bevor er wieder versuchte aufzusitzen.

Das Pferd drehte sich in schnellen Kreisen mehrere Male
um sich selbst und machte es dem Mann so gut wie unmöglich, seinen Fuß in den Steigbügel zu setzen. Wieder zerrte
der Mann ruckartig an den Zügeln. Als er damit aufhörte, ließ
das Pferd ihn aufsitzen. Als er sich in den Sattel schwang, ging
der Schimmel plötzlich durch und jagte quer über den Reitplatz, so daß den anderen Reitern nichts anderes übrigblieb, als
sich in alle Richtungen zu zerstreuen. Während der folgenden
Minuten beobachteten wir, wie sich diese Situation mehrmals
wiederholte.

„Sieht so aus, als ob dieses Pferd ein Problem hat." Ich
meinte damit sein aufsässiges Verhalten.

Der alte Mann zog an seiner Zigarette und warf sie dann auf den Boden. „Mit Sicherheit hat es das", sagte er, wobei er den Zigarettenstummel mit der Spitze seines Stiefels zerdrückte und sich gegen das Geländer des Reitplatzes lehnte. „Seinen Reiter."

Offensichtlich sah der alte Mann etwas, das ich nicht sah, aber weil ich nicht wie ein Idiot dastehen wollte, nickte ich zustimmend.

„Vielleicht können wir ihn kaufen, bevor dieser Typ ihn endgültig ruiniert hat", sagte er und kletterte über die obere Querstange des Geländers. Der alte Mann ging direkt auf das Pferd und den Reiter zu und begann mit den Verkaufsverhandlungen. John Forms, der Pferdebesitzer, war der Reiter des Pferdes. Er teilte dem alten Mann mit, daß er 750 Dollar für das Pferd haben wolle.

„Das ist er nicht wert", sagte der alte Mann geradeheraus und schüttelte dabei den Kopf.

„Was soll das heißen?" entgegnete Forms. „Das ist ein gutes Pferd. Er hat eben nur ziemlich viel Feuer."

„Wir sind seit zwanzig Minuten hier", antwortete der alte Mann, „und ich habe das Pferd bis jetzt nicht einmal mit allen vier Beinen gleichzeitig auf dem Boden stehen sehen." Er hatte recht. Sogar jetzt, während die beiden Männer sich unterhielten, konnte das Pferd nicht eine Sekunde still stehen.

„Er ist nun mal sehr temperamentvoll", sagte Forms und versuchte zu lächeln. Der alte Mann stand einfach da und sein Gesichtsausdruck sagte: Na komm schon Kumpel, wir beide wissen es doch besser. Die beiden Männer sahen erst einander und dann das Pferd lange Zeit an, bevor Forms schließlich fragte, was der alte Mann bereit sei, zu zahlen.

„225 Dollar", war seine Antwort.

„Dafür kann ich ihn nicht verkaufen", teilte Forms widerwillig mit.

„Okay", sagte der alte Mann, als ob ihn das alles überhaupt nichts anginge. „Danke, daß Sie mir Ihre Zeit zur Verfügung gestellt haben." Er drehte sich um und ging.

Wir waren bereits bis zu unserem Truck gekommen, und ich hatte schon die Hälfte des „Beifahrer-Tür-Rituals" hinter mich gebracht, als Forms aus dem Stall auftauchte und auf die Fahrertür des alten Mannes zusteuerte.

„Wie sieht es mit 300 Dollar aus?" platzte er heraus.

„225 Dollar", sagte der alte Mann. „Mehr ist er nicht wert."

„250 Dollar, und ich liefere ihn an."

Der alte Mann saß entspannt hinter dem Steuer und sah vor sich hin, als ob er tief in Gedanken versunken wäre. In Wirklichkeit saß er nur so da. Forms konnte schließlich nicht wissen, daß 250 Dollar genau der Preis war, den er von Anfang an bereit gewesen war zu zahlen. Das hatte er mir auf der Herfahrt mitgeteilt.

Der alte Mann schwieg eine Weile. Dann sagte er: „Ich denke, 250 Dollar sind in Ordnung, wenn Sie ihn anliefern."

„Gut", sagte Forms. „Ich kann ihn heute nachmittag zu Ihnen rüberbringen."

„Geht klar", sagte der alte Mann lächelnd und hielt ihm die Hand hin. Der Handschlag machte das Geschäft perfekt, und noch am selben Tag stand das Pferd auf der Ranch des alten Mannes.

Ein paar Tage später sah ich, als ich zur Arbeit kam, wie der alte Mann den Schimmel auf einer der Koppeln ritt. Wenn ich nicht gewußt hätte, daß es das gleiche Pferd war, hätte ich nicht geglaubt, was ich dort zu sehen bekam. Das Pferd ging entspannt und durchlässig, nicht nur im Schritt, auch im Trab und im Galopp.

Der alte Mann sah mich kommen und ritt auf mich zu. Als er näherkam, parierte er das Pferd durch, indem er sich ein wenig zurücklehnte und die Zügel leicht annahm. Das Pferd stoppte mitten in einem Galoppsprung und ließ sofort den Kopf entspannt fallen.

„Nun", sagte er und ließ die Zügel lang, um sich eine Zigarette anzustecken. „Wie findest du das?"

„Wie haben Sie ihn dazu gebracht, daß er so ruhig geht?" fragte ich und schüttelte ungläubig den Kopf.

„Ich habe ihn überhaupt nicht dazu gebracht, irgend etwas zu tun", antwortete er. „Er ist immer ein ruhiges Pferd gewesen. Sein Besitzer hat ihn nur nicht gelassen."

Er erklärte mir, daß Pferde normalerweise nicht ohne Grund so reagieren, wie der Schimmel es getan hatte. Dieses Pferd hatte sich nur deshalb so verhalten, weil der Besitzer so plump und ungeschickt gewesen war, ihm keine Alternative zu geben, als sich zu verteidigen, wann immer der Mann in seine Nähe kam. Anders ausgedrückt, er hatte dem Pferd keine Chance gegeben mitzuarbeiten. Das Pferd reagierte mit ängstlicher Nervosität und scheinbarer Unkontrollierbarkeit. Aus diesem Grund hatte es der Besitzer verkauft, bevor er sich selbst ums Leben brachte.

„Mein Job besteht darin", sagte der alte Mann mit einem Lächeln, „Pferde wie dieses zu kaufen, sie in Ordnung zu bringen und dann mit Gewinn wieder zu verkaufen."

„Aber wenn der Mann gar nicht weiß, daß er etwas falsch macht", fragte ich, „wie kann er sein Verhalten dann jemals korrigieren?"

„Er wird es niemals können", antwortete der alte Mann. „Und ich werde mit seinen Pferden für den Rest meines Lebens Geld verdienen."

„Wäre es nicht sinnvoller, dem Mann beizubringen, wie er diese Fehler vermeiden kann, statt zuzusehen, wie er ein Pferd nach dem anderen zugrunde richtet?" fragte ich ihn.

„Laß mich dir ein Geheimnis über die Menschen verraten", sagte er und stützte sich dabei auf das Sattelhorn. „Du kannst niemandem helfen, der sich nicht helfen lassen will, besonders dann nicht, wenn es sich um den Besitzer eines Pferdes handelt."

Als ich in den Stall ging, um mit meiner Arbeit anzu-
fangen, begriff ich plötzlich, was er mir hatte sagen wollen. In
all den Jahren, die ich den alten Mann jetzt kannte, hatte ich
noch nie erlebt, daß er jemandem seinen Rat aufgedrängt hätte,
wie mit einem Pferd umzugehen sei, nicht einmal dann, wenn
selbst der allerkleinste Hinweis von ihm ein riesiger Erfolg
gewesen wäre. Deshalb hatte er vor einigen Tagen auch das
Vollblut ignoriert, das im Pensionsstall verrückt gespielt hatte.
Die Frau hatte den alten Mann nicht um Rat gebeten, wie sie
das Pferd wieder beruhigen könnte, deshalb hatte er seinen Rat
auch nicht angeboten. Um seine Hilfe in Anspruch nehmen zu
können, hätte sie zunächst einmal einräumen müssen, daß sie
vielleicht irgend etwas nicht richtig machte. Vielen Leuten
bereitet es ziemliche Probleme, das zuzugeben, und deshalb
gehen sie sofort in Verteidigungsstellung, wenn ihnen Hilfe
angeboten wird. Um die Frau nicht zu verletzen und dadurch
die ganze Sache für das Pferd vielleicht noch viel schlimmer zu
machen, hatte er ganz einfach überhaupt nicht reagiert.

Andererseits hatte ich schon erlebt, daß Menschen den
alten Mann um Hilfe gebeten hatten, und es war, als ob man
Schleusentore geöffnet hätte. Die Informationen waren aus
ihm herausgesprudelt wie Wasser aus einem geborstenen
Damm, was sowohl dem Pferd als auch dem Reiter zugute
kam. Wenn ihn aber niemand darum bat, bot er sein Wissen
nicht an. Dann kaufte er einfach die verrittenen Pferde, löste
die Probleme und verkaufte sie wieder. Wie den Schimmel.
Drei Wochen nachdem er ihn übernommen hatte, verkaufte er
ihn an eine junge Frau für 750 Dollar. Ein Gewinn von 500
Dollar in drei Wochen. Der ehemalige Besitzer dagegen hatte
einen sehr hohen Preis dafür gezahlt, daß er mit seinen eigenen Reitkünsten so unkritisch umgegangen war.

Seit diesem ersten gemeinsamen Erlebnis mit dem alten
Mann habe ich wahrscheinlich Hunderte, eher Tausende von
Pferdebesitzern in der gleichen Situation erlebt. Sie haben Pfer-

de, mit denen sie nicht zurechtkommen, weil sie keine Ahnung von deren Eigenheiten haben. Statt sich aber um Hilfe zu bemühen, versuchen sie, die Probleme zu verharmlosen, und tun so, als wäre das Tier so etwas wie ein problematisches Kind oder ein unwilliger Angestellter und nicht einfach ein verwirrtes Pferd.

Lange Zeit war ich der festen Überzeugung, daß beinahe alle Probleme, die im Umgang mit Pferden auftreten, denselben Ursprung haben. Im Laufe der Jahre wurde mir allerdings klar, daß das nicht immer der Fall ist. Ich erinnere mich daran, wie mich eines Abends eine Frau anrief, die Probleme mit ihrem Pferd hatte. Sie erzählte mir, daß ihr das Pferd seit nicht einmal drei Monaten gehörte und daß es sehr gut ausgebildet, ruhig und freundlich gewesen war, als sie es gekauft hatte. Jetzt aber war es extrem schwer einzufangen, schwer zu satteln und aufzuzäumen und beinahe unkontrollierbar, wenn es geritten wurde. Das sind klassische Anzeichen dafür, daß ein Pferd falsch behandelt wird, oder daß ein Pferdebesitzer mit der Betreuung seines Tieres überfordert ist.

Ich erklärte mich bereit, mir das Pferd einmal anzusehen, um herauszufinden, ob der Grund für dieses Verhalten erkennbar und das Problem vielleicht zu lösen sei. Zwei Tage später, an einem der heißesten Tage dieses Sommers, fuhr ich also hinaus in das östliche Flachland von Colorado. Ich mußte so weit in östlicher Richtung fahren, daß ich streckenweise die Befürchtung hatte, in Kansas zu landen.

Während ich mich nach vorne lehnte, um mein schweißnasses Hemd von der Rückenlehne des Sitzes abzulösen, und mir den Temperaturanzeiger des Wagens ansah, der schon fast in den roten Bereich ausschlug, rief ich mir das Telefongespräch noch einmal ins Gedächtnis, das ich zwei Tage zuvor geführt hatte. Ich war ziemlich sicher, daß es sich wieder einmal um eine jener Pferdebesitzerinnen handeln würde, die sich übernommen hatte, weil sie sich für eine bessere Pferdefrau hielt, als sie tatsächlich war. Dennoch verunsicherte mich etwas an der Sache.

Ihre Stimme am Telefon war ruhig, freundlich und fröhlich gewesen, und die Frau stand jedem meiner Vorschläge sehr offen gegenüber. Sie schien außerdem sehr viel Pferdeverstand zu besitzen und ehrlich besorgt zu sein, daß sie selbst vielleicht der Grund für die Probleme sein könnte. Sie wollte so schnell wie möglich herausfinden, was sie falsch machte, um dem Pferd nicht mehr Unbehagen zu bereiten als nötig. Das paßte nicht zum Bild eines Menschen, der unwissentlich die Ursache für die Probleme eines Pferdes war. Nach beinahe zweieinhalb Stunden Fahrt erreichte ich schließlich den Pensionsstall, in dem die Stute unterstand. Die große Anzahl der hier untergebrachten Pferde überraschte mich, ebenso die vielen Menschen, die sich an diesem Tag trotz der sengenden Hitze hier eingefunden hatten.

Ich stieg aus dem Truck, nahm sofort meinen Filzhut ab und ersetzte ihn durch eine Baseball-Mütze, die sicherlich kühler sein würde. Da kam auch schon eine attraktive junge Frau auf mich zu und stellte sich als die Frau vor, die mich angerufen hatte.

„Wo befindet sich denn unsere kleine Stute?", fragte ich, nachdem sie mich begrüßt hatte.

„Draußen auf der Weide. Sollen wir sie holen?"

„Aber sicher", sagte ich und bemühte mich so zu tun, als läge die Temperatur nicht inzwischen bei 45 Grad im Schatten.

Auf der kurzen Strecke bis zum Weidegatter plauderten wir ein bißchen. Während wir gingen, beobachtete ich nebenbei, wie einige der anderen Pferdebesitzer mit ihren Pferden umgingen. Es schien mir, als ob vier der sieben Leute, die ritten, longierten oder ihre Pferde putzten, unendlich viel Energie damit vergeudeten, ihre Tiere zurechtzuweisen.

Eines der Pferde, das an einem der Holzbalken gestriegelt wurde, begann offensichtlich aus Langeweile am Pfosten zu knabbern, denn sein Reiter unterhielt sich intensiv mit einigen der anderen Einstaller. Der Pferdebesitzer ging hinüber und schlug dem Pferd mit einem Striegel geradewegs aufs Maul und schrie: „Hör auf damit!" Das Pferd scheute zurück und erschreckte die beiden anderen Pferde, die am selben Balken angebunden waren.

Auf dem Reitplatz zerrte und riß ein Typ beim Reiten gnadenlos am Maul seines Pferdes, wodurch das Tier nicht anders konnte, als zu steigen und sich im Kreis zu drehen. Ein Mann im Round Pen longierte sein Pferd und schlug dabei immer wieder mit einer langen Peitsche auf die Hinterbeine des Tieres ein. Und aus mir völlig unerklärlichen Gründen zerrte eine Frau ihr Pferd an einer Kette herum, die um seinen Nasenrücken geschlungen war.

Draußen auf der Weide zeigte mir meine Begleiterin ihr Pferd, eine Falbstute, die zusammen mit mehreren anderen Pferden in der entferntesten Ecke der Weide graste.

„Sie ist in letzter Zeit ziemlich schwer einzufangen", sagte die Frau mit einem halbherzigen Lächeln. „Vielleicht sollte ich etwas Futter holen."

Ich bin generell dagegen, Pferde mit Futter oder anderen Belohnungen zu bestechen, damit sie sich besser einfangen lassen, aber als wir dort in der glühenden Hitze standen und mir die Schweißbäche den Rücken herunterliefen und von der Nasenspitze tropften, schien mir Bestechung plötzlich keine so schlechte Idee zu sein.

„Wir könnten es damit versuchen", stimmte ich zu. „Ich warte hier." Nach einer kurzen Zeit kehrte sie mit einem halb gefüllten Eimer mit Pellets zurück.

„So kommen sie normalerweise ganz schnell", sagte sie und schüttelte den Eimer.

Aus der Entfernung konnte ich erkennen, wie die Pferde

auf das Geräusch der klickernden Pellets reagierten und ihre Köpfe hoben. Nach und nach machte sich die ganze Herde auf den Weg, zuerst im Schritt, dann im Trab und schließlich im Galopp. Nachdem die Pferde eine kurze Strecke im Galopp zurückgelegt hatten, fielen sie wieder zurück in den Trab und dann in den Schritt, als ob sie uns mitteilen wollten: Es ist verdammt noch mal viel zu heiß um zu rennen, selbst wenn ihr uns Futter anbietet.

Als die Pferde bei uns angekommen waren, schüttete die Frau das Futter in mehreren Häufchen auf den Boden, und es gelang uns ohne große Schwierigkeiten, ihre Stute zu fangen. Sie redete sanft auf die kleine Falbstute ein, während sie ihr das Halfter anlegte. Das Pferd schien ganz ruhig und entspannt zu sein, während wir dort standen und uns unterhielten.

„Sie sieht im Augenblick doch gar nicht so schlecht aus", sagte ich.

„Normalerweise spielt sie erst verrückt, wenn wir oben am Stall sind."

„Dann schlage ich vor, daß wir mal hoch gehen", sagte ich zu ihr.

Als wir uns auf den Rückweg zum Stall machten, blieb die Stute einigermaßen ruhig. Je weiter wir uns jedoch dem Stall näherten, desto nervöser wurde sie. Als wir das Gatter erreicht hatten, war deutlich zu erkennen, daß das Pferd wirklich sehr verstört war. Es schien, als wüßte es, daß ihm etwas ganz Schreckliches zustoßen würde. Die Frau blieb gelassen und sprach die ganze Zeit mit leiser, beruhigender Stimme auf die Stute ein, während wir uns dem Platz vor den Ställen näherten. Sie band das Pferd an einem der zahlreichen Balken fest, und wir traten ein Stück zurück.

Die kleine Stute begann sofort mit den Hufen zu scharren. Gleichzeitig zog sie mehrmals leicht nach hinten, um zu testen, wie stark der Führstrick war. Dann begann sie ihr Hinterteil hin und her zu schwingen, erst nach rechts, dann nach links und wieder zurück, während sie mit dem Kopf schüttelte und die Luft scharf einzog. Ihre Augen waren weit aufgerissen, ihre Nüstern bebten, sie klemmte den Schweif ein und spannte die Muskeln an. Sie verhielt sich wie ein Pferd, das sich auf seine Verteidigung vorbereitet oder darauf, um sein Leben zu rennen.

„Sie benimmt sich, als sei sie geschlagen worden", sagte ich. „Ich frage das nicht gerne, aber haben Sie dieses Pferd jemals geschlagen?"

„Noch nie", antwortete die Frau und schaute dabei traurig auf ihr Pferd, das schweißnaß vor uns stand. Ich glaubte ihr.

„Kümmert sich außer Ihnen noch jemand um das Pferd?"

„Nein", sagte sie und schüttelte den Kopf. „Wenn ich nicht hier bin, steht sie auf der Koppel."

„Seit wann verhält sie sich so?" fragte ich weiter.

„Seit ich sie vor zwei Monaten hierher gebracht habe", antwortete sie. „Vorher war sie in Ordnung."

Das war seltsam. Ich hatte öfter schon Pferde gesehen, die genau die gleichen Verhaltensmuster aufwiesen, aber jedesmal hatte es auch einen offensichtlichen Grund für ihr Verhalten gegeben. Gewöhnlich waren es falsche Behandlung oder physische Mißhandlung. Dieses Tier aber schien aus keinem ersichtlichen Grund in Panik zu geraten. Nachdem ich die Stute zehn Minuten lang beobachtet hatte, begann ich mich in der Umgebung nach etwas umzusehen, was vielleicht der Auslöser ihrer Angstzustände sein könnte.

Plötzlich war mir alles klar. Sie war nicht ängstlich weil sie mißhandelt wurde, sondern weil andere Pferde in ihrer Umgebung schlecht behandelt wurden. Als ich mich umschaute, sah ich, wie ein Pferd von einem Hufschmied in den Bauch getreten und ein anderes immer wieder mit einer Peitsche geschlagen wurde. Der Mann auf dem Reitplatz zerrte immer noch an seinem Pferd herum, und das Pferd im Round Pen wurde weiterhin mit der Longierpeitsche geschlagen.

Ruhig schlug ich vor: „Bringen wir sie zurück auf die Weide. Ich glaube, ich weiß jetzt, wo das Problem liegt." Die Frau nahm ihr das Halfter ab, nachdem wir das Gatter passiert hatten. Die Stute galoppierte bis an das äußerste Ende der Weide, bevor sie sich umdrehte und zurückschaute.

„Ich glaube, daß wir es mit einem Pferd zu tun haben", begann ich, „das ganz besonders empfindlich auf seine Umgebung reagiert. Ich denke, daß die Stute nervös wird, wenn in ihrer Umgebung andere Pferde mißhandelt werden." Die Frau starrte mich an, als ob mir ein Ast aus dem Kopf wachsen würde.

„Es mag sich eigenartig anhören, ich weiß", fuhr ich fort, „aber genau so sieht es aus." Ich fragte sie, ob das, was ich beobachtet hatte, typisch war für den täglichen Umgang der anderen Besitzer mit ihren Pferden. Sie dachte ein paar Minuten über meine Frage nach, um sie dann zu bejahen. Ob es immer so wäre, fragte ich weiter, daß sich die Stute am äußersten Ende der Weide aufhielte, wenn sie eingefangen werden sollte, und ob sie immer sofort wieder dorthin zurückkehrte, sobald man ihr das Halfter abgenommen hatte.

„So ist es", antwortete sie.

Für mich sei es interessant gewesen, sagte ich zu ihr, daß das Pferd ruhig geblieben war, bis wir in die Nähe der Stallanlagen gekommen waren, und erst dann in Panik geriet.

„Genau so reagiert sie immer", räumte die Frau ein.

„Ich bin mir nicht ganz sicher", sagte ich, „aber ich glaube, die Stute wird sich wieder beruhigen, wenn Sie sie in einen Stall bringen, der in seiner Grundhaltung Pferden gegenüber etwas weniger aggressiv ist."

Darauf teilte sie mir mit, daß sie einen Job in Denver angenommen hatte, und die Stute am Ende des Monats sowieso woanders unterbringen müßte. Sie würde sich bemühen, einen solchen Stall zu finden. Um die Wahrheit zu sagen, ich wußte nicht genau, ob das wirklich die Lösung war. Nie zuvor war ich mit diesem speziellen Problem konfrontiert worden und deshalb nicht sicher, ob der Auslöser für das Verhalten wirklich darin begründet lag. Es war aber einen Versuch wert. Ich bat sie, mich kurz anzurufen, wenn sie einen anderen Platz gefunden hätte, um zu hören, ob sich das Verhalten der Stute verändert hätte.

Das würde sie auf alle Fälle tun, antwortete sie, und nachdem ich ungefähr eine halbe Tonne Wasser getrunken hatte, um wieder aufzufüllen, was ich ausgeschwitzt hatte, kletterte ich in die Fahrerkabine meines Trucks, wo mittlerweile etwa 50 Grad herrschten. Auf dem Heimweg war es fast unmöglich, die Fenster weit genug herunterzukurbeln oder schnell genug zu fahren, damit ausreichend frische Luft zirkulierte, um mich wieder abzukühlen. Ich war noch nie so glücklich gewesen, den Canyon zu erreichen, der mich endlich wieder den kühleren Temperaturen entgegenführte, die dort herrschten, wo ich zu Hause war.

Ungefähr einen Monat später rief die Frau mich an und teilte mir mit, daß sie einen Platz für ihr Pferd gefunden hatte. Es handelte sich um einen kleinen Familienbetrieb mit weniger als zehn Pferden. Die dortigen Pferdebesitzer waren allesamt Menschen, die sehr bedächtig mit ihren Tieren umgingen, und sie sagte mir, daß der Unterschied im Verhalten ihres Pferdes zu vorher absolut erstaunlich sei. Die Stute hatte wieder zu ihrem ruhigen, freundlichen Wesen zurückgefunden und hatte nicht ein einziges Mal verrückt gespielt, seit sie dort stand.

Nachdem ich mit diesem Pferd konfrontiert worden war, das – mir fällt kein besserer Begriff dafür ein – hypersensibel gegenüber seiner Umgebung reagierte, habe ich mindestens ein Dutzend Pferde mit unterschiedlicher Ausprägung der gleichen Symptome erlebt. In allen Fällen ist es uns gelungen, das Problem durch Umstellung des Tieres in eine andere Umgebung zu lösen. Immer wieder bin ich erstaunt über das Niveau, auf dem Pferde versuchen zu kommunizieren, wenn sie durch irgend etwas verunsichert sind. Wenn wir verstehen, was die Pferde uns mitteilen wollen, dann haben wir den Schlüssel für die Ursachen der Probleme gefunden. Leider ist es aber meistens so, daß wir die Pferde nicht verstehen, daß die Pferde uns nicht verstehen und daß wir uns nicht die Zeit nehmen, es wirklich zu versuchen.

Ich habe die Erfahrung gemacht, daß eine der am häufigsten übersehenen Ursachen für auffälliges Verhalten bei Pferden Verspannungen sind – ich meine deren Verspannungen, nicht unsere. Wir nehmen uns nur selten die Zeit, darauf zu achten, und wenn wir nicht darauf achten, dann stellen wir auch nichts fest. Das Pferd verhält sich eben weiterhin widersetzlich, und wir versuchen, es zu korrigieren, oft mit wenig oder ohne jeden Erfolg. In vielen Fällen verschlechtert sich das Verhalten des Pferdes sogar, je nachdem wie steif es ist.

Bei meiner ersten Begegnung mit einem Pferd, das an einer schweren Verspannung des Rückens litt, mußte ich erst schmerzhafte Erfahrungen machen, bevor ich dahinterkam. Der alte Mann hatte mir eine große Scheckstute gegeben, von der er behauptete, daß sie „ein bißchen bockig sei", und mich gebeten, es ihr abzugewöhnen.

Ich erinnere mich gut daran, daß ich ihm ganz cool antwortete: „Kein Problem." Ich holte die Stute aus ihrer Box und band sie an den Balken direkt vor der Sattelkammer. Heute weiß ich, daß das ständige Schlagen mit dem Schweif und die drohenden Blicke, mit denen sie mich bedachte, während ich ihren Rücken mit einer Bürste striegelte, Warnsignale waren – Signale, die mir anzeigen sollten, daß sie dabei Schmerzen empfand. Aber damals verstand ich das alles überhaupt nicht und ignorierte diese Signale. Ich kümmerte mich nicht darum und hielt sie einfach für eine mürrische und verwöhnte Stute.

Als ich ihr den Sattel auflegte, versuchte sie nach mir zu schnappen. Als ich den Sattelgurt anzog, versuchte sie erneut nach mir zu schnappen. Als ich meinen Fuß in den Steigbügel setzte, wich sie seitwärts aus, und als ich mich hochzog, schlug sie mit den Hinterbeinen nach mir. Wenn ich es damals besser gewußt hätte und diese Reaktionen als Warnungen erkannt hätte, dann wären die folgenden Ereignisse vermeidbar gewesen.

Ich legte das rechte Bein über den Sattel und hatte kaum den Fuß im Steigbügel, da brach die Hölle los. Nach ihrem dritten Buckeln wünschte ich mir, ich wäre Casey Tibbs. Ich war ziemlich sicher, daß er der einzige Mensch war, der sich acht Sekunden im Sattel hätte halten können. Ich war jedenfalls absolut sicher, daß ich es nicht schaffen würde.

Welcher ihrer Luftsprünge mir letztlich den Rest gab, konnte ich hinterher kaum mehr sagen. Ich glaube, es war der fünfte. Eigentlich ist es aber auch egal. Woran ich mich am deutlichsten dabei erinnern kann, ist, in welcher Höhe ich mich plötzlich befand. Ganz deutlich konnte ich das Blechdach des Heuschuppens sehen, an dem wir gerade vorbeistürmten.

Sie schleuderte mich so hoch, daß mein Kopf fünf Meter in den Himmel ragte und meine Füße, noch immer fest in den Steigbügeln, gegeneinander knallten, wie die von Dorothy in „Der Zauberer von Oz". Ich fiel wieder zurück und landete reichlich unsanft auf dem Sattelhorn, was, ganz nebenbei gesagt, einem Mann schneller den Wind aus den Segeln nehmen kann als irgendwas sonst. Ganz zu schweigen von der Wirkung, die es auf seine Stimme hat.

Ich erinnere mich, daß ich kurz darauf durch die Staubwolke, die ich beim Aufprall auf den Boden aufgewirbelt hatte, in das Gesicht des alten Mannes blickte.

„Verdammt noch mal", brummte er. „Bist du okay?"

„Ich glaube ja", sagte ich, nach einer kurzen Bestandsaufnahme.

„Gut", erwiderte er. „Ich fange dein Pferd wieder ein." Ich fühlte mich geehrt. Niemals zuvor hatte der alte Mann so deutlich sein Mitleid gezeigt. Normalerweise mußte ich mir mein Pferd immer selber wieder holen. War wohl tatsächlich ein schlimmer Sturz gewesen.

Es ist schwer zu sagen, wie oft mich die Stute während der folgenden Stunden abwarf, aber es reichte aus, daß der alte Mann darüber nachdachte, ob vielleicht doch physisch etwas mit ihr nicht in Ordnung war.

„Warte mal", sagte er, als er mir zum tausendsten Mal vom Boden aufhalf. „Ich glaube, sie will uns etwas mitteilen."

„Jaaah", stimmte ich zu, „sie will uns sagen, daß sie das Buckeln besser beherrscht als ich das Reiten." Da mußte selbst der alte Mann leise vor sich hin lachen.

„Nein, ich glaube, daß es noch etwas anderes ist." Er ging zu der Stute und nahm ihr den Sattel ab. Mit der Handkante fuhr er vorsichtig drückend an ihrem Rückgrat entlang. Er begann am Widerrist und tastete sich langsam in Richtung Schweif vor.

Er war nicht weiter als bis zur Mitte des Rückens gekommen, als sie sich plötzlich vor Schmerzen krümmte. Der alte Mann sah sie mit traurigem Gesichtsausdruck an, schüttelte den Kopf und sagte: „Geh und bring sie weg."

„Was stimmt denn nicht mit ihr?" fragte ich, während ich versuchte, den Dreck aus meinem Hemd zu schütteln.

„Sie hat einen sehr schlimmen Rücken", war seine Antwort.

Als ich fragte, was man dagegen machen könne, sagte er traurig: „Nichts. Sie muß verkauft werden." Das hieß, sie würde im Schlachthaus enden. Was für eine Verschwendung, dachte ich. So ein schönes Pferd.

Ich weiß wirklich nicht genau, ob er etwas für die Stute hätte tun können, oder ob er sich damals nur nicht damit auseinandersetzen wollte. Ich weiß aber, daß Verspannungen und

daraus resultierende Rückenschmerzen sehr oft ein nicht un-
erheblicher Grund sind für viele Probleme, so daß ich diese
Möglichkeit bis zum heutigen Tag immer zuerst überprüfe. Es
gibt verschiedene Wege, mit Verspannungen umzugehen –
von den herkömmlichen, tiermedizinischen bis hin zu den
eher unkonventionellen Methoden, wie therapeutische Mas-
sagen, Akupressur, Akupunktur und Chiropraktik, um nur
einige zu nennen.

Obwohl Verspannungen eine der Hauptursachen für
Verhaltensprobleme darstellen, sind sie leider oft schwer auf-
zuspüren, außer man weiß, wonach man sucht. Andererseits
gibt es viele Gründe, die himmelschreiend offensichtlich sind
und trotzdem einfach übersehen oder ignoriert werden. Einmal war ich zufällig in einem Pensionsstall, als eine Gruppe
von Reitern dort angekommen war, wo die Gäste normalerweise absitzen. Ich beobachtete, wie ein Pferd direkt hinter
dem Rittführer durchging. Es tänzelte und schlug mit dem
Kopf. Als die Gruppe näherkam, fiel das Pferd in Trab und
überholte. Will wohl unbedingt in den Stall, dachte ich mir.

„Es wäre schön, wenn mal jemand der Dame auf Whis-
key helfen könnte", sagte der Rittführer abfällig. „Er hat schon
auf der ganzen Strecke verrückt gespielt."

Als einer der anderen Begleiter hinüberritt, um der Frau
zu helfen, bemerkte ich etwas Ungewöhnliches am Sattelzeug
des Tieres. Die Satteldecke war so weit nach hinten gerutscht,
daß sich nur noch ungefähr fünfzehn Zentimeter der Sattelunterlage zwischen Sattel und Pferd befanden. Der Rest der
Satteldecke war auf die Hinterhand gerutscht. Dadurch saß der
Sattel direkt auf dem Widerrist auf. Als man dem Pferd den
Sattel abgenommen hatte, kam eine wunde Stelle auf dem
Widerrist zum Vorschein, die fünfzehn Zentimeter lang und

einen Zentimeter breit war. Der Rücken war so stark aufge-
scheuert, daß das Pferd vom Hals bis hinunter zur Kruppe auf
jede Art von Berührung empfindlich reagierte.

Einer der Begleiter, die sich um den Wallach kümmerten,
antwortete, „O Mann, er ist den ganzen Sommer an dieser
Stelle verschorft gewesen. Wahrscheinlich ist die Stelle mal
wieder aufgeplatzt." Er schien völlig blind dafür zu sein, daß
eine offene Wunde einem Tier wirklich Schmerzen bereitet
und es dadurch unwillig wird. Der Typ ärgerte sich, weil das
Pferd sich widersetzlich verhielt, dabei wollte das Pferd einfach
nur zurück in den Stall, denn dort wäre es die Quelle seiner
Schmerzen – die Reiterin – endlich los.

Ich bin bereit zu wetten, daß die Ursache für Verhaltensprobleme in den meisten Fällen, mehr als durch irgend etwas
anderes, außer vielleicht offener physischer Mißhandlung, in
schlecht sitzendem Sattelzeug liegt. Diese Probleme zu lösen
ist deshalb so schwierig, weil sie so langsam fortschreiten und
der Reiter so lange nicht wahrnimmt, daß etwas nicht stimmt,
bis das Pferd beinahe unkontrollierbar geworden ist.

Ich erinnere mich an zwei Frauen, die sich im Abstand
von ungefähr einer Woche Pferde gekauft hatten und sie in
dem Pensionsstall hielten, wo ich Pferde ausbildete. Einer war
ein älterer Quarter Horse Wallach, der auf der Koppel stand, der
andere ein rotbrauner Morgan Wallach, der in einer Box im
Stall gehalten wurde.

Ich arbeitete gerade mit einem jungen Schecken, als die
beiden Freundinnen zum ersten Mal mit ihren Pferden auf den
Reitplatz kamen. Die Pferde gingen in allen Gangarten entspannt und aufmerksam an der Umzäunung entlang. Die
Frauen schienen gute Reiterinnen zu sein und machten den
Eindruck, als würden sie sich sehr gut amüsieren. Außer einem
gelegentlichen Stolpern des Morgan verlief alles ohne Zwi-
schenfälle. Eine Stunde später saß ich auf dem Schecken und
gönnte ihm eine Ruhepause in der Mitte des Reitplatzes, als die

beiden neuen Pferdebesitzerinnen auf mich zugeritten kamen und mich in ein Gespräch verwickelten.

Während wir uns unterhielten, schaute ich mir die Sättel an, die die beiden benutzten. Das Quarter Horse trug einen brandneuen Show-Sattel, sehr kunstvoll und glänzend, mit einer Menge Schnickschnack dran. Der Morgan trug einen alten Western-Sattel. Es fiel mir auf, daß die Sättel zwar gut zu den Reiterinnen paßten, den Pferden aber paßten sie überhaupt nicht. Der Show-Sattel hatte eine sehr niedrige Kammer, dadurch lag er direkt auf dem Widerrist des Tieres auf. Der andere Sattel gab dem Widerrist sehr viel Spielraum, zwängte aber die Schultern des Pferdes extrem ein. Bald darauf beendeten wir das Gespräch, und die beiden führten ihre Pferde vom Reitplatz.

Am nächsten Tag saß ich auf der Umzäunung und sah den beiden zu, wie sie mit ihren Pferden trainierten. Ich stellte leichte Veränderungen im Verhalten und den Reaktionen beider Pferde fest. Der Morgan stolperte sehr viel öfter als am Tag zuvor, da seine Schultern durch den Sattel eingeengt wurden. Jedesmal, wenn er stolperte, strafte ihn seine Besitzerin, indem sie ihm in die Seiten trat, was das Pferd veranlaßte vorwärtszustürmen. Die Reiterin wiederum schien von dieser Reaktion so überrascht zu sein, daß sie die Zügel fest anzog, was das Pferd mit Kopfschlagen quittierte.

Die Veränderung des Quarter Horse war nicht ganz so auffällig. Ich bemerkte, daß er immer etwas zögerlich war, wenn er von einer Gangart in die andere wechselte. Er legte die Ohren zurück und schlug kurz und schnell mit dem Schweif.

Nachdem die Pferde eine Woche lang jeden Tag geritten worden waren, zeigten beide deutliche Anzeichen für beginnende schwerwiegende Probleme. Der Morgan stolperte immer häufiger und schlug aus Frustration nicht nur mit dem Kopf, sondern sprang auch mit allen vieren gleichzeitig in die

Luft, so daß es immer schwerer wurde, ihn zum Stehen zu bringen. Bei dem Quarter Horse gestaltete sich das Aufsitzen immer schwieriger, und das Pferd weigerte sich, Übergänge zu gehen.

Nach der sechsten Woche war der Morgan so gut wie unreitbar geworden. Die Zuckerrübenschnitzel, die er jeden Tag bekam, ein Quell purer Energie, förderten diesen Zustand noch. Das Quarter Horse hingegen unternahm jede Anstrengung, um seine Reiterin vom Aufsitzen abzuhalten. Kaum saß sie im Sattel, weigerte sich das Pferd vorwärtszugehen. Es blieb einfach stehen, während die Reiterin, die mittlerweile Sporen und eine Peitsche trug, gnadenlos auf das Tier eindrosch und verzweifelt versuchte, es zu irgendeiner Bewegung zu zwingen. Innerhalb von drei Monaten standen beide Pferde zum Verkauf.

Einige Leute fragen jetzt sicherlich: Wenn du doch erkannt hast, wodurch die Probleme entstanden sind, warum hast du nichts gesagt oder versucht zu helfen? Die Antwort ist einfach. Die Pferdebesitzerinnen haben mich nicht gefragt. Wie schon der alte Mann gesagt hatte, kannst du niemandem helfen, der sich nicht helfen lassen will, ganz besonders dann nicht, wenn es sich dabei um die Besitzer und ihre Pferde handelt.

Es ist keine Schande, wenn Pferde Trainingsprobleme entwickeln. Das kommt bei allen Pferden auf der ganzen Welt und jeden Tag vor. Um die Wahrheit zu sagen, es gibt ebenso viele Ursachen für Probleme, wie es Pferde und Pferdebesitzer gibt. Die Probleme, die ich hier beschreibe, sind lediglich die häufigsten. Sollte Ihnen so etwas passieren, müssen Sie nicht verzweifeln. Es bedeutet nur, daß Sie ein kleines Problem am Hals haben. Wenn Sie es nicht selber lösen können, sollten Sie bei jemandem Hilfe suchen, der weiß, was er tut, und nicht bei jemandem, der nur glaubt, es zu wissen. Sie brauchen jemanden, der viel Erfahrung hat mit Ihrem speziellen Problem.

Wie gesagt, ist es keine Schande, wenn Ihr Pferd ein Problem entwickelt. Das Verbrechen beginnt erst, wenn Sie zulassen, daß das Problem andauert oder, noch schlimmer, wenn Sie das Tier an jemanden verkaufen müssen, der aus dieser Situation Vorteile schlägt und durch Ihre Fehler Geld verdient.

Im Laufe der Jahre habe ich begriffen, daß jedes Problem, das Pferde entwickeln – und ich meine wirklich jedes Problem –, durch den Menschen ausgelöst wird. Schlicht und einfach. Die Pferde haben uns nicht darum gebeten, domestiziert zu werden. Wie können wir uns dann erdreisten, sie dafür verantwortlich zu machen, wenn die Dinge schlecht laufen? Das wäre so, als wenn man mit dem Auto vor einen Baum fährt und dann den Baum dafür verantwortlich macht, weil er im Weg gestanden hat. Wenn wir die vielen Probleme lösen wollen, die Pferde entwickeln, dann müssen wir zuerst die Ursachen finden, und dafür benötigen wir nichts weiter als einen Spiegel.

Schwer lösbare Fälle

Ich klopfte an die Hintertür des alten Farmhauses, worauf ein Hund im Inneren des Hauses zu bellen anfing. Generell ist es nicht allzu schwierig, die Größe eines Hundes anhand der Geräusche zu bestimmen, die seine Pfoten auf dem Boden machen, wenn er auf die Tür zurennt. Hört man ein schnelles, hohes Klicken, wenn er über den Linoleumbelag der Küche rennt, stehen die Chancen gut, daß es sich um einen kleinen oder mittelgroßen Hund handelt. Wenn man aber mehrere dumpfe Aufschläge hört, wenn der Hund den Teppich im Wohnzimmer überquert, und ein knallendes Geräusch, sobald er das Linoleum erreicht hat, ist es sehr wahrscheinlich, daß einem ein ziemlich großer Hund entgegen kommt.

Dieser Hund fiel eindeutig in letztere Kategorie. Daß er groß sein mußte, verriet mir außerdem das Klirren der Fenster, jedesmal wenn seine Pfoten den Boden berührten. Eine Stimme im Inneren des Hauses rief: „Clancy. Sei still! Sitz und benimm dich!"

Das Bellen verstummte, und ich hörte jetzt nur noch ein raschelndes Geräusch. Wahrscheinlich wischte der Hund mit dem Schwanz über den Fußboden, während er an der Seite der Frau wartete, bis die Tür endlich geöffnet wurde.

„Hi", sagte ich und stellte mich vor. „Ich glaube, Ihr Mann wollte, daß ich mir ein Pferd ansehe, mit dem er Probleme hat."

„Oh, Sie sind der Trainer", sagte die Frau lächelnd. „John mußte dringend ein Ersatzteil für den Mäher holen. Er muß aber jeden Moment wieder zurück sein."

„Kein Problem", gab ich zurück. „Ich warte so lange." Neben ihr auf dem Boden saß ein Monster von einem Hund, halb Golden Labrador, halb Welsh Pony.

„Kann ich Ihnen etwas zu trinken anbieten, während Sie warten?"

Ich stand dort einen Augenblick und starrte „Dogzilla" an, worauf sie lachte und sagte, „Clancy beißt nicht. Er ist hauptsächlich groß."

„Nein danke", antwortete ich höflich, „lieber würde ich mir schon einmal das Pferd ansehen, wenn es Ihnen nichts ausmacht."

„Na klar", lächelte sie. „Er müßte im Corral sein. Wenn er dort nicht zu finden ist, steht er wahrscheinlich im Stall." Sie hielt kurz inne und fuhr dann fort, „Vielleicht sollte ich lieber mitkommen. Er mag Fremde nicht so besonders."

Als wir drei (die Frau, Clancy und ich) uns auf den Weg zum Corral machten, bog ihr Mann John gerade in die Auffahrt. Clancy kehrte sofort um und rannte auf ihn zu, wobei er aussah wie ein durch den Sumpf rennender Elch. Ich hoffte, daß der Hund John in seiner Begeisterung nicht umrennen würde, denn das hätte den sicheren Tod des Mannes zur Folge gehabt. Zum Glück kam Clancy kurz vor John zum Stehen und setzte sich. John ging auf ihn zu, tätschelte ihm den Kopf und kam dann zu uns rüber. Clancy folgte ihm auf dem Fuß.

Als wir uns miteinander bekanntgemacht hatten, und die Frau mit dem Hund wieder zurück zum Haus gegangen war, erzählte John mir die Geschichte des Pferdes, das ich mir ansehen sollte. Er hatte den Zweijährigen erst vor ein paar Monaten als Zuchthengst gekauft. Das Pferd hatte bis zum vergangenen Winter draußen im Flachland zusammen mit dreißig oder vierzig anderen Pferden auf 70 Hektar Weideland gestanden. Es war ein extrem harter Winter gewesen, und dennoch hatte der Besitzer der Herde die Pferde sich selbst überlassen. Eine Hälfte der Herde war verhungert, die andere, zu der auch der Hengst gehört hatte, war einigermaßen durchgekommen.

Bis die überlebenden Pferde registriert und von Staatsbeamten beschlagnahmt worden waren, waren die meisten von ihnen so geschwächt, daß man sie förmlich in die Anhänger heben mußte, um sie dorthin zu transportieren, wo sie wieder aufgepäppelt werden sollten. Drei Pferde starben, bevor man das Rehabilitations-Zentrum erreicht hatte, aber dieses hier hatte glücklicherweise überlebt. John hatte diesen braunen Hengst, der fast wie ein Mustang aussah, einem Adoptions-Zentrum für Pferde abgekauft, zu einem Zeitpunkt, als er noch abgemagert und geschwächt war.

Als das Pferd Gewicht zulegte und seine Kräfte wiederkehrten, stellte John eigenartige Verhaltensweisen an ihm fest. Unter anderem geriet das Pferd manchmal ohne ersichtlichen Grund in Panik, wenn es allein auf der Koppel stand.

Außerdem ließ er sich nur einfangen, wenn man ihn mit Futter in den Stall lockte und die Tür verschloß. Es war unmöglich, ihn draußen im Corral oder auf der angrenzenden vier Hektar großen Koppel einzufangen. Hatte man ihn schließlich, war sein Verhalten unberechenbar. Mal war er sanft wie ein

Lamm, dann wieder stieg er, galoppierte wild herum, schnappte und trat aus.

In der Hoffnung, daß er dadurch ruhiger werden würde,
hatte John den Hengst kastrieren lassen, aber das hatte nichts
geholfen. Seine Hufe waren in einem furchtbaren Zustand und
benötigten dringend Behandlung, was die Probleme nicht
gerade verminderte. Drei verschiedene Hufschmiede hatten in
der Zwischenzeit versucht, die Hufe zu behandeln. Einer hatte
das Pferd betäuben müssen, die anderen hatten ihn nur durch
Hochbinden eines Hinterbeines in den Griff bekommen.
Trotzdem hatte sich einer der Hufschmiede verletzt, als ihm
das Pferd gegen das Knie getreten hatte. Obwohl John sein
ganzes Leben lang mit Pferden gearbeitet hatte, war er zu der
Schlußfolgerung gekommen, daß er mit diesem überfordert
war und dringend Hilfe benötigte.

„Dann wollen wir ihn uns einmal ansehen", sagte ich.

Nach einem kurzen Blick in den Corral sahen wir, daß er
nicht dort war, und das verschlossene Koppelgatter deutete
darauf hin, daß er im Stall sein mußte. Vorsichtig schob John
die große Tür zum Stall auf, und ich sah das in der kühlen
Dunkelheit seiner großen Box schlafende Pferd. Leise gingen
wir näher und blieben vor dem schweren Holztor der Box stehen. Das Pferd sah uns an und schnoberte wütend. Einige
Sekunden später kam der Wallach langsam näher, blieb aber so
weit entfernt stehen, daß er jeden Millimeter seines ausgestreckten Halses benötigte, um die Nüstern so nah an uns
heran zu schieben, daß er unseren Geruch ausgiebig aufnehmen konnte.

Wir standen bewegungslos, um ihn nicht unnötig zu
ängstigen. Plötzlich und ohne jede Warnung wieherte das
Pferd, drehte sich um die eigene Achse und stürmte in wilder
Flucht durch die Tür hinaus in den Corral. Er durchquerte in
kürzester Zeit den zwölf Meter großen Corral und sprang über
den 1,50 Meter hohen Zaun auf die angrenzende Koppel.

Schneller als ich sehen konnte, stand das Pferd schnaubend und scharrend am äußersten Ende der Koppel und schlug mit dem Kopf.

„Oh, Mann", sagte John und sah mich an. „Er springt auch über Zäune."

Ich wollte mir das Pferd näher ansehen, und so gingen wir langsam auf die Koppel hinaus. Der Wallach reagierte sofort, indem er die gesamte Länge des Zaunes mit voller Geschwindigkeit entlang galoppierte. Wir standen in der Mitte der Koppel, und das Pferd raste völlig aufgebracht um uns herum. Während wir dort standen und Zeuge der scheinbar mangelnden Selbstkontrolle des Tieres wurden, berichtete John von weiteren Beispielen des unerklärlichen Verhaltens seines Pferdes. Er erzählte, daß der Hengst manchmal zwei Tage lang außerordentlich depressiv sei und sogar das Futter verweigern würde. Dann wieder sei er furchtbar aggressiv und versuchte alles und jeden in der Nähe des Zaunes zu attackieren. Er hatte sogar einmal die Stallwand angegriffen. Dabei hatte er versucht hineinzubeißen und dann mit den Hinterhufen dagegen getreten. Auch auf den Holzzaun des Corrals war er schon losgegangen.

„Ich möchte Ihnen eine Frage stellen", sagte ich, als das Pferd in der Nähe des Zauns stehen blieb und gleich wieder seinen Koller bekam. „Wie sehr hängen Sie an diesem Pferd?"

„Weshalb?" fragte er. „Denken Sie, wir bekommen ihn nicht mehr hin?"

„Könnte sein", antwortete ich. „Auf jeden Fall hat er ein paar sehr schwerwiegende Probleme."

Ich erklärte ihm, daß fast alle Problempferde, egal wie verdorben sie erscheinen, normalerweise in einem gewissen Rahmen durchaus normales Pferdeverhalten aufweisen. Das heißt, ein Verhalten, das normal ist für die Gattung Pferd, selbst dann, wenn dieses Verhalten an der äußersten Grenze des Normalzustandes eingeordnet werden muß. Der Wallach schien diesen

Punkt überschritten zu haben. Er zeigte Verhaltensmuster, die kein Pferd mit klarem Verstand aufweisen würde.

„Mit anderen Worten", fuhr ich fort und tippte mir dabei an den Kopf, „ich glaube, daß bei ihm da oben was nicht stimmt."

„Was könnte der Grund dafür sein?" fragte er mich, als wir zurück zum Stall gingen.

„Na ja, wenn ich berücksichtige, was Sie mir erzählt haben, und das mit dem verbinde, was ich hier gesehen habe, tippe ich auf Inzucht."

„Das könnte sein", sagte er, „es sind einige Hengste in dieser Herde gewesen." Er sprach nicht weiter und sah aus, als wäre er in Gedanken versunken. „Kann man irgend etwas für ihn tun?"

„Wenn ich an ähnliche Fälle in der Vergangenheit denke", fing ich an, „besteht leider nicht viel Hoffnung, ihn wieder richtig hinzukriegen." Ich erklärte ihm, daß starke Inzucht oft so schwerwiegende Auswirkungen auf das Gehirn des Tieres hat, daß es mental einfach nicht in der Lage ist, richtig zu funktionieren. Das hat zur Folge, daß seine Denkprozesse verzerrt sind und das Tier Dinge tut, die nicht nur für es selbst, sondern auch für jeden Menschen in seiner unmittelbaren Umgebung gefährlich sind.

Kaum hatte ich den Satz zu Ende geführt, als das Pferd, wie um ein Ausrufungszeichen hinter meine Rede zu setzen, auf uns los ging. Wir rannten auf den drei Meter entfernten Zaun zu und kletterten so schnell wie möglich hinüber, um uns im Stall in Sicherheit zu bringen. Die Hälfte des Corrals hatten wir überquert, als wir hinter uns ein entsetzliches Krachen und Splittern hörten.

Ich drehte mich um und sah, wie das Pferd die drei oberen Stangen des Zauns durchbrach, der uns noch von ihm trennte. Es stolperte über den letzten Balken und landete in einer furchterregenden Verrenkung auf der rechten Seite seines Kopfes. Dabei überschlug es sich so, daß ich sicher war, daß sich der Wallach das Genick gebrochen hatte. Zu meiner Überraschung war er schnell wieder auf den Beinen und stand ruhig da, als wollte er sagen: Super Trick, oder? Beim nächsten Mal krache ich durch den Stall.

„Denken Sie, ich sollte ihn vielleicht erschießen?" fragte John, als wir dort fassungslos standen angesichts dessen, was sich vor unseren Augen abgespielt hatte. „Würden Sie das an meiner Stelle tun?"

„Die Entscheidung liegt bei Ihnen", antwortete ich. „Ich kann Ihnen nur eins sagen. Ich glaube nicht, daß er jemals ein gutes Pferd für Sie werden wird, egal wieviel Trainingszeit Sie mit ihm verbringen."

Als ich Johns Anwesen verlassen hatte und auf die Schotterstraße einbog, auf der ich gekommen war, mußte ich an die Gemeinsamkeiten zwischen diesem Pferd und einem anderen denken, mit dem ich vor ein paar Jahren gearbeitet hatte. Eine graue Stute namens Dusty, die mir eine Frau anvertraut hatte, weil sie nicht mehr mit ihr zurechtgekommen war. Ich sollte das Pferd trainieren, aber sehr schnell wurde mir klar, daß Dusty Probleme hatte, die größer waren als Ihre und meine zusammen.

An manchen Tagen war sie unberechenbar, geradezu aggressiv, dann wieder hatte sie Tage, an denen sie ruhig und ausgeglichen war, so daß man sich fragen mußte, ob man es wirklich mit demselben Pferd zu tun hatte. Ich erinnere mich besonders an einen ganz bestimmten Tag. Ich hatte Dusty gerade eingefangen und führte sie hinunter zum Stall, als sie plötzlich wild ausschlug. Sie brach seitlich aus, stieg und schlug ungestüm mit dem Kopf. Nachdem sie sich von mir losgerissen hatte, lief sie ein paar Schritte, drehte sich dann auf der Stelle und buckelte. Nach kurzer Zeit hörte sie damit auf und sah mich an. Nach und nach verschwand das Entsetzen aus ihrem Blick und verwandelte sich in etwas, das ich nur mit Hilflosigkeit beschreiben kann.

Ein paar Tage später wiederholte sich dieser Vorfall. Diesmal schoß sie sofort auf die nächste Stallwand zu und schrappte Kopf und Schultern daran, bevor sie zum Stehen kam. Bis heute fällt es mir schwer, meine Empfindungen zu beschreiben, als sie mich danach ansah. Ich könnte schwören, daß sie zu mir sagte: Kannst du mir bitte helfen? Ihr Blick hatte mich so tief berührt, daß ich sogar einer Freundin, Susie Hiede, von meinem Gefühl erzählte, dieses Pferd habe mir etwas sagen wollen.

Nicht einmal eine Woche später geriet die Stute aus unerkennbarem Grund in Panik, während sie mit einem anderen Pferd auf einer 2 Hektar großen Koppel graste. Eine Frau, die zufällig in der Nähe war, erzählte hinterher, daß das Pferd friedlich gegrast, sich dann plötzlich umgedreht hatte und losgerannt war, so schnell es nur konnte. Und selbst vor dem Stacheldraht, der die Koppel umzäunte, habe das Pferd die Geschwindigkeit nicht zurückgenommen und sei mit vollem Schwung hineingerast.

Als ich schließlich bei der Stute war, stand sie bereits ruhig vierhundert Meter vom Zaun entfernt und Susie kümmerte sich um sie. Die Verletzungen, die das Pferd davongetragen hatte, waren so schwer, daß ich es erschießen mußte. Ohne zu zögern, ging ich zum Truck und kehrte mit meinem Gewehr zurück. Als ich auf die Stute zuging, wieherte sie ganz leise, als ob sie sagen wollte: Na endlich ... das habe ich dir die ganze Zeit versucht zu sagen. Jetzt hast du mich verstanden.

Natürlich kann ich nicht mit Bestimmtheit sagen, daß Dusty versucht hatte, mit mir zu sprechen. Aber was für eine Tragödie, wenn sie es wirklich versucht haben sollte, und ich mir nicht die Mühe gemacht hätte, zuzuhören. Ich bin deshalb der Meinung, daß es für jeden Trainer oder Pferdebesitzer sehr wichtig ist, mit seinem Pferd zu kommunizieren und ihm mitzuteilen, was von ihm erwartet wird und zwar so, daß das Pferd es verstehen kann. Wir verpassen sehr viel, wenn wir nicht bereit sind, dem Pferd in dem Augenblick unsere Aufmerksamkeit zu schenken, in dem es mit uns zu kommunizieren versucht.

Johns Pferd löste das gleiche Gefühl in mir aus wie damals Dusty. Ich empfand sein abnormes Verhalten wie einen Schrei nach Hilfe.

Genau da liegt aber auch das Problem dieser Theorie. Es ist eben nur eine Theorie. Weniger sogar, es ist ein Gefühl. Es ist sehr schwer für mich, eine Entscheidung für oder gegen die Zukunft eines Pferdes zu treffen aufgrund eines Gefühls. Ich bringe es vielleicht fertig, ein Pferd wie Johns zu beobachten und sein Verhalten als einen Versuch zu sehen, mir mitzuteilen: „Hey, ich möchte so nicht länger leben." Aber ich bringe es nicht fertig, es seinem Besitzer zu sagen.

Aus diesem Grund hatte ich John erklärt, worin meines Erachtens die Ursache des Problems lag und ihm geschildert, wie das Leben seines Pferdes sehr wahrscheinlich aussehen würde. Die Entscheidung über die Zukunft des Pferdes blieb letztlich dort, wo sie hingehörte, nämlich in der Hand des Besitzers. Manchmal gibt es allerdings auch Situationen, in denen ich mich qualifiziert genug fühle, um einzugreifen und anzusprechen, daß ein bestimmtes Pferd und sein Besitzer möglicherweise nicht füreinander bestimmt sind.

Es gab Zeiten in meinem Leben, da war ich sicher, daß jedes Problem überwunden werden könnte, wenn man geeignete Trainingsmethoden anwendete. In mancherlei Hinsicht sehe ich das heute noch genauso. Wie so oft aber, kühlt der jugendliche Enthusiasmus leider durch die harte Realität irgendwann etwas ab und an Stelle des Idealismus treten die knallharten Fakten eines Lebens im Pferdegeschäft.

Ich will damit sagen, daß es den meisten Pferdebesitzern in der Realität nicht möglich ist – finanziell und logistisch – jedes einzelne Pferd mit einem schwerwiegenden Problem zu retten, und die mentalen Belastungen, die damit einhergehen, die schweren Verletzungen oder die Zerstörung von Eigentum, die das Pferd in der Zwischenzeit unter Umständen anrichtet, auf sich zu nehmen.

Wenn ich solche Begleitumstände erkenne, ist es meine Pflicht, dem Besitzer dieses Pferdes vorzuschlagen, den Verlust in Kauf zu nehmen und sich von diesem Tier zu trennen, um ein neues zu suchen, mit dem er vielleicht besser zurecht- kommt. Ich weiß, daß sich das zumindest im Hinblick auf das Pferd grausam anhört, aber meiner Meinung nach sollte die Grundlage zwischen Pferd und Besitzer auf Geben und Nehmen basieren. Wenn alle Versuche, diese Grundlage zu erreichen, fehlgeschlagen sind, oder wenn es zu einem totalen Vertrauensbruch gekommen ist, so daß der Halter nicht mehr in der Lage ist, sicher mit seinem Pferd umzugehen, dann gibt es keinen Grund, weshalb man das Tier behalten sollte. Ich spreche von schweren, tief verwurzelten, mentalen Problemen, die ein Tier völlig verunsichern, und nicht von geringfügigen Trainingsproblemen, die man in dreißig, sechzig oder auch neunzig Tagen überwinden kann.

Eines Tages wurde ich gebeten, das Training auf einer Gäste-Farm zu übernehmen, die ihre eigenen Pferde züchtete. Das beinhaltete auch das Aufziehen und Trainieren der Pferde. Man hatte mich gebeten zu kommen, weil der bisherige Trainer irgendwo einen anderen Job bekommen hatte und ein halbes Dutzend Dreijähriger zurückgelassen hatte. Der Besitzer der Ranch wollte, daß diese Pferde wenigstens angeritten wären, damit die Ausbilder sie vier Monate später, rechtzeitig zum Saisonbeginn, als Handpferde einsetzen konnten. Er hatte mir versichert, daß keiner der Junghengste irgendwelche Probleme hätte und daß sie alle sechs ruhig und ausgeglichen wären.

Eigentlich hatte ich schon sehr früh gemerkt, daß, wenn Leute mir erzählten, wie vorbildlich das Verhalten ihrer unzugerittenen Pferde sei, ich am besten die Hosenbeine hochkrempelte und aufpaßte, wohin ich trat. Warum um alles in der Welt ich dann überrascht war über das, was ich am ersten Tag auf der Ranch sah, weiß ich auch nicht. Es waren sechs Pferde. Zu sagen, daß sie keine Probleme hatten, wäre das gleiche, als würde man behaupten, ein neun Pfund schwerer Sperling wäre nicht fett. Alle sechs befanden sich in einem zwölf mal zwölf Meter großen Corral. Es handelte sich um zwei Stuten und vier Wallache und alle sechs konnte man nur als verhaltensauffällig bezeichnen.

Den gesamten ersten Tag verbrachte ich damit, ihnen beizubringen, so lange still zu stehen, bis ich mich mit einem Halfter in der Hand nähern konnte. Von den vier Pferden, die mich an sich heranließen und denen ich das Halfter anlegen konnte, ließen sich nur zwei führen. Von diesen beiden konnte ich nur eins von den anderen weg und durch das Tor führen. Es kostete mich eine ganze Woche, bis dies auch mit den drei anderen möglich war.

Nach kurzer Zeit hatte ich herausgefunden, daß die Schwierigkeiten der Junghengste wahrscheinlich auf frühere Mißhandlungen zurückzuführen waren. Alle sechs wiesen schwere Striemen am unteren Teil der Beine auf, und bestimmte Orte, wie zum Beispiel der Round Pen, jagten ihnen Angst ein. Schon der Anblick einer Longierpeitsche oder eines Führstricks konnte sie in panischer Flucht und unkontrollierbarer Raserei auseinanderstieben lassen. Jede abrupte Bewegung löste abwehrendes Verhalten aus.

Trotzdem sprachen vier der sechs Pferde auf das Training an und beruhigten sich innerhalb von zwei bis sechs Wochen. Die beiden anderen – ein schwarzer und ein brauner Wallach –

hatten allerdings schwerwiegendere Probleme. Beide wiesen keine Anzeichen von typischem Pferdeverhalten auf. Sie waren explosiv und unberechenbar, und selbst die grundlegendsten Dinge, wie Halfter anlegen oder sich ihnen nähern, stellten sich als außerordentlich gefährlich dar.

Als ich einmal das Halfter des Rappen schließen wollte, stieg er unvermittelt, und der Ringfinger meiner rechten Hand verfing sich zwischen seinem Kopf und dem Halfter. Ein verräterisches Knacken verriet mir, daß der Finger nicht mehr in Ordnung war, und nachdem ich ihn aus dem Halfter befreit hatte, bestätigte sich mein Verdacht, daß er gebrochen war.

Es war ein komplizierter Bruch zwischen dem ersten und zweiten Gelenk, die Spitze des Fingers stand in unnatürlichem Winkel ab. Weil ich wußte, daß sich die Nerven im Umfeld eines Bruchs vorübergehend in einem Schockzustand befinden, nahm ich die Fingerspitze und schob sie mit einem schnellen Ruck zurück in ihre Position. In der Zwischenzeit tobte der Rappe mit angelegtem Halfter um den Corral, wobei ihm der Führstrick zwischen den Beinen hing. Es dauerte beinahe dreißig Minuten bis er sich entschied, stehen zu bleiben und noch weitere dreißig, ehe es mir gelang, ihn einzufangen und ihm das Halfter abzunehmen.

Es war offensichtlich, daß er eine Sache besonders gut beherrschte, nämlich zu explodieren. Er ging immer und überall in die Luft und aus Gründen, die er allein kannte. Und darin war er wirklich gut. Er konnte mit mehr Begeisterung steigen als jedes andere Pferd, das ich jemals erlebt hatte. Er war so undurchschaubar, daß er dadurch schon fast wieder kalkulierbar wurde. Man wußte, daß es passieren würde, nur der genaue Zeitpunkt war nie vorherzusehen.

Der Braune verhielt sich ähnlich. Der deutlichste Unterschied zwischen beiden war, daß es den Braunen überhaupt nicht interessierte, wo er gerade war oder was sich vor ihm befand, wenn er stieg. Es war ihm völlig egal. Er raste einfach durch alles hindurch oder über alles oder jeden hinweg, ganz gleich was oder wer auch immer ihm im Weg war.

Keines der beiden Pferde schien in der Lage, sich die Lektionen zu merken, die ich ihnen zu vermitteln versuchte. Selbst die einfachsten Übungen mußten ihnen immer wieder gezeigt werden. Während die anderen vier Pferde nicht nur geritten werden konnten, sondern sogar schwierige Lektionen wie den Seitengang beherrschten, mußte ich diesen beiden immer noch beibringen, sich einfangen zu lassen und das Halfter zu akzeptieren.

Sechzig Tage geduldiger Arbeit schienen dem Braunen nicht im geringsten geholfen zu haben. Er war sogar unnahbarer und gewalttätiger geworden. Wir beschlossen, das Training einzustellen und ihn auf einer Auktion zu verkaufen. Sechzig Tage später trafen wir diese Entscheidung auch für den Rappen.

Eine Überprüfung der Zuchtnachweise beider Pferde zeigte, daß die Junghengste aufgrund von Zufallszüchtungen mütterlicherseits eine Menge genetischer Unausgewogenheiten mitbekommen hatten. Das Ergebnis hatten wir erlebt: Pferde, die für sich selbst und andere zur Gefahr geworden waren.

Inzucht ist nicht die einzige Ursache für Verhaltensstörungen bei Pferden. Eine Frau bat mich einmal, ein Pferd anzusehen, das sie kurz zuvor von der Winterweide geholt hatte. Das Pferd würde sich „unheimlich verhalten", absolut nicht normal. Sie führte mich in den Stall zu einem sehr dürren, großen Morgan. Das Pferd stand ruhig in seiner Box und trotz des ausgemergelten Zustandes sah es ansonsten halbwegs normal aus.

Die Frau mußte meinen besorgten Gesichtsausdruck bemerkt haben, als ich die vorstehenden Rippen und Hüftknochen des Pferdes betrachtete. Sofort erklärte sie, daß das Pferd während des Winters auf der großen Weide eines Freundes in den Gebirgsausläufern gestanden hatte. Sie selbst war

unterdessen auf Reisen gewesen. Der Freund hatte ihr zuge-
sichert, das Pferd gut zu versorgen, aber so wie es aussah, hatte
es sich dabei um ein leeres Versprechen gehandelt. Als sie Ende
Mai zurückgekommen war, um das Pferd abzuholen, hatte sie
dieses ausgemergelte Tier vorgefunden. Das Pferd sei nicht
nur außerordentlich dünn, es würde sich auch anders verhalten als früher.

„Kommen Sie, ich zeige Ihnen, was ich meine", sagte sie,
befestigte einen Führstrick am Halfter des Pferdes und führte
es daran hinaus.

Sobald das Pferd im Freien war, änderte sich sein Verhalten grundlegend. Plötzlich wurde es schreckhaft, es schien im
wahrsten Sinne des Wortes Angst vor seinem eigenen Schatten
zu haben. Innerhalb von dreißig Sekunden machte der Morgan
mindestens fünfmal einen Satz, wenn er seinen Schatten wahrnahm. Die Frau führte ihn langsam um den Corral und sein Verhalten wurde noch eigenartiger. Er schnoberte „Geister" an,
zuckte vor imaginären Schlangen zurück und stieg über Holz-
stämme, die überhaupt nicht vorhanden waren.

Ein plötzlich aufkommender, starker Windstoß hob seinen Schweif hoch und bog die Spitze so herum, daß sie ihn am
rechten Hinterlauf berührte. Er machte einen Satz, als ob ihn
jemand mit einem Brenneisen am Hinterteil erwischt hätte
und rannte die Frau beinahe über den Haufen. Je länger er sich
im Corral bewegte, desto panischer wurde er. Er fing an, nervös zu zittern und sich um sich selbst zu drehen, dabei versuchte er gleichzeitig in alle Richtungen zu sehen.

„Nun schauen Sie sich das an", sagte die Frau und führte ihn zurück in den Stall.

Kaum war er wieder in seiner Box, entspannte er sich
zusehends. Außer vereinzelter Blicke zurück durch die Stalltür,
gab es nichts, was an das verängstigte Tier erinnerte, das wir
vor ein paar Sekunden erlebt hatten.

„Ist das nicht unheimlich", sagte sie und löste den Führstrick vom Halfter. „Was mag bloß der Grund dafür sein und wie um alles in der Welt können wir ihm helfen?"

„Nun", sagte ich traurig, „ich glaube nicht, daß ich Ihnen helfen kann. Ich denke, daß Sie einen Tierarzt brauchen."

„Glauben Sie, daß er krank ist?" fragte sie überrascht.

„Ich bin nicht sicher", sagte ich, „aber er verhält sich so, als ob er sich vergiftet hätte."

„Was sagen Sie?" fragte sie.

„Es könnte Bärenschote sein", antwortete ich. „Die Botaniker nennen sie Astragalus. Es ist eine Pflanze, die für Pferde giftig ist. Sie würden diese Pflanze niemals anrühren, außer, wenn sie am Verhungern sind."

Ich erklärte ihr, daß die Bärenschote in halb-trockenen Gebieten gedeiht, wie zum Beispiel in den Gebirgsausläufern, wo das Pferd überwintert hatte. Es ist das erste Grün, das im Frühjahr hervorkommt. Auf der ansonsten noch kahlen Weide hatte er wahrscheinlich die ersten grünen Pflanzen gefressen, die er hatte finden können. „Und falls es wirklich Bärenschote gewesen war, hat dieses arme Pferd ein echtes Problem."

„Oh, mein Gott." In ihrer Stimme schwang etwas Drängendes mit. „Was können wir für ihn tun?"

„Nun mal langsam", sagte ich und versuchte sie zu beruhigen. „Ich bin nicht absolut sicher, daß es sich um eine Vergiftung handelt. Deshalb sollten Sie Ihren Tierarzt hinzuziehen. Es besteht immerhin die Möglichkeit, daß es etwas anderes ist."

„Gut, aber was ist, wenn Sie recht haben sollten?" fragte sie. „Was dann?"

Lange stand ich da und suchte nach den richtigen Worten.

„Sehen Sie", fing ich an, „das Problem mit der Bärenschote ist folgendes. Bevor sie irgendwelchen Schaden anrichten kann, müssen Pferde eine riesige Menge davon gefressen haben. So etwa neunzig Prozent ihres Körpergewichts in etwa dreißig Tagen."

Ich sah, wie sich Besorgnis auf ihre Gesichtszüge legte.

„Haben sie einmal eine solche Menge gefressen", fuhr ich fort, „beginnen die Giftstoffe das Gehirn zu schädigen." Ich schwieg einen Moment. „Normalerweise sind die Schäden dann nicht mehr rückgängig zu machen."

„Normalerweise?" fragte sie mit einem Hauch von Hoffnung in der Stimme.

„Nun", ich merkte, wie ich ins Stottern geriet. „Eigentlich sind diese Schäden immer unwiderruflich."

Sie wollte noch etwas sagen, doch ich kam ihr zuvor. „Sie sollten sich nicht aufregen, bevor Sie nicht mit Ihrem Tierarzt gesprochen haben", riet ich ihr. „Er wird Ihnen mit Sicherheit sagen können, was los ist. Wie ich schon sagte, bin ich nicht absolut sicher, daß die Bärenschote tatsächlich Ihr Problem ist."

Wahrscheinlich hätte ich niemals erfahren, was aus dem Pferd geworden ist, wenn ich die Frau nicht sieben Monate später zufällig bei einem Turnier in Denver wiedergesehen hätte. Leider hatte sich meine Vermutung als richtig erwiesen. Die Frau erzählte, daß sie sich zunächst sehr um das Pferd bemüht hätte, aber aufgrund der Informationen des Tierarztes dann doch die Entscheidung getroffen hatte, ihn einschläfern zu lassen.

Wenn auch die Folgen von Inzucht und Vergiftungen bei Pferden normalerweise tragisch sind, so ist doch oft Zufall oder Unwissenheit der Grund für solche Umstände. Man sollte Menschen verzeihen, die solche Probleme verursachen, denn ich habe sehr viel schwerwiegendere Probleme gesehen als jene, die durch Inzucht und Vergiftungen herbeigeführt worden sind. Ich meine damit Probleme, für deren Ursache es keine Entschuldigung gibt – Mißhandlung.

Ich habe Pferde gesehen, die an Pfosten gebunden waren und mit Schlaghölzern und Mistgabeln geprügelt wurden. Ich habe erleben müssen, wie Pferde mit Ketten und schweren Lederriemen geschlagen oder mit Brenneisen oder Holzlatten, durch die man Nägel getrieben hatte, gequält wurden. Einmal mußte ich sogar mit ansehen, wie man einem Pferd Stacheldraht um den Leib gewickelt hatte. Der Draht war mit einem langen Seil verbunden und immer, wenn das Pferd etwas falsch gemacht hatte, zog der Besitzer ruckartig an diesem Seil.

Wenn diesen Pferden auch viele mentale und physische Schäden zugefügt worden sind, so gab es doch ein Pferd, dessen Mißhandlungen so langwierig und nachhaltig waren, daß ich bis auf den heutigen Tag keinen schrecklicheren Fall erlebt habe. Dieses eine Pferd hat mir mehr über die Seele eines mißhandelten Pferdes beigebracht als alle anderen. Sein Name war Domino.

Als ich Domino das erste Mal traf, war er vierzehn Jahre alt. Er war ein glänzender und imposanter Appaloosa Wallach, den sich Freunde von mir gekauft hatten, um ihn als Geländepferd zu benutzen. Dominos Probleme traten sofort zu Tage, und meine Freunde baten mich, ihn mir anzusehen und ihm zu helfen.

Ich hatte bald herausgefunden, daß Dominos Probleme sehr tief verwurzelt waren. Er hatte entsetzliche Angst vor allem, was auf zwei Beinen ging und ließ sich deshalb nur sehr schwer einfangen, unabhängig davon, wie groß die Einzäunung war, in der er sich befand. In einer großen Einzäunung rannte er weg, in einer kleinen stand er in der Ecke, streckte den Kopf über den Zaun und zitterte furchtbar am ganzen Körper. Wenn man versuchte, sich ihm zu nähern, drehte er einem das Hinterteil entgegen, nicht als Drohung, sondern eher als eine Art Ausweichmanöver. Er war extrem kopfscheu, und jeder Versuch, ihn zu berühren, löste Panik aus.

Es war kaum möglich, ihn aufzusatteln oder aufzuzäumen, und allein der Anblick einer Satteldecke ließ ihn meilenweit fliehen. Wir dachten tatsächlich darüber nach, ihn in „Wyoming" umzutaufen, denn einmal erschreckte ihn eine plötzliche Körperbewegung so sehr, daß wir ihn tatsächlich dort wieder einfangen mußten.

Eine genaue Überprüfung seiner Lebensgeschichte ergab, daß seine Leidensgeschichte als Zweijähriger angefangen und nicht aufgehört hatte, bis er von seinen augenblicklichen Eigentümern, Pat und Bob, gekauft worden war. Es war klar, daß es nicht leicht sein würde, an ihn heranzukommen und daß dies nicht von heute auf morgen zu schaffen sein würde.

Nach drei Wochen war er so zutraulich geworden, daß er sich einfangen ließ. Es war noch immer nicht leicht, aber es war sehr viel einfacher als vorher. Es dauerte Monate bis er nicht mehr kopfscheu war und noch viel länger, bevor er sich den Sattel auflegen ließ.

Während des einen Jahres, in dem ich mit ihm arbeitete, hatte er ein zaghaftes Vertrauen zu Pat, Bob und mir entwickelt, weil wir die Menschen waren, die kontinuierlich mit ihm arbeiteten. Fremden zu vertrauen, war ihm offensichtlich noch immer nicht möglich.

Bedauerlicherweise hatten die Jahre, in denen er mißhandelt worden war, nicht nur mentale Schäden zur Folge, sondern auch physische. Er hatte chronische Verspannungen im Hals- und Schulterbereich, eine Rippenentzündung und eine Muskelverkürzung an der Hinterhand, wodurch er hinten rechts lahmte.

Ein Jahr behutsamer und kontinuierlicher Arbeit bedeuteten für Domino unermeßliche Fortschritte. Obwohl wir ihn immer noch nicht reiten konnten, hatte er soviel Vertrauen in uns gefaßt, daß er beinahe gelassen alles akzeptierte, was wir von ihm verlangten. Nachdem wir bereits ein Jahr mit ihm gearbeitet hatten, fanden wir heraus, daß ihm der Sattelgurt wegen einer beschädigten Rippe unerträgliche Schmerzen bereitete. Wir beschlossen, das Training einzustellen, bis das Problem behoben und die Verletzung ausgeheilt war.

Einen Monat, nachdem wir mit dem Training aufgehört hatten, kam ich in den Stall, in dem Domino untergebracht war. Er war an einen Balken angebunden und Pat putzte ihn in aller Ruhe. Ich ging zu ihr, und wir unterhielten uns, während sie fortfuhr, ihn zu bürsten. Ganz nebenbei hob ich bedächtig meine Hand, um Dominos Schulter zu streicheln, wie ich es tausendmal vorher im vergangenen Jahr getan hatte. Traurig und ängstlich wich er meiner Hand seitlich aus, als ob er mich niemals zuvor gesehen hätte und ich ihn bedrohen würde.

„Domino", sagte Pat, als ob sie ein verängstigtes Kind beschwichtigen wollte. „Es ist doch bloß Mark."

„Ist schon in Ordnung", sagte ich zu ihr. „Es ist wahrscheinlich, weil er mich jetzt eine Zeitlang nicht gesehen hat."

Das wirklich Traurige an Dominos Geschichte ist die Tatsache, daß er wahrscheinlich niemals wieder normal werden wird. Fremden gegenüber wird er immer mißtrauisch bleiben und, wie ein altes Sprichwort sagt, darauf warten, daß auch der zweite Schuh auf den Boden fällt. Ich bin ziemlich sicher, daß er, wenn Pat und Bob sich seiner nicht angenommen hätten, jetzt nicht mehr leben würde – er wäre einfach ein Pferd mehr, das zum Schlachter gebracht worden wäre, weil niemand mit ihm zurechtgekommen war.

Leider ist Domino nicht das einzige Pferd mit einem solchen Schicksal. Es gibt Tausende wie ihn, Pferde, die mißhandelt werden von dem Tag an, an dem sie zum ersten Mal mit ihren Hufen die Erde berühren, bis zu dem Tag, an dem sie sterben. Solche Pferde haben normalerweise derart schwere mentale Schäden, daß ihr Zustand, auch wenn sie in gute Hände kommen, meist so weit fortgeschritten ist, daß nicht mehr viel zu retten ist.

Ich möchte mich ganz bestimmt nicht anhören wie Mister Schicksalschwer. Falls die Probleme eines Pferdes nicht schon von Anfang an mentaler Art sind, besteht unter Umständen eine überdurchschnittliche Chance, solche Schwierigkeiten zu bewältigen. Dabei muß man allerdings sowohl die physischen als auch die psychischen Grenzen des Pferdes berücksichtigen und man sollte in der Lage sein, innerhalb dieser Grenzen zu arbeiten.

Ich habe die Erfahrung gemacht, daß beinahe alles möglich ist, wenn man das berücksichtigt und dem Pferd hilft, bevor zuviel Schaden angerichtet worden ist. Im schlechtesten aller Fälle kann man das Tier zumindest vor dem Schlachthaus retten. Im besten Fall gewinnt man einen lebenslangen Freund und vertrauten Kameraden.

PROBLEME AM BODEN

Pferde, die sich nicht einfangen lassen

Ich saß auf der nicht überdachten Tribüne in der Nähe des Round Pen und schaute der Veranstaltung eines berühmten Trainers zu, wie man ein schwer einzufangendes Pferd einfing. Ich konnte mir nicht helfen, aber mir kam es so vor, als sei ich in eine Wunderheiler-Show geraten, als er die Wirkung seines speziell entwickelten Führstricks anpries, mit dem er das Pferd angeblich dazu brachte, den fünfzehn Meter großen Pen zu umrunden. Es war das gleiche Seil, das er nach der Veranstaltung verkaufen würde. Er hatte es zwar nicht so deutlich gesagt, aber angedeutet, daß seine spezielle Einfangmethode ohne die Magie dieses Führstricks nicht ganz, oder zumindest nicht so gut funktionieren würde. Dreißig Minuten lang hatte er das Tier mit voller Geschwindigkeit galoppieren lassen, bis er es schließlich durch Herumwirbeln des Seiles zum Stehen brachte. Das erschöpfte Pferd blieb sofort stehen. Langsam ging der Trainer auf das Pferd zu, das aussah, als wäre es viel zu entkräftet, um Angst zu empfinden und klopfte ihm sanft den schweißnassen Hals.

Ein erstauntes Raunen ging durch die Menge angesichts der Leichtigkeit, mit der er sich dem vorher scheinbar unnahbaren Pferd genähert hatte. Das Raunen wurde noch lauter, als er sich umdrehte und zurückging zur Mitte des Pen. Kraftlos lief das Pferd hinter ihm her, als wäre es ein herrenloser Welpe, der einem kleinen Jungen in sein neues Heim folgte.

„Ist das nicht erstaunlich?" hörte ich eine Frau, die neben mir saß, zu ihrer Freundin sagen.

„Erstaunlich" ist eine Möglichkeit dies zu beschreiben, dachte ich, allerdings wäre „Taschenspieler-Trick" eine treffendere Beschreibung gewesen. Die meisten Leute, die an diesem Tag als Zuschauer auf der Tribüne gesessen hatten, schienen durchschnittliche Hinterhof-Pferdebesitzer zu sein. Leute also, die nicht von Pferden lebten, sondern ausschließlich in ihrer Freizeit ritten. Ich bin sicher, daß das, was sie soeben erlebt hatten, in ihren Augen tatsächlich so etwas wie Zauberei war. Um so mehr, da sie mit eigenen Ohren die Versprechungen des Trainers gehört hatten, auch sie würden diese Zauberkraft besitzen, wenn sie nur das Seil kauften, in welchem allein die Zauberkraft lag.

Natürlich war in allem, was er vorgeführt hatte, überhaupt keine Magie und es bestand keine Notwendigkeit, einen speziell entwickelten Führstrick zu besitzen, um ein schwer einzufangendes Pferd zu fangen. Man braucht nicht mehr als ein wenig Verständnis, das nötige Wissen und das richtige Timing. Natürlich ist es geschäftsschädigend, wenn man so etwas sagt, aber das ist egal, denn ich habe nie versucht, magische Führstricke zu verkaufen.

Ich muß allerdings zugeben, daß ich genau weiß, was die Zuschauer an diesem Seminar-Tag empfunden haben. Wird man Zeuge dieser Leichtigkeit, mit der es ein Trainer schafft, etwas zu erreichen, das für einen selbst extrem schwierig, wenn nicht gar unmöglich ist, dann erscheint einem dies wie eine Offenbarung. Ich erinnere mich, wie ich dem alten Mann das erste Mal dabei zugesehen habe als er hinausging, um ein Pferd einzufangen, dem sich niemand sonst nähern konnte. Das war für mich wie eine Offenbarung. Er hatte es aber nicht nötig, es mir als solche zu verkaufen. Statt dessen hatte er sich die Zeit genommen, um mir zu erklären, daß er es dem Pferd erlaubte sich wohl zu fühlen, so daß es das Einfangen nicht als unangenehm empfand.

Der Trainer hatte mit seiner Demonstration eine Variation genau dieser Idee vorgeführt. Mit dem Unterschied, daß er dem Pferd nicht soviel Zeit gegönnt hatte, die Vorstellung, eingefangen zu werden als angenehm zu empfinden. Statt dessen hatte er das Pferd so müde gemacht, daß es gar keine andere Möglichkeit hatte. Er hatte den Zuschauern diese Tatsache als seine besondere Fähigkeit verkauft, mit dem Pferd kommunizieren zu können und behauptete nun, daß das Pferd ihn verstanden hätte.

Die Mehrzahl der Leute, die an diesem Tag das Seminar besucht hatten, glaubten jetzt bedauerlicherweise, daß nichts weiter notwendig war, um ein schwer einzufangendes Pferd in den Griff zu bekommen, als ein magischer Strick und ausreichend Platz, wo sie das Pferd bis zur totalen Erschöpfung laufen lassen konnten.

Das Pferd so lange herumrennen zu lassen, bis es müde ist, würde wahrscheinlich sogar die ersten beiden Male funktionieren. Danach hätte man allerdings ein Tier, das jede Annäherung als Aufforderung versteht, wegzurennen. Statt das Problem zu lösen, macht man es damit tatsächlich noch schlimmer.

Das kann ich mit Bestimmtheit sagen, da ich im Laufe der Jahre jeden vorstellbaren Pferdefang-Trick entweder gesehen oder angewandt habe: Das hinter dem Rücken versteckte Halfter, das Klappern eines mit Getreide gefüllten Eimers und den Einsatz eines Lassos, um das Pferd zu fangen. Ich habe im Lauf der Jahre gelernt, daß kein Trick der Welt besser ist als der, dem Pferd zuallererst beizubringen, sich gern einfangen zu lassen. Da aber die meisten Leute nicht wissen, wie man das macht, verlassen sie sich auf solche Praktiken, vor allem auf den mit Getreide gefüllten Eimer, oder sie treiben das Tier in eine kleine Umzäunung, wo sie es in eine Ecke drängen.

Ich will damit nicht sagen, daß es falsch ist, wenn Menschen ihre Pferde durch List dazu bringen, sich einfangen zu lassen. Normalerweise ist das für ein Pferd und seinen Besitzer sogar eine sehr gute Gelegenheit, eine kleine extra Übungs-einheit zu bekommen. Wenn die Menschen nur die Hälfte der Energie aufbringen würden, die sie zur Entwicklung dieser Tricks benötigen und statt dessen ihren Pferden richtig bei-bringen würden, sich einfangen zu lassen, dann hätten sie ein Problem weniger.

Eines der ersten Pferde, das ich einzufangen hatte, war ein rundlicher, kleiner Paint Wallach. Jahrelang war er der Spielgefährte eines kleinen Mädchens gewesen, das jetzt ins Teenageralter gekommen war und die Welt der Jungen ent-deckt hatte. Plötzlich hatte das Pferd nichts anderes mehr zu tun, als in einem 9 mal 15 Meter großen Pen im Garten hinter dem Haus der Familie herumzustehen.

Der Vater des Mädchens wollte das Tier verkaufen. Des-halb hatte er Kontakt mit mir aufgenommen und mich ge-beten, das Pferd ein paar Wochen lang zu reiten, damit ihm einige seiner Macken ausgetrieben würden. Wenn sich der Wallach einigermaßen anständig reiten ließ, so dachte er wohl, könnte er einen besseren Preis erzielen, um die extrem hohen Futterkosten wieder reinzukriegen.

Bevor ich mit meiner Arbeit begann, fragte ich den Mann, ob das Pferd irgendwelche Eigenarten hätte, um die ich mich zuerst kümmern müßte.

„Nun", sagte er und schaute dabei über den Zaun des Corrals auf das rundliche kleine Pferdchen, das ungeduldig an seinem Futtertrog stand. „Er ist ein bißchen verwöhnt und läßt sich schwer einfangen."

„Läßt er sich mit Futter locken?" fragte ich, weil mir klar war, daß ein Pferd von dieser Statur wahrscheinlich alles tun würde, wenn Futter im Spiel war.

„Ja, das funktioniert", antwortete der Mann, „aber sobald er ein Halfter sieht, ist er auf und davon."

Mit dieser aussichtsreichen Neuigkeit ging ich in den nahegelegenen Schuppen, in dem das Pferdefutter aufbewahrt wurde und schaufelte Getreide aus einem offenen Sack, der auf dem Boden stand, in eine Kaffeekanne. Von einem Haken, über dem eine beeindruckende Goldplakette hing, in die der Name „Prince" eingraviert war, schnappte ich mir das Halfter.

Als ich den Corral betrat, hielt ich das Halfter in der rechten Hand hinter dem Rücken versteckt und schüttelte die Getreidekanne mit der linken. Prince, der in der Zwischenzeit an den Wassertrog gegangen war, hob den Kopf und legte die Ohren zurück. Er leckte sich die Lippen und gab ein leises Blubbern von sich, als ob er sagen wollte: Lunch ist fertig. Das Wasser schien er vollkommen vergessen zu haben, denn als er so vor sich hinschlabberte, lief es ihm aus dem Maul.

Er vergeudete keine Zeit und kam zielstrebig auf mich zu, wobei er wie eine ferngelenkte Rakete auf die Kaffeekanne zusteuerte. In seiner Hast an das Futter zu kommen, hatte er völlig vergessen, daß ich an der Kanne hing. Er preßte seine Nase tief in das Futter und schubste mich mit seiner Schulter beiseite.

Gierig kaute er, ohne die Nase auch nur einmal aus der Kanne zu nehmen. Dann stieß er immer tiefer hinein, um das Maul noch voller zu bekommen. Er rammte seinen Kopf mit einer solchen Kraft in die Kanne, daß sie mir aus der Hand fiel und das Getreide auf dem Boden landete. Sein Kopf wurde sofort von dem Futter angezogen, wie Metall von einem Magneten.

Als ich ihn derart beschäftigt sah, schien mir die Gelegenheit günstig, ihm das Halfter anzulegen. Langsam zog ich es hinter meinem Rücken hervor. Kaum war das Halfter in seinen Blickwinkel gerückt, als er sich, den Kopf noch immer am Boden, auch schon langsam zurückzog. Als ich mit dem Führstrick in die Nähe seiner Schulter kam, um ihn über seinen Hals zu legen, quietschte Prince und galoppierte wiehernd davon. Sein Kopf und Schweif waren hoch erhoben.

Heute bin ich sicher, daß er dabei versuchte so auszusehen, wie das stolze und würdevolle Pferd, das er immer sein wollte. Bedauerlicherweise sah er aber nur so aus wie ein bergabrollender, rostiger Volkswagen. Er erreichte das Ende des Corrals und drehte sich um, als habe er etwas vergessen. Man konnte es deutlich an seinem Gesichtsausdruck erkennen: Oh je, ich brauche was zu trinken. Damit machte er sich langsam auf den Weg in Richtung Wassertrog.

Mir war sofort klar, daß ich dieses Pferd nicht mit Tricks überlisten konnte. Wenn ich ihn überhaupt einfangen wollte, mußte er damit einverstanden sein.

Da es keinen Sinn hatte, das Halfter zu verstecken, ging ich auf ihn zu und hielt es deutlich sichtbar in der Hand. Ich war nicht einmal auf drei Meter an ihn herangekommen, als er sich umdrehte und im langsamen Jog weglief. Er rannte knapp sechs Meter und wechselte dann in einen trägen Schritt. Ich versuchte ihn einzuholen, aber es hatte keinen Sinn. Sobald ich den Abstand zwischen uns auf ungefähr drei Meter reduziert hatte, rannte er los, bis er wieder sechs Meter Vorsprung hatte.

Mir war klar, daß er dieses kleine Bleib-mir-vom-Leib-Spiel so lange durchhalten würde, wie ich bereit war, den Idioten zu spielen. Diese Rolle gefiel mir gar nicht. Ich beschloß deshalb, ihm wenigstens die Geschwindigkeit, mit der er sich von mir entfernte, vorzugeben. Als ich auf drei Meter an ihn herangekommen war, begann er im langsamen Jog davon zu laufen, um den Abstand zwischen uns wieder zu vergrößern. Als er diesmal lostrabte, schlug ich mit dem Ende des Führstricks drei oder vier Mal schnell auf den Boden. Das Pferd machte einen erschrockenen Satz und rannte davon. Ich folgte im Laufschritt und wirbelte dabei den Führstrick herum.

Er legte drei schnelle Runden um den Corral zurück und als er schließlich zum Stehen gekommen war, schien er seine gesamte Energie verbraucht zu haben. Sobald er stand, blieb ich ebenfalls stehen und hörte auf, den Führstrick zu schwingen. Ich wollte ihm deutlich machen, daß er sich anstrengen mußte, so lange er sich von mir weg bewegte. Wenn er still stand, und das war mein Ziel, durfte er ausruhen.

Ich erlaubte ihm, ein paar Minuten ruhig stehen zu bleiben, bevor ich versuchte, mich ihm wieder langsam zu nähern. Ich hatte keine drei Schritte gemacht, als er ausschlug und weglief. Dieses Mal stand ich in der Mitte des Corrals und wirbelte den Führstrick, während er im Kreis um mich herumrannte. Er war etwa zehn Runden gelaufen, bevor er stoppte, sich umdrehte und mich ansah. Auch ich stellte jegliche Aktivität ein. Ich wich sogar ein paar Schritte zurück, um ihm zu zeigen, daß ich mich von ihm entfernte und damit seine Anspannung verringerte, sobald er ruhig stehen blieb. Ich verharrte mindestens zwei Minuten ohne mich zu bewegen, um zu sehen, wie er reagieren würde.

Fehlanzeige! Er reagierte überhaupt nicht. Er verlor ganz einfach das Interesse und ging weg. Ich folgte ihm, dieses Mal, ohne den Führstrick zu schwingen. Er wendete den Kopf, um mir dabei zuzusehen. Daraufhin blieb ich stehen. Ich hoffte, ihm wenigstens klar machen zu können, daß die Anspannung nachließ, sobald er mich ansah.

Es funktionierte nicht. Er nutzte die Gelegenheit, um sich noch weiter von mir zu entfernen. Ich ließ den Führstrick also erneut kreisen, was ihn veranlaßte, wieder loszurennen. Das wiederholten wir fünf Minuten, bevor ich eine plötzliche und unerwartete Veränderung an ihm wahrnahm. Als ich zurücktrat, um ihn für sein letztes Stehenbleiben zu belohnen, drehte er sich um und kam auf mich zu. Er war offensichtlich müde und machte einen leicht resignierten Eindruck.

Den Schweif hielt er nicht mehr erhoben, sein Schritt war nicht mehr federnd, und er ließ den Kopf herunterhängen. Trotzdem wich ich weiter zurück, so lange er sich auf mich zubewegte.

Wir waren ungefähr sechs Meter gegangen, als ich stehenblieb. Prince kam weiter auf mich zu und blieb erst stehen, als er noch einen halben Meter von meiner Brust entfernt war. Jetzt hätte ich ihn gern gestreichelt, aber ich erinnerte mich daran, was der alte Mann einmal gesagt hatte. Auch wenn man das Bedürfnis verspürt, ein Pferd zu belohnen, wenn es das Richtige getan hat, so schadet es einem verzogenen Pferd nicht, für eine Belohnung ein bißchen härter arbeiten zu müssen.

Wir hatten einige Sekunden so gestanden, als ich zur Seite ging und mich langsam auf seine Hinterhand zubewegte. Als ob das Pferd von einer überirdischen Macht bestimmt würde, wendete es und folgte mir. Während der folgenden zehn Minuten liefen wir den gesamten Corral ab. Willkürlich änderte ich die Richtung und Prince folgte mir, als ob er die Orientierung verloren hätte, und ich seine einzige Hoffnung wäre, den richtigen Weg zurückzufinden.

Ich blieb stehen und streichelte ihn endlich an Hals, Schultern und Kopf, bevor ich ihm sanft das Halfter hoch über die Nase zog.

Ich führte ihn ein paar Schritte, nahm ihm das Halfter wieder ab und verließ den Corral. Während ich mich mit seinem Besitzer unterhielt, stand Prince geduldig am Gatter, als würde er auf meine Erlaubnis warten, etwas anderes tun zu dürfen.

„Reiten Sie ihn gar nicht?" fragte der Mann.

„Nein", sagte ich und sah mich nach dem noch immer still stehenden Pferd um. „Ich glaube nicht."

„Dafür zahle ich Sie aber", brummte er.

„Ja, ich weiß", antwortete ich, „aber ich vermute, daß er sich deshalb so schwer einfangen läßt, weil er in der Vergangenheit immer sofort geritten worden ist. Ich möchte ihm klar machen, daß er nicht unweigerlich auch geritten wird, wenn er vorher eingefangen worden ist."

„Das ist doch lächerlich", entgegnete der Mann mit einem Anflug von Aufregung in der Stimme. „Er will sich nicht einfangen lassen, weil er verwöhnt ist. Er muß geritten werden, das braucht er, und wenn Sie das nicht tun, dann suche ich eben einen anderen, der es tut."

„Ich habe nicht gesagt, daß ich ihn nicht reiten werde", antwortete ich ihm. „Ich werde ihn reiten. Ich benötige nur ein paar Tage, um dieses Einfang-Problem zuerst aus der Welt zu schaffen."

Dieser Tag war aus mehreren Gründen von ganz besonderer Bedeutung für mich. Zunächst, weil ich es auch ohne Tricks geschafft hatte, ein Pferd einzufangen, das sich nicht einfangen lassen wollte. Zweitens, weil ich das erste Mal einen Trainingsjob ausgeschlagen hatte, weil ein Pferdebesitzer etwas von mir verlangt hatte, von dem ich sicher war, daß es nicht richtig für das Pferd gewesen wäre. Im Laufe der Zeit mußte ich beides so oft wiederholen, daß ich mich im einzelnen gar nicht mehr daran erinnern kann.

Die Ereignisse dieses Tages lösten eine weitere positive Entwicklung aus. Der Besitzer des Paint hatte einem Freund von der scheinbaren Leichtigkeit berichtet, mit der ich sein Pferd eingefangen hatte. Natürlich hatte er sich auch über meine Weigerung, sein Pferd zu reiten, ausgelassen, aber das war mir herzlich egal. Denn plötzlich riefen mich viele seiner Freunde an, weil sie ebenfalls Probleme hatten, ihre Pferde einzufangen, und mich daher um Hilfe baten.

Die nächsten sechs Pferde, die ich einfing, waren alle dem rundlichen kleinen Paint ähnlich – dick, verwöhnt und schwer einzufangen. Zum Glück gelang es mir unter Anwendung der gleichen Technik, jedes von ihnen innerhalb von fünfundvierzig Minuten einzufangen und dazu zu bringen, mir ohne Halfter ruhig zu folgen.

Kein Wunder, daß ich mich ziemlich sicher fühlte, was meine Künste betraf, als ich es dann mit einem wirklich schwer einzufangenden Pferd zu tun bekam. Mein siebtes Pferd mit diesem Problem war ein Araber Wallach. Seine Besitzerin, eine große, dünne Frau, führte mich zu seiner Box, die sich am Ende eines alten, heruntergekommenen Stalls befand. Es war an einem Spätnachmittag im Frühherbst, und die Sonne ging bereits unter. Der Sonnenuntergang schien alle Wärme des Tages mit sich zu nehmen, und als wir dort in der kalten Herbstluft standen, erzählte sie mir von diesem Pferd.

Der Schimmel war zehn Jahre alt und sehr nervös. Er war erst kurz in ihrem Besitz und bislang hatte sie ihn noch nie geritten, da es unmöglich war, ihn einzufangen. Sie erzählte mir noch dies und das über ihn, aber nichts davon schien mit meiner Aufgabe zusammenzuhängen, also verlor ich mich in Tagträumen und hörte nicht mehr zu.

Ich erinnere mich, wie selbstsicher und überheblich ich war, als ich den Corral mit Halfter und Führstrick in der Hand betrat. Das Pferd galoppierte bis an das gegenüberliegende Ende des Corrals, kam zum Stehen und streckte seinen Kopf unruhig pendelnd über den obersten Balken. Komisch, dachte ich, so war keines der anderen Pferde weggerannt. Ich sollte schon bald herauszufinden, daß bei diesem Pferd überhaupt nichts wie bei den anderen war.

Ich näherte mich dem Wallach, bewegte mich auf seine Hinterhand zu und wirbelte dabei den Führstrick, wie ich es bei allen anderen Pferden vorher getan hatte. Je näher ich ihm kam, desto panischer reagierte er. Er tänzelte auf der Stelle und bewegte seinen Körper von einer Seite auf die andere, während sein Kopf noch immer über den Zaun hing.

Ich war noch fünf Meter von ihm entfernt, als er vergeblich versuchte, den Zaun zu überspringen. Glücklicherweise stand er zu dicht am Zaun, um darüber hinweg zu kommen, aber sein linkes Vorderbein verfing sich zwischen dem obersten und dem zweiten Balken, was ihn in noch größere Panik versetzte. Ich blieb sofort stehen und mußte hilflos zusehen, wie der Wallach versuchte, sich zu befreien. Hinter mir hörte ich wie jemand mich schreiend aufforderte, doch endlich etwas tun. Bis heute weiß ich nicht, ob es die Besitzerin des Pferdes war oder eine innere Stimme, die mir sagte, daß ich dieses Chaos angerichtete hatte, und es allein an mir war, es zu beheben.

Solche Unfälle laufen in Sekunden ab, und es bleibt nicht viel Zeit zum Überlegen. Ich hatte den verzweifelten Wunsch hinüberzulaufen, um das Bein des Pferdes zu befreien. Aber mir war klar, daß alle Bemühungen, dem Tier zu helfen, es in immer größere Panik versetzen würden.

Eins wußte ich sicher: Aus seiner Sicht befand sich der Wallach in einer Situation, in der es um Leben und Tod ging. Nicht nur sein Bein war verkeilt, er wurde außerdem von einem Raubtier – nämlich mir – bedroht, das sich ihm bis auf eine Entfernung von weniger als fünf Metern genähert hatte. Instinktiv zog ich mich zurück, weil ich hoffte, daß sich das Pferd ohne diese Bedrohung so weit beruhigen würde, daß es sich auf die Befreiung seines Beines konzentrieren konnte.

Ich bin nicht sicher, ob mein Rückzug den Erfolg herbeiführte oder ob es Zufall war, aber sobald ich den Abstand zwischen uns vergrößert hatte, gelang es ihm, sein Vorderbein zu befreien. Er fiel rückwärts nach hinten, landete auf der Hinterhand und rollte auf die rechte Seite. Sofort war er wieder auf den Beinen und rannte so schnell er konnte davon, während ich im Pen herumstand wie jemand, der mitten auf einer Hauptverkehrsstraße steht, wenn die Ampel auf Rot umspringt.

Ich kam mir vor wie ein Idiot, als ich beobachtete, wie das Pferd in wilder Flucht um den Corral tobte. Ich hatte sowohl mich als auch das Pferd in eine brenzlige Situation gebracht und wußte nicht, ob es mir gelingen würde, diesen Fehler wieder gutzumachen. Und alles nur, weil ich mich für klüger gehalten hatte, als ich tatsächlich war. Ich hatte angenommen, daß die Einfangtechnik, die ich bei den vorangegangenen sechs Pferden angewandt hatte, automatisch auch bei diesem hier funktionieren würde. Ich hatte mich vertan, und jetzt mußte das Pferd durch meinen Fehler leiden.

Als ich dort stand, mich selbst bemitleidete und versuchte, meine Gedanken zu ordnen, geschah etwas Seltsames. Um ehrlich zu sein, würde ich es niemandem verübeln, wenn er mir nicht glaubte, denn tatsächlich bin ich selbst nicht ganz sicher, ob es nicht Einbildung war. Ich könnte schwören, daß ich durch Staub und Dunst des frühen Abends für den Bruchteil einer Sekunde den alten Mann am Zaun des Corrals stehen sah. Mit einem Blick, der eine tiefe Ruhe ausstrahlte sah er mich an. Dieser Blick sagte mir, daß alles gut werden würde, wenn ich erst einmal zur Ruhe käme und endlich anfinge, aus der Sicht des Pferdes zu arbeiten. Ich sollte aufhören, nur über mich und statt dessen beginnen, über das Pferd nachzudenken.

Langsam begann sich in meinen Gedanken ein Bild zu formen, das mir zeigte, was ich jetzt zu tun hatte. Warum auch immer, dieses Pferd glaubte, ich sei hier, um es zu töten, und es rannte im wahrsten Sinne des Wortes um sein Leben. Ich mußte irgend etwas unternehmen, um ihm ganz deutlich zu zeigen, daß sein Leben durch mich nicht bedroht war.

Bedächtig faltete ich die Hände vor der Brust, senkte den Kopf und zog die Schultern hoch, um so unterwürfig wie möglich zu wirken. Das Gesicht auf den Boden gerichtet stand ich ungefähr zehn Minuten bewegungslos, ehe ich schließlich eine Veränderung in der Gangart des Pferdes wahrnahm. Das unkontrollierte Rennen war in einen langsamen Galopp übergegangen. Der Wallach drehte drei volle Runden, wechselte in den Trab, lief eine halbe Runde und wechselte in den Schritt, bevor er schließlich stand.

Da ich meinen Kopf auf die Brust gesenkt hielt, konnte ich nicht sehen, wo er war, aber das Geräusch seiner scharrenden Hufe, als er zum Stehen kam und sein schweres Atmen verrieten mir, daß er ungefähr drei Meter hinter meiner linken Schulter stehen mußte.

Ich harrte weitere fünf Minuten bewegungslos aus, dann vernahm ich ein Geräusch, als ob er auf mich zuschritt. Er machte noch drei weitere Schritte, dann erst war ich ganz sicher, daß er sich tatsächlich auf mich zu bewegte. Offensichtlich hatte sich seine Angst vor mir in Neugier verwandelt, die jetzt die Oberhand gewonnen hatte.

Die Sonne war mittlerweile untergegangen, und die Pferdebesitzerin hatte einen einzelnen Scheinwerfer am Ende des Corrals eingeschaltet. Das Licht reichte zwar kaum aus, um einen Schatten zu werfen, es war aber immer noch besser, als im Dunkeln arbeiten zu müssen.

Das Pferd kam zögernd und sehr schwerfällig auf mich zu. Es bewegte sich so langsam, daß weitere fünfzehn Minuten vergingen, ehe ich sicher wußte, daß es sich nur noch einen Meter hinter meinem Rücken befand. Bis dahin hatte ich mehr als dreißig Minuten in der kühlen Abendluft bewegungslos ausgehalten und Gelenke und Nacken taten mir weh.

Ich hatte das dringende Bedürfnis mich zu bewegen, befürchtete aber, daß eine einzige Bewegung eine erneute panische Flucht des Pferdes auslösen könnte, was ich natürlich vermeiden wollte. Ich beschloß also, meine Schmerzen zu ignorieren, weiter regungslos zu verharren und zu beobachten, was passieren würde.

Das Warten hatte sich gelohnt. Nicht einmal fünf Minuten später stand das Pferd mit entspannt nach unten geneigtem Kopf ruhig neben mir, die Augen waren halb geschlossen und es kaute zufrieden. Endlich konnte ich mich wieder bewegen. Ich holte tief Luft und hob ganz langsam den Kopf. Aus den Augenwinkeln konnte ich erkennen, wie sich der Kopf des

Pferdes ebenfalls nach oben bewegte. Mit erhobenem Kopf verharrte ich wieder ein paar Minuten bewegungslos, bevor ich meine linke Hand vorsichtig von der Brust nach unten nahm. Träge drehte das Pferd seinen Kopf und beobachtete mich, es schien der Bewegung aber keinerlei Bedeutung beizumessen.

Ich hielt die Hand für einen Moment bewegungslos an meiner Seite und streckte sie dann vorsichtig in Richtung des Pferdes aus. Dabei beobachtete ich aufmerksam seine Reaktion aus den Augenwinkeln und unterbrach die Bewegung, wenn es auch nur das kleinste Anzeichen von Unruhe zeigte. Sofort zog ich dann die Hand langsam zurück an meine Seite und fing wieder von vorn an.

Es dauerte fast zehn Minuten, bis der Wallach sich am Hals berühren ließ. Und mehr als eine leichte Berührung war es auch nicht. Nachdem ich das erreicht hatte, beschloß ich, daß es für diesen Tag genug war.

Langsam entfernte ich mich seitlich nach rechts. Als ich etwa anderthalb Meter von ihm entfernt war, drehte ich ihm vorsichtig den Rücken zu und ging ganz lässig weg. Es war kaum zu glauben, aber der Wallach wendete und folgte mir. Als ich den Zaun erreicht hatte, blieb er so lange neben mir stehen bis ich darüber geklettert war, drehte sich dann um, ging zurück zur Mitte des Pen und blieb dort stehen.

Während der nächsten vier Tage arbeitete ich kontinuierlich mit ihm, und es waren enorme Fortschritte zu beobachten. Als ich am fünften Tag den Pen betrat, war er so zutraulich geworden, daß er sofort auf mich zukam. Am achten Tag holte er mich am Tor ab. Im Pen legte ich ihm zum ersten Mal das Halfter an, zog es fest und führte ihn herum. Ich holte die Besitzerin dazu und arbeitete mit beiden, damit sie sich aneinander gewöhnten und das Einfangen und Führen üben konnten.

An diesem Tag war ich erst am späten Nachmittag gekommen und als wir die Arbeit beendeten, wurde es bereits dunkel. Als ich mich auf den Heimweg machte, fütterte die Besitzerin gerade ihr Pferd. Ich war bis in den Schatten der Stallungen gekommen und sah mich noch einmal nach der Frau und ihrem Araber-Wallach um. Sie lehnte im schwachen Licht des Scheinwerfers am Zaun und er mahlte zufrieden sein Futter.

Eine plötzliche, kühle Brise ließ mich frösteln und für eine Sekunde hätte ich geschworen, daß ich den alten Mann sagen hörte: Es war gar nicht so schlimm, wie du dachtest, oder? Er erschien mir so wirklich, daß ich mich in der Dunkelheit nach ihm umsah. Erst Sekunden später kam ich wieder zur Besinnung, denn natürlich wußte ich genau, daß der alte Mann schon seit Jahren tot war.

Wenn es ein Pferd gibt, an das ich immer mal wieder denken muß, dann ist es dieser Schimmel. Vielleicht, weil er mir bewiesen hat, daß jedes Pferd eine eigene Persönlichkeit besitzt. Wenn eine bestimmte Trainingsmethode bei einem Pferd funktioniert, heißt das noch lange nicht, daß sie bei allen Pferden zum Erfolg führt. Dieses ungewöhnliche Pferd hat mich gelehrt, vor allem die kleinen Kommunikations-Signale wahrzunehmen, die Pferde aussenden: ein schneller Schlag mit dem Schweif, ein bestimmter Ausdruck der Augen, manchmal nur die Verlagerung des Gewichtes.

Mit den Jahren habe ich gelernt zu verstehen, daß es diese kleinen Hinweise sind, die wir so oft übersehen, die uns aber fast alles über Pferde verraten können. Diese Signale wahrzunehmen hat oft dazu beigetragen, daß ein Pferd während des Trainings meine Nähe gesucht hat, und verhindert, daß es durchgegangen ist.

Wenn man solche Zeichen deuten kann, ist es möglich, den Zustand eines Pferdes zu erkennen, bevor man mit der

Arbeit beginnt. Hätte ich mir die Zeit genommen, die Botschaft des Pferdes wahrzunehmen, als ich seinen Pen das erste Mal betrat, dann hätten wir vermutlich das sich anschließende traumatische Erlebnis vermeiden können.

Ich glaube, ich kann guten Gewissens sagen, daß meine Wahrnehmung, mein Timing und mein Verständnis seither große Fortschritte gemacht haben. Vergleichbare Situationen entwickelten sich nicht nur weniger traumatisch für das Pferd und mich selbst, sie kosteten mich auch weniger Zeit.

Meine langjährige Erfahrung lehrt mich, daß wir erst einmal herausfinden müssen, warum sich Pferde nicht einfangen lassen wollen. Erst wenn wir den Schlüssel für ihr Problem gefunden haben, können wir sie dazu bringen, ihre Meinung zu ändern. Die Mehrzahl schwer einzufangender Pferde läßt sich in zwei Kategorien einteilen – verwöhnte oder verängstigte Pferde. Ich persönlich glaube, daß es einfacher ist, die Meinung eines verwöhnten als die eines verängstigten Pferdes zu ändern. Verwöhnte Pferde werden meistens versuchen, einen Weg zu finden, um sich vor der Arbeit zu drücken. Wenn sie sich gar nicht erst fangen lassen, kann man auch nicht mit ihnen arbeiten. Wenn das verzogene Pferd begreift, daß es mehr Arbeit bedeutet, nicht eingefangen zu werden als sich einfangen zu lassen, wird es sehr schnell seine Meinung ändern und leichter einzufangen sein.

Bei einem verängstigten Pferd hat man es mit einer Vielzahl unterschiedlicher Probleme zu tun. Neunzig Prozent dieser Pferde haben Angst, eingefangen zu werden, weil sie Angst haben vor dem, was danach mit ihnen geschieht. Im allgemeinen handelt es sich dabei um Pferde, die physischer oder psychischer Mißhandlung ausgesetzt sind, während sie geritten werden. Also Pferde, die hart angefaßt und herumgezerrt werden, die man ständig zu Dingen zwingt, die ihnen unangenehm sind, oder die Sattelzeug tragen müssen, das nicht richtig sitzt und ihnen wunde Stellen und Satteldruck verursacht.

Ihr Problem würde wahrscheinlich noch größer, wenn man versuchen würde, ein solches Pferd mit der gleichen Technik einzufangen wie ein verzogenes.

Verwöhnte Pferde sind, wie ich schon sagte, meistens etwas abgebrühter. Das unkomplizierteste Pferd, mit dem ich jemals gearbeitet habe, war eine zweiundzwanzigjährige Araber Stute, die an einem meiner Trainingskurse teilnahm. Die Besitzerin der Stute sagte mir, daß es fast unmöglich sei, sie einzufangen und an diesem Morgen hatte sie beinahe zwei Stunden dafür gebraucht.

Zu Beginn der Trainingseinheit führten wir die Stute in den Round Pen, der in der Mitte der Show-Arena aufgebaut war, wo der Kurs abgehalten wurde. Wir ließen sie dort dreißig Minuten stehen, während die anderen Teilnehmer sich anmeldeten. Ich versammelte danach alle Anwesenden um den Round Pen und erläuterte kurz das Problem des Pferdes. Schließlich betrat ich den Pen mit Halfter und Führstrick in der Hand.

Wie erwartet, drehte sie mir sofort das Hinterteil zu und trottete langsam davon. Als ich ihr folgte, fiel sie in leichten Trab, den Kopf nach außen gedreht und von mir abgewandt, als wollte sie sagen: Dich ignoriere ich.

Ich nahm das Ende des Führstricks und schlug damit drei Mal auf den Boden. Die Stute fiel sofort in einen schnellen Galopp. Ich schwang die Leine über meinem Kopf und zwang sie damit, die hohe Geschwindigkeit beizubehalten, während ich mich auf die Mitte des Pen zu bewegte.

Sie war ungefähr ein halbes Dutzend Runden rechtsherum gegangen, als ich ihr den Weg verstellte und sie zwang, linksherum zu gehen. Als ich zur Mitte des Pen zurückkehrte, sah ich aus den Augenwinkeln, daß sie einen Blick in meine Richtung warf. Das war Anlaß genug, die Stute sofort für eine richtige Reaktion zu belohnen, wenn es auch nur ein Blick war. Sie lief weitere eineinhalb Runden, bevor sie mir den Kopf ganz zuwandte. Ich trat sofort zurück und belohnte sie damit für diese Reaktion. Noch einmal ging sie zehn Schritte, verlangsamte, kam zum Stehen, drehte sich und wandte mir ihren Kopf zu. Ich ging einige weitere Schritte zurück und blieb ebenfalls stehen.

Ich wandte mich den Kursteilnehmern zu und erklärte ihnen, daß ich versucht hatte, mit dem Pferd in einer ihm verständlichen Sprache zu kommunizieren. Ich hatte der Stute verständlich machen können, daß wir beide ruhig stehen durften, solange sie still stand und mich dabei ansah. Tat sie dies nicht, mußte sie arbeiten und zwar in einer Geschwindigkeit, die ich bestimmte.

Dann richtete ich meine Aufmerksamkeit wieder auf die Stute. Ich blieb für einen Augenblick stehen, fixierte einen Punkt etwa drei Meter neben ihrer Hinterhand und bewegte mich langsam auf diesen Punkt zu. Als ich den Punkt erreicht hatte, stand ich schräg hinter ihr. Gewöhnlich reichte das aus, um verzogene Pferde wieder loszuschicken. Zu meiner Überraschung rannte das kleine Pferd aber nicht weg, es drehte sich sogar und wandte mir sein Gesicht zu. In vergleichbaren Situationen kann dieser Vorgang fünfzehn bis zwanzig Minuten dauern. Ich ging um sie herum und wieder drehte sie mir den Kopf zu. Ich war völlig verblüfft.

„Normalerweise geht das nicht so schnell", teilte ich den erstaunten Zuschauern mit. Ich ging zur Mitte des Pen und das Pferd folgte mir ruhig auf Höhe meines Ellbogens. In nicht einmal vier Minuten war es mir gelungen, dieses Tier einzufangen, wofür seine Besitzerin zwei Stunden gebraucht hatte. Das war mit Abstand die beste Zeit, die ich jemals bei einem Pferd geschafft hatte.

Wir wiederholten die Übung mehrmals im Laufe dieses Tages, damit sich die Stute den Ablauf einprägen konnte. Am nächsten Morgen ließen wir das Pferd zwanzig Minuten frei in der Show-Arena laufen. Dann ging die Besitzerin hinein, um die Stute einzufangen. Sobald sie die Arena betreten hatte, sah das Pferd sie direkt an, ging auf sie zu und ließ sich problemlos festhalten und aufhalftern.

Alles, was dieser Stute anscheinend gefehlt hatte, war ein wenig Führung. Sie war es gewohnt, mehr als eine Stunde herumzurennen, bevor sie sich einfangen ließ, weil die Besitzerin es ihr so beigebracht hatte. Als ich die Stute dazu gebracht hatte, ruhig stehenzubleiben, wenn sich jemand näherte, hatte sie erkannt, daß dies der weitaus einfachere Weg war.

Ganz anders dagegen verhielt sich Cookie, eine große Quarter Horse Stute, an die ich mich sehr gut erinnere. Sie war ebenfalls ein verwöhntes, schwer einzufangendes Pferd. Allerdings war sie weniger kooperativ.

Cookie war ein sechzehnjähriges Geländepferd und hatte die längste Zeit seines Lebens einer Frau gehört, die ihr alles und jedes hatte durchgehen lassen. Leider war die Stute im Lauf der Zeit immer ungezogener geworden und hatte schließlich die Gutmütigkeit ihrer Besitzerin so sehr ausgenutzt, daß sie verkauft werden mußte. Ihre neue Besitzerin, eine junge Frau namens Erin bat mich, sie wieder auf den richtigen Weg zu bringen. Als ich Cookie dann das erste Mal sah, hatte Erin sie bereits in den Round Pen geführt.

Wir lehnten am Zaun des Pen und sahen uns das Pferd an, als sie zu mir sagte: „Sie ist ziemlich ungezogen, ich hoffe sehr, daß Sie ihr helfen können."

„Das hoffe ich auch", antwortete ich und betrat den Pen mit Halfter und Führstrick in der Hand.

Das Pferd reagierte auf meine Anwesenheit, indem es mir langsam das Hinterteil zuwendete und mit einem Gesichtsausdruck über die Schulter zurückschaute, der zu sagen schien: Wenn du weißt, was gut für dich ist, dann läßt du mich am besten in Ruhe. Und als ob sie sicher gehen wollte, daß ich ihren Standpunkt auch begriffen hatte, ließ sie ein geräuschvolles Schnobern hören, gefolgt von einem schnellen

Schlag mit dem Schweif und einem Aufstampfen des linken Hinterbeines.

Ich wollte ihr deutlich machen, daß sie mich nicht beeindrucken konnte, also bewegte ich mich auf ihre Hinterhand zu und schwenkte dabei den Führstrick langsam hin und her. Sie schaute mich mit schief gehaltenem Kopf keck an und ging davon. Weil ich wollte, daß sie mich direkt ansah, blieb ich stehen, um ihren Rückzug aufzuhalten. Das gelang mir auch, aber ganz anders, als ich erwartet hatte.

Sie blieb plötzlich stehen, wandte sich in meine Richtung, legte die Ohren zurück und griff an.

Von allen Fähigkeiten, die ich mir in den Jahren als Pferdetrainer angeeignet habe, beherrsche ich eine besonders gut: den Führstrick zu schwingen. Ununterbrochen bewege ich ihn. Ich schwinge ihn, wenn ich still stehe und ich wirbele ihn herum, wenn ich von einem Ort zum anderen gehe. Selbst wenn ich mich langweile, lasse ich ihn hin- und herpendeln und manchmal merke ich es nicht einmal. Durch dieses gedankenlose Herumwirbeln habe ich im Laufe der Zeit eine beachtliche Geschicklichkeit entwickelt.

Das war mein Glück, denn als die Stute angriff, war der Führstrick das einzige Abschreckungsmittel, das ich zur Hand hatte. Als sie auf mich zu kam, zielte ich und schlug ihr das geflochtene Ende des Baumwollseils über die linke Nüster. Dadurch drehte sie den Kopf weit genug zur Seite, und ich traf sie mit der nächsten Drehung des Seils an der Ganasche, genau unterhalb des Ohrs. Der nächste Schlag traf sie oben am Nacken, direkt hinter dem Ohr.

Die drei Knaller mit dem Seil hatten genügt, um sie sofort zu stoppen. Sie stand vor mir, den Kopf abgewandt und leicht schwankend. Ich schlug ihr mit dem kreiselnden Seil viermal leicht auf die Schulter und einmal auf die Hinterhand, als sie zurückwich. Falls sie die Absicht gehabt haben sollte, nach mir auszuschlagen, hatte ich es vereitelt. Damit hatte ich unsere Spielregeln festgelegt. Wenn du mich nicht angreifst, dann verteidige ich mich auch nicht. So einfach war das.

Sie rannte zum Zaun und umrundete mich, während ich den Führstrick leicht über meinem Kopf kreisen ließ. Nach sechs schnellen Runden stellte ich das Seilschwingen ein, um ihr zu ermöglichen, von sich aus stehenzubleiben oder wenigstens die Geschwindigkeit zurückzunehmen. Sie lief weitere drei Runden, stoppte abrupt, drehte auf der Hinterhand herum und rannte mit derselben hohen Geschwindigkeit weiter. Ich blieb ruhig in der Mitte des Pen stehen und wartete, bis sie eine Entscheidung getroffen hatte.

Nach weiteren vier sehr schnellen Runden, fiel sie für die nächsten zwei Runden in den Trab und wechselte dann in den Schritt. Schließlich blieb sie stehen. Sie drehte mir die linke Seite zu und streckte den Kopf mir abgewandt über den Zaun. Ich denke, sie wollte mich wenigstens ignorieren, wenn sie mir schon keine Angst einjagen konnte. Ich scharrte mit dem Fuß ein paarmal auf dem Boden, weil ich hoffte, ihre Aufmerksamkeit zu gewinnen. Es funktionierte nicht. Ich klapperte mit dem Kleingeld in meiner Hosentasche. Noch immer keine Reaktion.

Also machte ich einige Schritte seitlich nach links, damit sie mich besser sehen konnte. Sie drehte den Kopf noch weiter nach rechts. Wieder bewegte ich mich auf ihre Hinterhand zu und bezog in ungefähr zwei Metern Entfernung auf Höhe ihrer Kruppe Stellung. Ich scharrte noch einmal mit dem Fuß, um zu sehen, ob ich vielleicht jetzt ihre Aufmerksamkeit auf mich lenken konnte. Sie setzte sich in Bewegung und ging einfach weg. Wieder schwang ich den Führstrick, und ihr blieb nichts anderes übrig, als wieder davon zu galoppieren.

Ich kehrte zurück in die Mitte des Pen und ließ sie weiterarbeiten. Während der nächsten dreißig Minuten blieb sie mehrmals stehen, bequemte sich aber nicht ein einziges Mal, in meine Richtung zu sehen. Sie wurde zunehmend erschöpfter. Ich hörte auf, den Führstrick zu schwingen, um ihr zu signalisieren, daß sie nun hart genug gearbeitet hatte. Als sie stoppte, ließ ich sie einige Minuten ausruhen, ehe ich weitermachte. Trotzdem weigerte sie sich, mich anzusehen und entschied sich zu rennen, statt stehen zu bleiben.

Nachdem sie fünfundvierzig Minuten mit voller Geschwindigkeit galoppiert war, blieb sie schließlich stehen und warf einen ach-so-winzigen Blick in meine Richtung. Sofort belohnte ich sie dafür, indem ich etwa fünf Schritte zurückging. Zum ersten Mal an diesem Tag senkte die Stute ihren Kopf nicht über den Zaun, sondern hielt ihn oben. Noch immer sah sie mich nicht direkt an, aber wenigstens versuchte sie auch nicht mehr, mich völlig zu ignorieren.

Zu diesem Zeitpunkt stand ich ungefähr sechs Meter von ihr entfernt, auf Höhe ihrer rechten Schulter. Ich ließ sie drei Minuten stehen und bewegte mich dann langsam nach links zur Seite auf ihre Hinterhand zu. Endlich bekam ich die Reaktion, die ich die ganze Zeit gewollt hatte. Sie drehte den Kopf in meine Richtung und sofort ging ich zurück. Sie drehte ihren Kopf jetzt so weit herum, daß sie mich direkt anschaute.

Ein Hauch von Resignation umgab sie, als sie den Kopf senkte und müde und erschöpft kaute. Tausendmal hatte ich diesen Blick bei schwer einzufangenden Pferden erlebt. Sie teilte mir auf ihre Art mit, daß sie nun bereit war, sich anzuhören, was ich ihr zu sagen hätte. In jedem anderen Fall hätte ich an diesem Punkt die Arbeit mit dem Pferd fortgesetzt und ihm beigebracht, daß es sich mir bei jeder meiner Annäherungen zuwendet, um es schließlich dazu zu bringen, mir zu folgen. Aber mir war klar, daß sie für diesen Tag genug geleistet hatte.

Um das Training mit einer positiven Geste zu beenden, ging ich langsam und immer wieder durch kleine Pausen unterbrochen auf sie zu, um ihr klar zu machen, daß ich auf keinen Fall wollte, daß sie weglief. Nach kurzer Zeit stand ich ungefähr einen halben Meter von ihrer Schulter entfernt. Einige Sekunden stand ich bewegungslos vor der Stute, hob dann langsam meine Hand und klopfte ihr den Hals. Sie entspannte sich noch mehr und ließ ihren linken Hinterfuß ruhen. Danach verließ ich den Pen und gab ihr ungefähr dreißig Minuten Zeit, um auszuruhen und abzukühlen. Als ich zu ihr zurückkehrte, wendete sie ganz ruhig und kam auf mich zu, um mich in der Mitte des Pen zu treffen. Ich legte ihr das Halfter an, klopfte ihr überschwenglich den Hals und die Schultern und übergab Erin den Führstrick, damit sie Cookie zurück in ihre Box führte.

Im Umgang mit schwierigen Pferden ist es sehr wahrscheinlich, daß der zweite Trainingstag mindestens noch einmal so anstrengend wird, wie der erste. Bei verzogenen Pferden ist es nicht unüblich, daß es eine Woche oder länger dauert, bis das Pferd schließlich erkennt, daß es einfacher ist, stehen zu bleiben und sich einfangen zu lassen, statt wegzulaufen. Ich habe allerdings auch Pferde erlebt, die zwei oder drei Monate, nachdem sie eigentlich bereits so weit gewesen waren, plötzlich rückfällig wurden. In einem solchen Fall bedarf es nur eines leichten Schlages mit dem Führstrick, damit sie sich wieder besinnen. Sie laufen eine kurze Strecke, bleiben stehen und mit einem Blick, der zu fragen scheint: „Was habe ich mir denn dabei gedacht?", sehen sie uns an.

Viele verzogene Pferde, die nicht an unserer Seite bleiben, weichen vor allem deshalb aus, weil sie dadurch Arbeit vermeiden können. Bei verängstigten Pferden ist dieses Verhalten eine durch den Fluchtinstinkt gesteuerte Reaktion. Der Instinkt signalisiert ihnen, daß sich jemand in ihrer Nähe befindet, der ihnen Schaden zufügen könnte. Vor dieser Bedrohung fliehen sie, so schnell und weit wie irgend möglich.

Wendet man bei einem verängstigten Pferd die gleiche Technik an wie bei einem verzogenen Pferd, ist es sehr wahrscheinlich, daß sich seine Ängste verstärken, und es noch schwieriger werden würde, es einzufangen. Wenn der Mensch aber das Vertrauen des Pferdes gewinnt und den Fluchtinstinkt zu seinem Vorteil nutzt, wird er feststellen, daß dies ein großer Schritt nach vorn ist. Jedenfalls habe ich diese Erfahrung gemacht.

An ein Pferd erinnere ich mich ganz besonders gut, an einen kleinen Wallach namens Mac.

Mac war ein nicht zugerittener Vierjähriger, den der Ehemann seiner Besitzerin ein ganzes Jahr mißhandelt hatte. Die Besitzerin hatte sich inzwischen von ihrem Mann scheiden lassen und war von Texas nach Colorado gezogen. Sie rief mich an und fragte, ob ich Interesse hätte, ihr Pferd zu trainieren.

Als ich Mac zum ersten Mal sah, waren es zwei Dinge, die mich spontan beeindruckten. Erstens seine Farbe, er war ein Dunkelfuchs mit flachsfarbener Mähne, flachsfarbenem Schweif, drei weißen Fesseln und einer weißen Blesse. Und zweitens seine entsetzliche Angst, vor allem vor Männern.

Er stand in einem großen Auslauf in einem Pensionsstall. Seiner Besitzerin war es nicht gelungen, ihn wieder einzufangen, seit sie ihn vor drei Wochen in diesen Auslauf gebracht hatte. Wollte ich mit ihm arbeiten, mußte ich ihn zunächst einmal einfangen.

Als ich die Weide betrat, reagierte der Wallach panisch und rannte sofort weg, auf der Suche nach einem Ausweg. Ich blieb ruhig am Tor stehen, während das Pferd am anderen Ende der Koppel alle Gangarten nacheinander durchmachte. Etwa fünfzehn Minuten mußte ich dort ausharren, bis Mac schließlich zum Stehen kam, den Kopf über den Zaun gestreckt, das Hinterteil mir zugewandt und am ganzen Körper ängstlich zitternd.

Ich blieb weitere fünf Minuten am Tor stehen, bis er sich schließlich beruhigt hatte, aber noch immer machte er keine

Anstalten, sich mir zu nähern. Ich wollte, daß er sich bewegte, deshalb ging ich langsam auf ihn zu, wobei ich mich dicht an der linken Seite des Pen hielt und ihm die gesamte rechte Seite als Fluchtweg überließ. Er nahm ihn auch schon bald in Anspruch.

Ich ging in die Mitte des Auslaufs, eine Hand in der Hosentasche, in der anderen Halfter und Führstrick. Mac begann mich zu umkreisen. Das kleine Pferd rannte während der nächsten zwanzig Minuten ohne anzuhalten, erst in die eine, dann in die andere Richtung, immer mit dem Kopf über dem Koppelzaun. Endlich begriff er, daß meine Anwesenheit zwar angsteinflößend war, ich aber keine aggressiven Bewegungen gegen ihn ausführte oder plante. Er beruhigte sich allmählich und seine Neugier begann zu wachsen.

Schließlich blieb er stehen und warf, den Kopf noch immer über den Zaun gestreckt, kurze und vorsichtige Blicke in meine Richtung. Ich ging einige Schritte zurück, um seine Anspannung zu verringern. Nach etwa fünf Minuten, in denen er hin und wieder einen Blick riskiert hatte, drehte er sich endgültig um und sah mich direkt an. Ich wich noch weiter zurück, was ihn veranlaßte, sein Gewicht nach vorn und in meine Richtung zu verlagern. Darauf reagierte ich mit einem Rückzug bis zur gegenüberliegenden Seite des Auslaufs. Während er mich noch immer aufmerksam beobachtete, kletterte ich über den Zaun und ließ ihn allein, damit er über das soeben Geschehene nachdenken konnte.

Eine Stunde später kehrte ich zurück, und wir begannen die Übung von vorn. Innerhalb von zehn Minuten sah er nicht nur hin und wieder in meine Richtung, er wandte mir schließlich sogar direkt seinen Kopf zu. Mit diesem Erfolg verließ ich den Corral. Eine halbe Stunde später kam ich zurück und blieb am Tor stehen. Mac machte keine Anstalten wegzugehen, ganz im Gegenteil, er drehte sich herum und stellte sich direkt vor mich. Das, dachte ich, sollte für heute genug sein.

Als ich am nächsten Morgen seinen Pen betrat, lief er davon, als hätte es den Erfolg vom Vortag nicht gegeben. Er umrundete den Auslauf allerdings nur dreimal, bevor er zwei Meter von mir entfernt zum Stehen kam. Sofort ging ich rückwärts, und er folgte mir. Nach ein paar Schritten hielt ich an, um zu sehen, ob er weiter auf mich zukommen würde. Aber auch er blieb stehen. Er zögerte eine Weile, dann kam er ganz, ganz langsam auf mich zu. Ich blieb einige Minuten bewegungslos stehen, dann erst drehte ich mich um und entfernte mich von ihm. Er folgte mir.

Als wir die Arbeit am Nachmittag fortsetzten, konnte ich mich ihm problemlos nähern, auch ließ er sich das Halfter anlegen und wieder abnehmen und im Corral herumführen. Wenn ich es darauf anlegen würde, könnte ich Ihnen nun weismachen, daß ich die unglaubliche Fähigkeit besäße, Einblick in das innerste Wesen der Pferde zu haben. Eine Gabe, die die wenigsten Menschen jemals erlangen können. Es ist ganz anders: Wenn ich es kann, dann kann es jeder andere auch.

Es ist nie Magie im Spiel, wenn ein Pferd eingefangen wird, das sich zunächst nicht einfangen lassen will. Man muß lediglich herausfinden, warum das Pferd sich so verhält und dann erkennen, wie die Ablehnung des Pferdes überwunden werden kann. Man muß nur eine Situation herbeiführen, in der sich das Pferd angenehm und wohl genug mit dem Menschen fühlt, dann ist das Einfangen kein Problem. Das verlangt natürlich auch, anders mit dem Pferd umzugehen, nachdem man es eingefangen hat. Wenn das Pferd erst einmal weiß, daß ihm kein Leid zugefügt wird, dann wird die Arbeit leichter.

Dieses Ziel läßt sich am leichtesten so erreichen: Man fängt das Pferd ein und bindet es an einem schattigen Plätzchen an, statt es sofort zu reiten. Vielleicht putzt man es und läßt es danach wieder frei laufen. Das Pferd sollte jedenfalls erfahren, daß Einfangen nicht notwendigerweise auch Arbeit bedeuten muß. Das Pferd wird später sehr viel bereitwilliger mitarbeiten.

Das ging mir durch den Kopf, als ich nach der Vorführung des berühmten Trainers zum Thema „Wie man Pferde einfängt, die sich nicht einfangen lassen wollen", zu meinem Truck ging. Als ich in die Fahrerkabine kletterte, drehte ich mich noch einmal nach den Zuschauern um. So weit ich erkennen konnte, waren inzwischen etwa zwölf von ihnen stolze Besitzer des magischen Führstricks geworden.

Einige standen auf dem Parkplatz herum und probierten ihre Seile aus. Überall wurden Seile gedreht und gewirbelt. Ein Mann schlug sich den Hut mit seinem Führstrick vom Kopf. Eine Frau, die ein Gefühl für ihr Seil entwickeln wollte, knallte es ihrem Mann versehentlich zwischen die Beine.

Kopfschüttelnd fuhr ich davon. Ich mußte an all die Pferde denken, die auf ihren Koppeln standen und nichts von dem verbissenen Ehrgeiz ahnten, der ihre Reiter gepackt hatte. Ich fragte mich, wie lange es wohl dauern würde, bis sich die Magie der Seile abgenutzt hätte, und wievielen Pferden, wenn überhaupt, damit geholfen werden könnte. Vor allem galt meine Sorge den Tieren, denen das nichts brachte.

Gehorsam am Boden

Nachdem wir einige der schönsten Landschaften Colorados durchquert hatten, lernten wir jetzt eine der schlechtesten Straßen Colorados kennen. Es war spät im Frühjahr, und das einsetzende Tauwetter machte die Straße noch heimtückischer, als sie ohnehin schon war. Die Straße war teilweise von spiegelglatten Eisflächen und matschigem Schlamm überzogen, zudem mußten wir mit Wasser gefüllte Schlaglöcher umfahren.

Wir hatten das letzte Viehgatter hinter uns gelassen und parkten auf einer 170 Hektar großen Weidefläche, auf der etwa

sechzig Pferde standen. Ich sah mir die einspurige Schlamm-
piste, die vor uns lag, näher an, um eine Stelle ausfindig zu
machen, die genug Platz bot, um mit Truck und Anhänger zu
wenden. Währenddessen hielt Susie Heide, die mir an diesem
Tag half, nach dem Pferd Ausschau, das wir holen wollten. Es
war eine Fuchs-Stute namens Sugar.

Erst vor kurzem hatte ich das Pferd einer Frau abgekauft,
die sich die Haltung der Stute nicht mehr leisten konnte. Siebzehn Kilometer waren wir auf dieser verlassenen Landstraße
zu der einsam gelegenen Bergweide gefahren, um Sugar zu
holen und auf eine bessere Weide zu bringen. Der Winter in
den Bergen war in diesem Jahr gnadenlos gewesen und obwohl
es eine weitläufige Weide war, bot sie nicht ausreichend Nah-
rung für die Herde. Schneeverwehungen hatten die Straße oft
unpassierbar gemacht, und niemand war mehr durchgekommen, um die Pferde zu füttern. Folglich waren alle sechzig Pferde nach diesem harten Winter sehr abgemagert.

Als ich Sugar vor ein paar Wochen das erste Mal gesehen
hatte, wußte ich sofort, daß ich sie von dieser Weide nehmen
mußte, sobald es die Straßenverhältnisse erlaubten. Wir beab-
sichtigten, sie auf eine Weide im Tal zu bringen, wo der Winter längst vorüber war und das Gras bereits sommerlich grün
und knöchelhoch stand.

Susie betrachtete die Herde. „Da ist sie, neben dem
Schecken."

„Ich seh' sie", antwortete ich. „Wenn du willst, kannst du
sie einfangen, und ich versuche, den Truck irgendwie zu wenden."

„Okay", sagte Susie, nahm das Halfter vom Sitz und kletterte aus dem Auto.

Ich kannte Susie damals bereits seit drei Jahren und hielt
sie für eine hervorragende Pferdefrau – sehr ruhig, geduldig,
erfahren und mit viel Pferdeverstand. Während ich den Truck
schlingernd und rutschend die enge Straße hinuntersteuerte,

dachte ich nicht eine Sekunde daran, daß sie vielleicht Schwierigkeiten haben könnte, die kleine Stute einzufangen. Ich mußte ungefähr drei Kilometer fahren, bevor ich eine Stelle fand, die groß und trocken genug war, um meinen ausgebauten Truck mit Vierradantrieb samt Hänger wenden zu können. Als ich zurückkam, stand Susie vierhundert Meter entfernt auf der anderen Seite der Weide und winkte mit den Armen. Hinter ihr sah ich die Stute zwischen den Bäumen bergauf traben.

Ich erinnere mich noch genau, daß ich dachte: Hoffentlich dauert das nicht zu lang. Ich schnappte mir mein Lasso vom Rücksitz und überquerte die Weide. Uns blieben noch ungefähr drei Stunden Tageslicht.

In den vergangenen drei Jahren hatten Susie und ich beinahe täglich zusammengearbeitet. Wir hatten so viele Situationen mit Problempferden gemeinsam überstanden, daß für uns eigentlich alles Routine war. Wir waren mittlerweile so eingespielt, daß wir in Situationen wie dieser mit den Schultern zuckten und uns auf den Weg machten, um den Job hinter uns zu bringen. Oft war es nicht einmal nötig, daß wir unsere Vorgehensweise absprachen.

Von dort wo ich stand, konnte ich erkennen, daß Sugar bis an die Einzäunung gelaufen war, die die Weide in südlicher Richtung begrenzte, und sie befand sich jetzt etwa hundert Meter von Susies Standort entfernt. Die Stute entfernte sich immer weiter von Susie und folgte dem Zaun in westlicher Richtung.

Glücklicherweise verlief in ungefähr dreihundert Metern Entfernung die westliche Einzäunung der Weide. Wenn Sugar die Richtung, in der sie sich vorwärts bewegte, beibehielt, würde sie bald die Ecke erreicht haben, wo beide Zäune zusammentrafen. Wir mußten nur genug Zeit und Geduld aufbringen, und es würde ein Leichtes sein, sie einzufangen.

Ich ging im rechten Winkel auf die Ecke zu. Susie lief bergauf und folgte der Stute. Beinahe gleichzeitig traten wir aus dem Schatten der Bäume und gingen auf eine kleine Lichtung zu. Dort sahen wir Sugar vor uns. Ruhig stand sie an der südwestlichen Ecke der Weide.

Instinktiv, und ohne uns abgesprochen zu haben, blieben Susie und ich stehen, um die Anspannung, die unsere Anwesenheit bei dem Pferd auslösen würde, so gering wie möglich zu halten. Sugar sah zu uns herüber und vermittelte den Eindruck, daß sie sich damit abgefunden hatte, eingefangen zu werden. Sie war nicht im eigentlichen Sinne ein schwer einzufangendes Pferd, aber wir sollten schon bald erfahren, daß sie einige andere Probleme hatte.

Der Zufall wollte, daß ich der Stute sechs Meter näher war als Susie, also ging ich auch als erster auf sie zu. Sie stand ruhig, und ich konnte an sie herantreten, ohne daß sie sich auffällig verhielt. Als ich die Schlinge des Lassos vorsichtig über ihren Kopf schob, näherte sich Susie mit dem Halfter.

Sie war noch mehr als fünfzehn Meter entfernt, als das Pferd wie selbstverständlich den Berg hinunterging und mich dabei völlig ignorierte. Ich zog das Seil um ihren Hals ein wenig enger, damit der entstehende Druck sie daran erinnerte, daß sie eingefangen war. Die Stute schien den Widerstand gar nicht zu spüren und ging unbeirrt weiter. Um sie daran zu hindern, weiter vorwärts zu gehen, faßte ich das Seil mit beiden Händen und stemmte meine Füße gegen den Boden. Statt anzuhalten trabte sie jedoch an und zog mich den Berg hinunter hinter sich her.

Das Seil war mir in der Zwischenzeit durch die Hände gerutscht, und mit Mühe klammerte ich mich an den Knoten an seinem Ende. Dennoch behielt ich einen recht guten Stand, allerdings nur so lange, bis ich auf einer großen Schneefläche landete und ins Rutschen geriet. In diesem Moment beschloß Sugar, im Galopp weiterzulaufen, was mich in ziemliche Verlegenheit brachte. Noch immer hielt ich das Seil mit aller Kraft fest und rannte schneller als es Menschenbeine normalerweise zulassen. Sugar zog mich mit solcher Kraft hinter sich her, daß meine Schrittlänge ungefähr neun Meter maß und ein einziger Schrittfehler hätte einen spektakulären Unfall zur Folge gehabt.

Als wir so den Berg hinunterschossen, war mein einziger Gedanke, daß es mir irgendwie gelingen mußte, das Seilende um einen Baum zu winden, denn das hätte die Stute mit Sicherheit zum Stehen gebracht und würde hoffentlich weder sie noch mich verletzen. Auf unserem Weg bergab rasten wir an einigen Bäumen vorbei, aber um ehrlich zu sein, wir waren zu schnell, als daß ich mich noch auf etwas anderes hätte konzentrieren können, als darauf, mein Gleichgewicht zu halten.

Wir näherten uns bereits dem Fuß des Berges, als ich aufsah und feststellte, daß auf der rechten Seite ein Felsen in der Größe eines Lieferwagens auftauchte. Wir steuerten geradewegs darauf zu und bei der Geschwindigkeit, mit der wir uns bewegten, würde das Ganze unweigerlich in einer Katastrophe enden, wenn ich nicht losließ. Vor allem für Susie, die mich von dem Felsen würde abkratzen müssen. Da der Klügere bekanntlich nachgibt, und ich nicht der nächste Passagier eines Rettungshubschraubers sein wollte, ließ ich los.

Die ganze Aktion hatte von Anfang bis Ende nicht länger als zwanzig Sekunden gedauert. Während ich mit Schwung kopfüber noch einige Meter weiterrollte und dann mitten auf der Wiese liegen blieb, hätte ich schwören können, daß es sehr viel länger gedauert hatte. Susie kam den Berg herunter gerannt, baute sich ein paar Schritte vor mir auf und schüttelte sich dermaßen vor Lachen, daß ich dachte, sie würde sich in die Hosen machen.

„Bist du in Ordnung?" fragte sie und japste nach Luft.

„Jaahho", antwortete ich und schielte sie mit dem Auge an, das nicht mit Dreck verklebt war.

„Tut mir leid, daß ich so lachen muß", gluckste sie, „es sah einfach zu komisch aus."

„Das will ich glauben", sagte ich und krabbelte auf allen vieren hinüber zu meinem Hut, der verbeult und zerdrückt in der Nähe lag. Ich stand auf, wischte mit dem Hut Schmutz und Schnee von meiner Jeans und versuchte dann, ihn wieder in Form zu drücken, während Susie den Schnee von meinem Rücken bürstete.

„Sie hält wohl nicht viel von guten Manieren, oder?" fragte Susie, als wir der Stute zusahen, die auf die Herde zulief, als sei sie auf Stimmenfang.

„Das kann man wohl sagen", antwortete ich.

Wenn Susie und ich von „guten oder schlechten Manieren" sprachen, meinten wir den Respekt oder den Mangel an Respekt, den ein Pferd den Menschen in seiner unmittelbaren Umgebung entgegenbringt. Bei diesem Pferd war der Mangel an Respekt geradezu unglaublich gewesen.

Ich muß zugeben, daß meine für das Pferd unangenehme Anwesenheit, ganz besonders als die Situation außer Kontrolle geraten war, sicher wesentlich dazu beigetragen hatte, daß es nicht stehenbleiben wollte. Das aber entschuldigt in keiner Weise, daß es eigenmächtig losgelaufen war und meinen Befehl anzuhalten mißachtet hatte.

Man darf Pferde nicht für einen Mangel an Respekt oder für schlechte Manieren am Boden verantwortlich machen. Sie kommen so gut wie ohne Manieren auf die Welt und zwar nicht nur Menschen, sondern allem gegenüber, was sie umgibt. Wenn man sich die Zeit nimmt, das Verhalten von Fohlen zu beobachten, wird man feststellen, daß sie andauernd ineinanderstolpern. Sie haben keine Hemmungen, zu jeder beliebigen Zeit in, über oder unter ihre Mütter zu rennen. Die ganze Herde akzeptiert dieses Verhalten, solange sie Fohlen sind. Es vergehen manchmal drei bis vier Jahre, bevor die anderen Pferde sie für ihr Verhalten tadeln. Früher oder später aber bringt die Herde ihnen ein paar Verhaltensregeln bei.

Menschen gegenüber verhalten sich Fohlen genauso.

Nehmen wir uns nicht die Zeit, ihnen gute Manieren beizubringen, wenn wir in der Nähe sind, entwickeln sie sich zu Pferden, die uns hinter sich herzerren, uns überrennen oder sich nicht führen lassen. Es ist an uns, ihnen zu erklären, was wir von ihnen erwarten, wenn wir mit ihnen zusammen sind. Tun wir das nicht, dann lernen sie es nie.

Die Frage ist, wie man Pferden grundlegende Manieren am Boden beibringt. In den meisten Fällen heißt das, dem Pferd zu zeigen, wie es auf Druck reagieren soll. Nehmen wir zum Beispiel Sugar. Wir hatten erlebt, daß sie nicht genau wußte, wie sie auf Druck reagieren sollte: Sollte sie anhalten, rückwärts gehen oder sogar antreten? Mit Sugar mußten wir ganz von vorn anfangen.

Zunächst brachten wir ihr bei, beim Führen stehenzubleiben. Für viele Pferde wird das zur zweiten Natur. Oft wird ihnen zuerst beigebracht, stehenzubleiben, bevor sie lernen, geführt zu werden. In Sugars Fall schien es, als sei dieser Teil der Ausbildung vollkommen unberücksichtigt geblieben. Nach unserem kleinen Ausflug bergab trat dieses Problem einige Monate später sehr deutlich zutage, als ich sie vom Corral zurück in den Stall bringen wollte.

Als ich sie die kurze Strecke führte, blieb ich stehen, um ein Stück Seil, das ich auf dem Boden entdeckt hatte, aufzuheben. Sugar ignorierte die Tatsache, daß ich mich nicht mehr vorwärts bewegte und ging zielstrebig weiter, wobei sie mich einen Meter hinter sich herzog, bevor sie zum Stehen kam.

Dieser Zeitpunkt, war so gut wie jeder andere, um das kleine Problem zu beheben, dachte ich mir, nahm den Führstrick an und bewegte ihn leicht nach unten und hinten, ohne dabei zu ziehen. Sie reagierte, indem sie sich dagegen lehnte. Das war natürlich nicht das, was ich wollte, und so antwortete ich auf ihren Widerstand mit ein wenig eigenem Widerstand.

Auch diesmal zog ich nicht, sondern setzte ihr genau so viel Druck entgegen wie sie mir. So ging es kurze Zeit hin und her, bevor sie, um den Druck loszuwerden, mit dem Kopf schlug. Als das nichts half, versuchte sie, dagegen anzulaufen. Als auch das nichts half, gab sie schließlich dem Druck nach. Sofort lockerte ich die Spannung des Seils als deutliche Belohnung für ihre Reaktion. Eine Minute ließ ich sie stehen und fing dann wieder von vorne an. Sie schlug lediglich ein paarmal mit dem Kopf, bevor sie wieder nachgab. Auch diesmal erhielt sie sofort eine Belohnung. Wir wiederholten das Ganze, bis sie auf ganz leichten Druck des Führstricks sofort reagierte. Zuversichtlich, daß sie mich verstand, ging ich noch einen Schritt weiter.

Ich übte leichten Druck auf das Seil aus und erreichte, daß sie gut nachgab, lockerte jedoch diesmal den Druck nicht. Ich spürte, wie sie die Nase ganz leicht nach vorne streckte und sich dagegen lehnte, als ob sie sagen wollte: Hey, wo bleibt meine Belohnung? Als sie anfing nachzugeben, verlangte der zusätzliche Druck, daß sie sich ganz leicht zurücklehnen mußte. Ich hatte erreicht was ich wollte und lockerte deshalb sofort den Druck.

Wieder ließ ich sie eine Weile entspannen und übte dann erneut auf die gleiche Art Druck aus. Dieses Mal, als ob ihr ein großes Licht aufgegangen wäre, gab sie nicht nur nach, sondern ging außerdem zwei Schritte rückwärts. Nicht einmal zehn Minuten nachdem wir angefangen hatten, hatte Sugar gelernt rückwärts zu gehen und reagierte auf ganz leichten Druck auf den Führstrick. Erst als ich ganz sicher war, daß sie genau verstand, was ich von ihr wollte, ließ ich sie wieder vorwärts gehen.

Als wir uns wieder nach vorne bewegten, ließ ich sie nur wenige Schritte machen, bevor ich Druck auf den Führstrick gab und sie so zum Stehen brachte. Offensichtlich unsicher, begann sie, sich gegen mich zu lehnen. Nach einigen Schritten erinnerte sie sich jedoch. Sie gab nach, blieb stehen und ging einige Schritte rückwärts.

Die nächsten dreißig Minuten arbeiteten wir daran, immer ein bißchen weiter vorwärts zu gehen, bevor sie zum Stehen kam und rückwärts ging. Zum Schluß mußte ich nicht einmal mehr Druck auf den Führstrick ausüben, um sie zum Stehen zu bringen. Sie war so konditioniert, stehen zu bleiben, wenn ich stehen blieb. Am Endes dieses Tages hatte sie so gute Manieren, daß ich kaum glauben konnte, daß dies dasselbe Pferd sein sollte, daß mich vor nur zwei Monaten den Berg hinuntergeschleift hatte.

Sugar ist ein Parade-Beispiel für ein Pferd mit schlechten Manieren am Boden. Oft gelingt es, das Problem zu lösen, wenn man dem Pferd beibringt, auf Druck zu reagieren. Ich habe allerdings auch Pferde erlebt, die dies zwar gelernt hatten, es aber aus irgendwelchen Gründen nicht taten. In solchen Fällen hat das Pferd weniger ein Trainings-, als vielmehr ein Verhaltensproblem. Vor allem aber zeigt es einen Mangel an Respekt vor dem Menschen.

Tom war ein solches Pferd. Ein großes rotbraunes Quarter Horse, das ich trainieren sollte, weil es dermaßen schwierig geworden war, daß sein Besitzer nicht mehr mit ihm zurecht kam. Tom wies kein bösartiges Verhalten auf, es mangelte ihm einfach allgemein an Respekt und er befolgte absolut keine Anweisungen. Das betraf nicht nur seine Manieren am Boden, es wurde besonders auffällig, wenn er geritten werden sollte.

Sein größtes Problem fiel mir zum ersten Mal auf, als ich ihn von der Weide holte. Ich war stehen geblieben, um das Weidegatter zu schließen, als er sich brutal an mir vorbei schob, mit dem Kopf schlug und mich aus dem Gleichgewicht brachte. Er zog mich fünf Meter hinter sich her bis zu einer kleinen Fläche mit saftigem Gras, in das er seine Nase steckte.

Ich zwang Tom den Kopf zu heben, indem ich leichten Druck ausübte. Keine Reaktion. Schließlich zog ich am Führstrick mit aller Kraft, die ich aufbringen konnte. Er zuckte nicht einmal. Dieses Pferd hatte bereits das herausgefunden, von dem wir immer hoffen, daß sie es niemals merken: daß sie größer und stärker sind als wir. Tom wußte, daß er seinen Kopf unten lassen konnte, so lange er wollte, weil ich nicht die nötige Kraft hatte, ihn wieder nach oben zu bewegen. Zumindest dachte er das.

Am Körper eines Pferdes gibt es Regionen, wo sie auf Berührung extrem empfindlich reagieren. Nirgendwo sind sie jedoch empfindlicher, als an Nase und Maul. Ich beschloß also, es ihm so unangenehm wie möglich zu machen, wenn er seinen Kopf am Boden lassen wollte. Während er sich genüßlich über das Gras hermachte, verstärkte ich noch einmal den Druck auf das Seil und forderte ihn auf, den Kopf zu heben. Wie zu erwarten, ignorierte er diese Aufforderung. Darauf schob ich meinen Fuß in die Nähe seiner Oberlippe und, während ich noch immer leichten Druck auf das Seil ausübte, tippte ich mit der Fußspitze leicht an seine Lippen. Es war bei weitem kein kräftiger Tritt, eher ein bedeutungsvolles Klopfen, etwa so, als würde man jemandem auf die Schulter klopfen, um seine Aufmerksamkeit zu bekommen. Sein Kopf schnellte hoch und auf seinem Gesicht lag ein Ausdruck großer Überraschung.

Ich klopfte ihm den Hals, um ihn dafür zu belohnen, daß er den Kopf gehoben hatte. Bevor ich ihm auch nur zweimal den Hals streicheln konnte, war der Kopf schon wieder unten. Ich reagierte darauf, indem ich mit dem Seil Druck nach oben ausübte und ihn damit aufforderte, den Kopf zu heben, aber wieder reagierte er nicht. Das heißt, er ignorierte mich so lange, bis seine Nase mit meiner Fußspitze in Berührung kam. Der Kopf schnellte hoch.

Ich hielt es für das Beste, ihn wegzuführen, da das Gras offensichtlich einen zu großen Reiz auf ihn ausübte. Der Versuch scheiterte, denn mit einem Ruck riß er den Kopf wieder hinunter, um zu grasen. Er stolperte mir über die Füße. Sofort kam meine Fußspitze zum Einsatz. Dieses Mal fiel die Berührung etwas kräftiger aus, um ihm deutlich zu machen, daß jetzt der ernste Teil der Veranstaltung begann. Sein Kopf schnellte hoch, als hätte ich ihn mit einem Brenneisen berührt. Ich streichelte ihn, damit er begriff, daß ich ihn belohnte, wenn er den Kopf oben hielt. Während ich ihm den Hals klopfte, versuchte er, den Kopf wieder nach unten zu nehmen. Ich hielt ihn davon ab, indem ich leichten Druck auf den Führstrick legte, und der Kopf kam tatsächlich wieder hoch.

Als ich ihn von der Weide zum Stall führte, wurde ein weiteres Problem sichtbar. Er ging schneller auf den Stall zu, als ich es wollte. Genauer gesagt, er lief – und zwar viel zu schnell. Er war mir eine ganze Körperlänge voraus, so daß eigentlich er es war, der mich führte. So etwas ist nicht zu akzeptieren. Leider mißachtete er meine Aufforderung, langsamer zu gehen. Um ihm deutlich zu machen, daß er sich nach meiner Geschwindigkeit zu richten hatte, entschied ich, ihn erst einmal zum Stehen zu bringen, um dann mit gleicher Geschwindigkeit wieder loszugehen. Auch diese Aufforderung mißachtete er.

Schließlich blieb ich wie angewurzelt stehen, zog seinen Kopf zu mir heran und ließ ihn im Kreis um mich herumlaufen, bis er von sich aus stehen blieb. Er umkreiste mich sieben Mal, ehe er stand. Ich ließ ihn einige Sekunden entspannen, bevor wir geradeaus weitergingen.

Wir hatten uns kaum in Bewegung gesetzt, schon fing er wieder an zu rennen. Sofort hielt ich an und ließ ihn kreisen. Auch nach mehreren Versuchen machte er keine Anstalten, die Geschwindigkeit zurückzunehmen oder stehenzubleiben, wenn er dazu aufgefordert wurde. Das war ein sehr ungewöhnliches Verhalten, denn in ähnlich gelagerten Fällen hatten die Pferde meine Signale in sehr kurzer Zeit verstanden. Dieses Pferd hatte andere Vorstellungen. Es blieb mir nichts anderes übrig, als ihm ein für alle Mal klarzumachen, daß er meinen Anweisungen zu folgen hatte, und ich nicht bereit war, mich länger herumzerren zu lassen. Wie aber sollte ich ihm das klarmachen?

Ich mußte es dem Pferd so unangenehm wie möglich machen, mich zu überholen, so daß ihm die Lust darauf verging. Die Schwierigkeit lag darin, daß ich nicht wußte, wie ich dieses Ziel mit den mir zur Verfügung stehenden Mitteln erreichen konnte.

Schließlich hatte ich eine Idee. Tom hatte bisher noch nie erlebt, daß seine eigensinnigen Aktionen Konsequenzen nach sich gezogen hatten, außer vielleicht, daß er jemanden von hier nach dort zerren mußte. Dafür benötigte er zwar ein bißchen mehr Energie, aber für ein Pferd seiner Größe bedeutete es weiter keine Anstrengung. Dieses Problem wollte ich auf ähnliche Weise korrigieren, wie ich es bereits mit seinem Kopf getan hatte.

Wir machten uns auf den Weg, und er fiel sofort wieder in eine schnelle Gangart. Ich befahl ihm, langsamer zu gehen, indem ich Druck auf den Führstrick legte. Wie nicht anders zu erwarten, ignorierte er das Signal und überholte mich. Diesmal zog ich seinen Kopf sofort herum und knuffte ihn mit den Fingerspitzen in die Rippen. Das gefiel ihm überhaupt nicht, und er drehte ein paar schnelle Runden um mich, während ich ihm unablässig meine Finger in die Rippen bohrte.

Sein Gesicht zeigte einen völlig veränderten Ausdruck, als er zum Stehen gekommen war. Ich hatte endlich seine Aufmerksamkeit gewonnen. Vier Mal mußten wir die Aktion wiederholen, bevor ich ihn durch Druck auf den Führstrick dazu bewegen konnte, langsamer zu gehen. Als wir den Stall erreicht hatten, war er endlich bereit, sich fehlerlos führen zu lassen. Ich hatte ihn an diesem Tag beeindruckt, aber es dauerte noch weitere zwei Tage, bis die wiederholten Übungen

Wirkung zeigten, und er sich durchweg wie ein prima Kerl benahm.

Ich sollte besser anmerken, daß das „In-die-Rippen-Knuffen" nicht als Strafe, sondern eher als Irritation zu verstehen ist. Ich habe mich bemüht, dabei so konsequent wie möglich zu sein. Damit will ich sagen, daß ich versucht habe, ihn immer dann zu erwischen, wenn er mich überholte. Ich habe stets mit gleichmäßigem und nicht zu großem Kraftaufwand auf ihn eingewirkt und sofort nachgelassen, wenn er mir zeigte, daß er genug hatte.

Durch mein konsequentes Verhalten lernte Tom schnell, daß es sehr unangenehm für ihn werden konnte, sobald er einen bestimmten Punkt überschritten hatte. Erreichte er diesen Punkt erst gar nicht, dann blieb alles recht angenehm für ihn. Er hatte sich endlich dagegen entschieden, sich unwohl zu fühlen.

Seitdem habe ich diese Methode nicht nur bei Pferden mit ähnlich gelagerten Führproblemen angewandt, sondern auch bei solchen, die nicht in der Lage waren, die natürliche Distanz zum Menschen zu respektieren. Bei Pferden also, die den Trainer dauernd überrennen, wenn sie geführt werden, sich immer gegen ihn lehnen und ständig mit ihm zusammenstoßen, als ob sie ihn nicht sehen würden.

Ich benutze diese Methode nicht immer gleich von Anfang an. Im Gegenteil, ich setze sie nur ein, wenn ich keine andere Wahl habe. Die meisten „Anlehner" reagieren sofort auf ein Ausstrecken des Ellenbogens. Kommen sie zu dicht an den Menschen heran, hält sie der knochige Ellenbogen normalerweise auf Distanz.

Da ich gerade über Pferde mit schlechten Manieren spreche, erinnere ich mich an eine andere Situation. Ich wurde einmal zu einem hochklassigen Pensionsstall gebeten, um mir ein Pferd anzusehen, das alle Anzeichen von schlechten Manieren am Boden aufwies. Es handelte sich um einen fünfzehnjährigen, eingetragenen Schecken, der in einer Box gehalten wurde.

Ich stand im Gang und sah zu, wie der Besitzer des Pferdes den Stall betrat und das Pferd einfing, um es in einen großen Auslauf zu bringen. Die Manieren des Pferdes ließen ohne Zweifel zu wünschen übrig. Sie waren so schlecht, daß es an allen Begrenzungen entlangschrappte, und sein Besitzer, weniger als 1,70 Meter groß und 150 Pfund schwer, hatte alle Hände voll zu tun, um ihn hinaus zu befördern.

Der Mann bugsierte das Pferd in den Auslauf, und kaum hatte er den Führstrick vom Halfter losgeklinkt, schoß das Pferd quer durch die kleine Weide, wieherte quietschend, buckelte und stieg.

„Verstehen Sie jetzt, was ich meine?" fragte der Mann und schüttelte den Sand ab, den das Pferd auf sein Hemd geschleudert hatte. „Ich kann ihn kaum mehr bändigen."

„Wie lange geht das denn schon so?" fragte ich.

„Einige Monate", antwortete er.

„Mit was wird er gefüttert?"

„Gefüttert?" fragte der Mann erstaunt. „Was hat denn das damit zu tun?"

„Es könnte alles damit zu tun haben", gab ich zurück.

„Keine Ahnung", antwortete er und zuckte mit den Schultern. „Dasselbe Zeug wie die anderen Pferde, denke ich."

„Wir sollten das herausfinden."

Wir gingen in den Stall und sprachen mit der Eigentümerin der Anlage. Sie erklärte uns, daß das Pferd morgens drei Pfund Getreide mit vierzehn Prozent Proteingehalt bekam, dazu eine gehörige Portion Heu und das gleiche am Abend noch einmal. Mit anderen Worten: Sechs Pfund energiereiches Getreide pro Tag, außerdem energiespendendes Alfalfa-Heu. Es wurde mit ihm trainiert, allerdings kam er nur drei- oder viermal die Woche für jeweils nicht mehr als eine Stunde ins Freie.

„Sie brauchen mich überhaupt nicht", teilte ich dem Mann mit. „Hören Sie einfach auf, ihm dieses Power-Futter zu geben und bewegen Sie ihn etwas mehr. Es wird voraussichtlich eine Woche dauern, und er wird wieder ganz der alte sein."

Ich habe so viele Pferde mit dem gleichen Problem erlebt, daß ich sie gar nicht mehr zählen kann: Eine ungeheure Menge Power-Futter, wenig oder gar keine Bewegung und Besitzer, die sich wundern, warum ihre Pferde unkontrollierbar werden und zu allem Überfluß das Pferd dafür verantwortlich machen.

Die Wahrheit hinter all diesen Fällen zeigt, daß Pferde selten selbst die Ursachen ihrer Probleme sind. Im Gegenteil, die Probleme entstehen erst durch das Training oder weil sie nicht trainiert werden. Es ist eben einfacher, dem Pferd die Schuld zu geben und nicht dem Besitzer, vor allem, wenn er sein eigenes Pferd selbst trainiert. Ein gutes Beispiel für dieses Dilemma sind Pferde, die sich nicht führen lassen. Nicht die Pferde, die einen herumschubsen oder einen zu überholen versuchen, wenn man sie führt, sondern solche, die sich gar nicht erst führen lassen. Pferde, die keinen Schritt vorwärts gehen, wenn man sie dazu auffordert.

Ich habe mit einem Pferd gearbeitet, das dieses Problem in wirklich schlimmster Ausprägung aufwies. Ein dreijähriger Wallach namens Skip, dessen Training abgebrochen werden mußte, weil man ihn nicht mehr aus dem Corral herausbekam. Sein Besitzer hatte alles versucht, um dem Pferd beizubringen, sich führen zu lassen, aber nichts hatte funktioniert. Man konnte ihn nur dann von einem Ort an einen anderen bringen, wenn ein anderes Pferd dabei war oder wenn jemand mit einer Peitsche hinter ihm herging und sie ihm ständig leicht an die Fesseln seiner Hinterbeine schlug.

Als ich mir Skip das erste Mal ansah, stand er allein in einem großen Pen. Ich konnte mich ihm ohne Probleme nähern, ihn mühelos aufhalftern, und er ließ sich sogar ein paar Schritte führen. Aber das war dann auch schon alles. Nachdem er sich eine kurze Strecke hatte führen lassen, blockierte er einfach und weigerte sich, auch nur einen Schritt weiter zu gehen. Ich drehte seinen Kopf zur Seite, um eine Reaktion der Vorhand herbeizuführen. Er bewegte die Vorderbeine, sonst tat sich nichts. Er schien ganz zufrieden damit, auf einer Stelle zu stehen und ließ jeglichen Ehrgeiz vermissen, irgendwo anders hinzugehen.

Während der folgenden dreißig Minuten setzte ich mein ganzes Können ein, um das Pferd zu überreden, vorwärts zu gehen. Nichts half. Es war ganz klar, daß dieses Pferd keine Angst hatte, es war einfach unmotiviert. Aus seiner Sicht gab es überhaupt keinen Grund, mir zu folgen. Skip war rundherum zufrieden, einfach herumzustehen und er bewegte sich nur, wenn ihn ein anderes Pferd zog, oder jemand ihn mit einer Peitsche anspornte. Er schien zu der Überzeugung gelangt zu sein, daß er nur lang genug still stehen mußte, damit derjenige, der an seinem Kopf zerrte, früher oder später aufgeben würde und er weiter unbehelligt im Schatten stehen könnte.

Ich war fast so weit, ihn genau das tun zu lassen, als ich plötzlich eine Idee hatte. Bis zu diesem Zeitpunkt hatte ich mich darauf konzentriert, ihn zu einer Bewegung zu zwingen. Während ich mich damit abmühte, war mir bewußt geworden, daß ich es war, der hier die ganze Arbeit machte. Ich hatte seinen Kopf von einer Seite auf die andere gedreht, hatte ihn im Kreis herumgezogen, um ihm irgendeine Bewegung abzuringen, und ihm sogar mit dem Führstrick auf die Hinterhand geklopft. Er dagegen hatte überhaupt nicht mitgearbeitet und machte den Eindruck, als würde er die meiste Zeit schlafen.

Vielleicht war es gar nicht schlecht, wenn er plötzlich feststellen müßte, daß still zu stehen unangenehmer sein würde, als vorwärts zu gehen. Ich mußte ihn aber erst einmal dazu bewegen, seine starre Haltung aufzugeben, um die Situation unangenehm gestalten zu können. Ich begriff, daß ich keine Chance hatte, ihn zum Vorwärtsgehen zu überreden, aber ich hatte ihn bisher noch nicht zum Rückwärtsgehen aufgefordert. Schnell fand ich heraus, daß hier die Lösung zu finden war.

Noch einmal forderte ich ihn auf, vorwärts zu gehen, und wieder ignorierte er mein Signal. Ich ging sofort dazu über, den Führstrick kaftvoll zu schütteln, während ich direkt auf ihn zuging und dabei lautstark durch die Zähne zischte. Völlig überrascht trippelte er rückwärts, so schnell er konnte. Ich ließ ihn fünfzehn Schritte zurückweichen, ehe ich ihn stoppte. Endlich war er so weit, mich zu beachten.

Ein paar Sekunden ließ ich ihn ruhig stehen und forderte ihn dann auf, vorwärts zu gehen. Keine Reaktion. Ich lockerte den Druck und versuchte es noch einmal. Wieder nichts. Ich ließ ihn dann so schnell er konnte etwa sechs Meter rückwärts gehen. Als er stand, streichelte ich ihn, um ihn wissen zu lassen, daß ich ihn nicht rückwärts gehen ließ, weil ich verrückt war, sondern weil ich wollte, daß er reagierte.

Nun forderte ich ihn auf, vorwärts zu gehen, und er bot mir halbherzig ein paar Vorwärtsbewegungen an. Dafür erhielt er eine überschwengliche Belohnung, und ich ließ ihn ein bißchen länger entspannen. Als ich ihn bat, sich wieder zu bewegen, schenkte er mir zwei vorsichtige Schritte. Das brachte ihm reichlich Zuwendung und Lob ein. Im Laufe der nächsten zwanzig Minuten lobte ich ihn für jede einzelne Vorwärtsbewegung so überschwenglich, als hätte er soeben eine Weltmeisterschaft gewonnen. Machte er keine Anstalten, sich vorwärts zu bewegen, ließ ich ihn rückwärts gehen, und es wurde deutlich, daß er sich dabei herzlich unwohl fühlte.

Es dauerte nicht lange und er ließ sich im Corral herumführen. Ich gestattete ihm nicht nur, die Vorwärtsbewegung zu verzögern, sondern sogar stehen zu bleiben, so lange der Führstrick Spiel hatte. Hatte er sich so weit von mir entfernt, daß der Führstrick straff gespannt war und er mich zu ziehen begann, sprang ich auf ihn zu. Das erschreckte ihn so, daß er vor mir zurückwich. Es dauerte nicht lange, bis er erkennen mußte, daß es sehr viel leichter war, mir zu folgen, wenn ich ihn dazu aufforderte, als stehen zu bleiben. Seine Reaktion war so vollkommen, daß ein kaum spürbarer Druck auf den Führstrick ausreichte, damit er sich vorwärts bewegte.

Das ist keine Methode, die ich bei jedem Pferd anwenden würde. Diese Technik könnte bei einem ängstlichen Pferd durchaus schiefgehen. Bei Junghengsten unter zwei Jahren führt sie mit ziemlicher Sicherheit nicht zum gewünschten Erfolg. Ich betone das, weil man gerade während der ersten zwei Lebensjahre eines Pferdes nichts unversucht lassen sollte, um das Vertrauen des Tieres zu gewinnen. Nicht, daß wir uns nicht auch im Laufe der weiteren Lebensjahre immer darum bemühen sollten, es ist nur ganz besonders wichtig während der ersten beiden prägenden Jahre. Wie aber können wir das Vertrauen eines Pferdes in dieser wichtigen Zeit gewinnen, wenn wir Techniken anwenden, die speziell entwickelt worden sind, um ihm – wenn auch nur ein wenig – Angst einzujagen?

Viele Menschen sind der Meinung, daß gute Manieren am Boden nicht so wichtig sind. Ich sehe das nicht so. Allen Pferden mit schlechten Manieren, die ich erlebt habe, mangelte es entweder an Ausbildung oder an Respekt. Deshalb hatten diese Pferde Schwierigkeiten, ihren Trainern zu vertrauen, was nahezu immer weitere Probleme zur Folge hatte.

Der alte Mann hatte mir vor vielen Jahren erklärt, daß man überhaupt nichts besitzt, solange man nicht das Vertrauen eines Pferdes besitzt. Meine eigene Erfahrung hat mich gelehrt, wie recht er hatte. Ich habe gelernt, daß Pferde, die uns am Boden kein Vertrauen entgegenbringen, es erst recht nicht unter dem Sattel tun. Um dieses Vertrauen zu gewinnen, benötigt man eine solide Grundlage, auf der man aufbauen kann. Ein Pferd mit guten Manieren am Boden mag vielleicht in manch anderer Hinsicht nicht immer perfekt sein, aber zumindest ist es eine gute Grundlage für jede weitere Ausbildung.

Die Beine aufnehmen

Einmal sollte ich mir einen achtjährigen Morgan Wallach ansehen, der sich jedesmal entsetzlich aufführte, wenn er die Beine anheben sollte. Versuchte die Besitzerin, eines seiner Vorderbeine aufzunehmen, zog er das Bein sofort weg und trippelte rückwärts, so schnell er konnte. Dem Unglücklichen, der in einer solchen Situation den Führstrick halten mußte, wurden dabei die Arme fast aus den Gelenken gerissen, und er wurde durch den Staub gezogen, den das Pferd beim Rückwärtsgehen aufwirbelte.

Die Hinterbeine aufzunehmen stellte sich als noch gefährlicher dar. Er schlug dabei mit einer solchen Kraft und Behendigkeit nach hinten aus, daß es beinahe unmöglich war, dem blitzschnellen Hufschlag auszuweichen. Die Probleme mit diesem Pferd waren so groß geworden, daß seine Besitzerin keinen Hufschmied mehr fand, der bereit war, ihn zu beschlagen. Sie brachte ihn zu mir, weil sie hoffte, daß ich ihr helfen könnte.

„Sie haben meine Zustimmung, alles zu tun, was notwendig ist", teilte sie mir mit. „In seinem jetzigen Zustand ist er wertlos für mich." Ich deutete ihre Aussage so, daß sie hartes Durchgreifen von mir erwartete. Mit anderen Worten, ich sollte das Pferd dazu zwingen, die Hufe anzuheben, ganz gleich, ob es das als angenehm empfinden würde oder nicht.

Ich erklärte der Frau, daß meiner Meinung nach das Problem dadurch entstanden war, daß es zu einem Vertrauensverlust gekommen war, als man früher mit seinen Beinen gearbeitet hatte. Als ich Zeuge einer seiner gewalttätigen Reaktionen gegen einen Hufschmied geworden war, verstärkte sich mein Eindruck, daß er versuchte, sich zu verteidigen, und nicht wirklich bösartig war.

„Es würde die Sache nur verschlimmern, wenn ich Gewalt anwenden würde", warnte ich. „Zuerst müssen wir sein Vertrauen zurückgewinnen und dann das Problem so angehen, daß er sich bei allem, was wir mit ihm tun, wohl fühlt."

„Ganz egal", murrte sie, „so lange es innerhalb von dreißig Tagen erledigt ist."

„Es könnte allerdings länger als dreißig Tage dauern", äußerte ich vorsichtige Bedenken.

„Könnte", sagte sie, „aber mehr als dreißig Tage gebe ich ihm nicht. Wenn er es bis dahin nicht gepackt hat, kommt er eben in die Wurst."

Deutlicher kann man es wohl nicht formulieren. Entweder das Problem des Pferdes wäre in dreißig Tagen aus der Welt geschafft oder aber das Pferd. Eine traurige Vorstellung, daß sie so leichtfertig über das Schicksal dieses Tieres entschied, nur weil es Schwierigkeiten hatte, die Beine anzuheben. Es war ein in jeder Hinsicht sehr gut trainiertes Pferd, gut gebaut und mit beinahe perfektem Körperbau. Es war ausgeglichen und umgänglich, wenn man von den Beinen absah.

Nachdem ich die Reaktionen des Pferdes mehrmals beobachtet hatte, wenn jemand versuchte, seine Hufe aufzunehmen, war mir klar, daß er nur zu entkommen versuchte. Begriff er, daß ihm das nicht gelang, reagierte er abwehrend und schlug mit den Hufen nach jedem aus, der sich seinen Beinen näherte.

Jetzt, da ich das wußte, entschied ich mich, eine ausgefallene Methode anzuwenden. Es war offensichtlich, daß er sich extrem unwohl fühlte, wenn sich jemand an seinen Beinen zu schaffen machte. Er fühlte sich derart unwohl, daß er seinem Fluchtinstinkt gehorchte und austrat. Ich fragte mich, was wohl passieren würde, wenn ich ihm erlaubte, seinem Instinkt zu folgen. Anders ausgedrückt, ich wollte im Round Pen mit ihm arbeiten, ohne seine Bewegungsfreiheit einzuschränken. Sollte die Anspannung so groß werden, daß der Instinkt ihn zwang, wegzulaufen, würde ich es zulassen. Ich würde dann zusätzlichen Druck ausüben, damit es für ihn anstrengender wäre, wegzulaufen, als stehen zu bleiben.

Egal wie furchterregend es für ihn sein mochte, wenn jemand den unteren Teil seiner Beine berührte, es würde ihn große Anstrengung kosten, wegzulaufen. Sollte mir das gelingen, dann würden die dreißig Tage vielleicht reichen, um die Ursache des Problems herauszufinden und es zu lösen.

Ich brachte das Pferd in den Round Pen, nahm ihm das Halfter ab und ließ es dort fünfzehn Minuten allein, damit es sich mit seiner Umgebung vertraut machen konnte. Dadurch konnte ich ausschließen, daß es nicht erst den Pen erkunden müßte, wenn wir mit der eigentlichen Arbeit beginnen würden. Es dauert ungefähr fünfzehn bis zwanzig Minuten, bis ein Pferd alles beäugt hat, was es in einem Round Pen zu sehen gibt. Erst danach wird es in der Lage sein, konzentriert zu arbeiten.

Als ich in den Pen ging, stand der Wallach ruhig in der Mitte. Ohne Probleme ließ er mich an sich heran, und ich streichelte ihm Kopf, Hals und Schultern. Dafür ließ ich mir fünf Minuten Zeit, dann arbeitete ich mich langsam an seinem Bein hinunter. Ich hatte fast das Vorderfußwurzelgelenk erreicht, als er unruhig wurde. Sofort ließ ich meine Hände wieder aufwärts zu den unproblematischen Regionen an Hals und Schultern zurückwandern, um dann wieder zum Vorderfußwurzelgelenk zurückzukehren.

Es dauerte weitere vier Minuten, bis ich mich an seinem Vorderfußwurzelgelenk vorbeigearbeitet hatte und er zuließ, daß ich den unteren Teil seines Vorderbeins berührte. Er begann unruhig zu werden, und ich zog die Hände bis zu seinem Hals zurück. Es dauerte einige Minuten, bis ich mich wieder bis zu seinem vorderen Bein nach unten gearbeitet hatte. Als ich sein Vorderfußwurzelgelenk erreichte, konnte er dem Druck nicht länger standhalten und explodierte. Er schoß davon, als wollte ich ihm mit einer Kettensäge das Bein absägen. Sofort setzte ich den Führstrick ein, was ihn noch schneller rennen ließ. Er galoppierte fünf Minuten, als würde er am Kentucky Derby teilnehmen. Als ich aufhörte, den Führstrick zu schwingen, ließ er das Laufen sofort sein. Völlig außer Atem drehte er sich um und sah mich an. Ich zog mich zurück, und er kam direkt auf mich zu und blieb etwa in der Mitte des Pen stehen. Ich gönnte ihm einige Sekunden Pause, bevor wir wieder von vorn anfingen.

Fünfundvierzig Minuten arbeiteten wir auf diese Weise, bevor er zum ersten Mal bei mir stehenblieb und mir erlaubte, die gesamte Länge seines Beines mit der Hand entlang zu streichen. Es war offensichtlich, daß ihm meine Berührung Streß verursachte und daß er nur deshalb stehen blieb, weil ihn das Rennen erschöpft hatte. Trotzdem hoffte ich, daß ich ihm zwei Dinge gezeigt hatte. Erstens, daß ich nicht beabsichtigte, ihm Schaden zuzufügen und zweitens, daß es sehr viel mehr Arbeit für ihn bedeutete, wenn er davonlief, statt mir zu erlauben, sein Bein zu berühren.

Ich versuchte so behutsam und sanft wie möglich sein Bein anzufassen. Dafür durfte er stehen bleiben und sich ausruhen. Das stand in deutlichem Kontrast zu der panischen Flucht, zu der er gezwungen war, wenn er sich für Weglaufen entschied. Ich hoffte, daß er schnell den Unterschied begreifen und ruhig stehen bleiben würde, weil er es wollte, und nicht, weil ich ihn dazu zwang.

Glücklicherweise hatten wir nach drei Tagen erreicht, daß ich alle vier Beine berühren konnte, ohne daß er auch nur die geringsten Anstalten machte, wegzulaufen. Am fünften Tag allerdings hatte ich das Gefühl, daß sein Problem sehr viel tiefer saß, als ich ursprünglich angenommen hatte.

Er zwang sich zwar, mir zu erlauben, seine Beine zu berühren und hob die Hufe sogar für kurze Zeit an, aber trotzdem stimmte irgend etwas nicht. Es schien, als ob es ihm physische Schmerzen bereitete, wenn jemand seinen Fuß aufnahm. Ich hatte das Gefühl, daß er sich jedesmal zusammennehmen mußte, wenn ich eines seiner Beine aufnahm. Fast schien es, als würde es ihm Schmerzen verursachen, wenn sein Fuß über eine bestimmte Grenze angehoben wurde. Während der nächsten Woche setzte ich die Arbeit mit ihm fort. Immer wieder nahm ich seine Beine auf und senkte sie wieder. Ich hob seine Beine jeden Tag ein wenig höher an und bis über jenen Punkt hinaus, an dem sein Widerstand zwar einsetzte, aber jedesmal deutlich geringer wurde. Ich war zuversichtlich, daß seine Probleme bald überstanden sein würden.

Nach einer Woche entdeckte ich die eigentliche Ursache des Problems. Wie jeden Tag während der letzten zwei Wochen, nahm ich seinen linken Vorderfuß auf. Diesmal tat ich allerdings etwas, was ich vorher noch nie getan hatte. Ich drehte das Bein leicht zur Seite, wie es die Hufschmiede tun, wenn sie es zwischen die Knie nehmen, um den Huf zu beschneiden oder zu beschlagen. Er reagierte panisch und stieg. Beinahe wäre er nach hinten übergekippt, wobei er mich zwangsläufig mitgerissen hätte.

Er kam mit allen vier Hufen wieder auf den Boden und rannte davon, so schnell er konnte. Auf seinem Gesicht lag ein Ausdruck reinen Entsetzens. Es war klar, daß er nicht ohne Grund so reagiert hatte. Nun war ich sicher, daß etwas nicht in Ordnung war. Er hatte reagiert, als ob ich ihm ein Messer in die Rippen gerammt hätte, und alles, was er zu seinem Schutz hatte tun können, war wegzurennen.

Zufälligerweise war die dort niedergelassene Tierärztin gerade in der Nähe, um ein Pferd mit Nageltritt zu behandeln. Sie hatte beobachtet, wie das Pferd gestiegen war.

„Oh, Mann", hörte ich sie sagen, „Sie haben aber alle Hände voll zu tun."

„Haben Sie das gesehen?" fragte ich, als sie näher kam.

„Allerdings", antwortete sie. „Das ist ein echt harter Brocken, was?"

„Denken Sie, daß er Schmerzen hat?"

„Schmerzen?" Sie schüttelte den Kopf. „Glaube ich nicht. Mir kommt er verzogen vor."

„Nein", entgegnete ich. „Ich denke, ich habe ihm weh getan." Sie wendete sich ab.

„Arbeiten Sie ruhig weiter mit ihm", sagte sie herablassend und machte sich auf den Weg. „Der wird schon wieder."

Ich bin gewiß niemand, der anderen Menschen aus Prinzip widerspricht, vor allem dann nicht, wenn es sich um eine Ärztin handelt, von der man annehmen sollte, daß sie weiß, wovon sie redet. Aber dieses Pferd war bestimmt nicht verzogen. Es hatte eindeutig Schmerzen. Ich verließ den Round Pen und ging zu meinem Truck, um die Visitenkarte von Dr. Dave Siemens zu suchen, einem Pferde-Chiropraktiker, der mir von einem sehr zufriedenen Freund empfohlen worden war. Ich rief Dr. Siemens an und machte einen Termin mit ihm aus, damit er sich das Pferd einmal ansah.

Um ehrlich zu sein, hatte ich eigentlich nicht viel Vertrauen zu Chiropraktikern. Das ganze Konzept hinter dieser Behandlungsmethode war mir nicht geheuer. Die Vorstellung, Schmerz zu behandeln, indem das Rückgrat manipuliert wird, schien mir zu abwegig, als daß es wirklich funktionieren könnte. Es wird Sie daher gewiß nicht überraschen, daß ich mehr als skeptisch gewesen war, als mir jemand das erste Mal von einem Pferde-Chiropraktiker erzählt hatte. Ich war der Meinung, daß diese „Doktoren" eine Ausbeutungsmethode entdeckt hatten, mit deren Hilfe sie die Geldbörsen nichtsahnender Pferdebesitzer leer räumten.

Ich malte mir aus, wie diese Pferdebesitzer laut klagend über die Ausbeutung in einer langen Schlange vor dem Büro zur Bekämpfung des unlauteren Wettbewerbs anstanden, um ihr Geld zurückzufordern. Zu diesem Zeitpunkt hatte der „Pferde-Doktor" seinen allzeit bereiten Zigeunerkarren längst beladen und sich im Dunkel der Nacht auf und davon gemacht. Mit einem hämisch-zufriedenen Grinsen im Gesicht stopfte er das ergaunerte Geld in ein leeres Whisky-Faß.

Dann waren Leute wie ich gefordert, die den Schwindel von Anfang an durchschaut hatten, um den Opfern beizustehen, die ihr ganzes Vermögen verloren hatten. Es war unsere Pflicht, hin und wieder ein „Ich hab's dir doch gleich gesagt!" in die trostspendenden Reden einfließen zu lassen, um die Opfer daran zu erinnern, wie dumm sie doch gewesen waren. Vielleicht konnten wir sie davor bewahren, diesen Fehler ein zweites Mal zu begehen.

Das war die Vorstellung, die mich über Jahre begleitet hatte. Allein der Begriff Pferde-Chiropraktiker hatte ausgereicht, um ein Lächeln auf mein Gesicht zu zaubern, wenn er nicht gar einen regelrechten Lachanfall ausgelöst hatte. Das also war meine Einstellung zu diesem Thema, als ich eines Tages in der Nähe des Round Pen stand und zusah, wie mit einem Pferd an der Longe gearbeitet wurde. Das Pferd machte einen ziemlich steifen und unglücklichen Eindruck, als es im Trab auf der rechten und noch schlimmer auf der linken Hand ging. Sein Galopp wirkte schwerfällig und unkoordiniert. Immer wieder ging er im Kreuzgalopp und sprang mit dem falschen Vorderbein an.

Als ich wegging, dachte ich darüber nach, daß die Zukunftsaussichten dieses Pferdes nicht rosig waren, sofern es nicht lernte, richtig zu gehen. Es war keine leichte Aufgabe, das einem Pferd, das so schlecht ging wie dieses, beizubringen. Am darauffolgenden Wochenende sah ich das Pferd wieder im Round Pen. Es ging an der Longe und diesmal so flüssig, daß ich zweimal hinsehen mußte, um sicher zu sein, daß es sich um dasselbe Pferd handelte.

Mit Leichtigkeit wechselte es von einer Gangart in die andere und sprang auch nicht mehr falsch an. Die Veränderung war so unglaublich, daß ich den Besitzer fragte, wie er das geschafft hatte. Was für eine magische Trainingsmethode hatte diesen Erfolg in einer einzigen Woche herbeigeführt?

„Ich habe überhaupt nichts gemacht", sagte der Besitzer, während das Pferd mühelos um ihn herum zu schweben schien. „Er hatte einfach nur extreme Verspannungen."

„Was haben Sie dagegen getan? Haben Sie ihm Medikamente gegeben?" fragte ich.

„Nein", er lachte. „Mein Chiropraktiker hat ihn behandelt."

„Chiropraktiker! Sie machen Witze."

„Aber nein", antwortete er. „Er sieht wirklich wieder gut aus, oder?"

„Allerdings", erwiderte ich und versuchte mein Erstaunen zu verbergen.

Nicht in einer Million Jahre hätte ich einem Chiropraktiker ein solches Ergebnis zugetraut, am wenigsten bei einem Pferd. Ich muß zugeben, daß mir dieses Erlebnis die Augen geöffnet hat. Nie wieder habe ich mich negativ über die chiropraktische Pferdemedizin geäußert. Ich bin sogar, je mehr ich über diese Technik gelernt habe, ein großer Befürworter der Methode geworden und glaube an ihren Erfolg. Natürlich läßt sich hier keine Antwort auf jedes Verspannungsproblem finden, aber in Fällen, in denen diese Technik angewendet werden kann, sind die Ergebnisse oft unglaublich.

Dieses Erlebnis vor Augen hatte ich also Dr. Siemens angerufen, und einige Tage später standen wir drei, Dr. Siemens, das Pferd und ich, im Round Pen. Aus irgendwelchen Gründen hatte ich ihn mir wie einen typischen Doktor vorgestellt: Einen großen, dünnen Mann mit grauem Haar, leiser

Stimme, ernsthaft und gradlinig. Als ich ihn dann sah, war er das genaue Gegenteil.

Dr. Siemens war ein freundlicher, offener und fröhlicher Mensch, der gezielt Fragen stellte, während er das Pferd aufmerksam beobachtete, sich hin und wieder am Bart zupfte und Witze erzählte. Er war nicht sehr groß, vielleicht 1,65 Meter und trug Jeans und Tennisschuhe. Jedenfalls erschloß sich mir sein Wissen über die Anatomie des Pferdes sofort, als er bestimmte Regionen des Pferdekörpers abtastete, preßte und mit den Händen erforschte. Die Schwere des Problems, das dieses Pferd hatte, wurde offensichtlich. Innerhalb weniger Minuten hatte er die Verspannungen genau lokalisiert.

„Das Pferd hat schwere Verspannungen in beiden Schultern, der Kruppe und dem Widerrist", sagte er. „Auch sein Hals ist verspannt, aber nicht so schwerwiegend. Insgesamt ist die linke Seite stärker betroffen als die rechte."

„Und", fragte ich, „kriegen wir ihn wieder hin?"

„Na klar", antwortete er. „Ein paar Behandlungen und er ist wieder so gut wie neu."

Zwei Wochen nach Dr. Siemens erstem Besuch kam die Besitzerin des Pferdes, um zu sehen, ob ich etwas erreicht hatte. Sie war die letzten drei Wochen unterwegs gewesen, so daß ich ihr den Befund bisher nicht hatte mitteilen können. Ich erklärte ihr, daß die Ursache des Problems Verspannungen waren und ihr Pferd immer unerträgliche Schmerzen ausgestanden hatte, wenn ein Hufschmied versucht hatte, sein Bein anzuheben. Folglich war die natürliche Reaktion des Pferdes, sein Bein wegzuziehen. Wenn der Hufschmied das Bein wieder aufgenommen hatte, wurden dem Pferd weitere Schmerzen zugefügt. Das war so weit gegangen, daß das Pferd in Erwartung der Schmerzen niemanden mehr in die Nähe seiner Beine kommen ließ. Und damit hatte sich das Problem verselbständigt.

Dr. Siemens Behandlungen hatten die Verspannungen gelöst und das Pferd war schmerzfrei, wenn man seine Beine aufnahm. Natürlich mußten wir damit rechnen, daß das Pferd instinktiv von Zeit zu Zeit die Beine zurückziehen würde, auch wenn es real keine Schmerzen mehr spürte.

„Aber", teilte ich ihr mit, „ich denke, er ist jetzt wieder in Ordnung."

Ich ging in den Round Pen, bückte mich und nahm langsam und vorsichtig nacheinander seine Beine auf. Dann nahm ich wie ein Hufschmied jeden Huf einzeln zwischen die Knie und schlug ein paarmal hart mit der Handfläche darauf. Das Pferd zuckte nicht einmal.

Heute bin ich durchaus ein Befürworter der chiropraktischen Medizin und habe Dr. Siemens seither bei zahlreichen Pferden um Hilfe gebeten. Meine Erfahrung hat mich gelehrt, daß die Ursachen vieler Probleme, die wir auf Halsstarrigkeit oder Verzogenheit schieben, Verspannungen sein können, die verhindern, daß das Pferd ausführt, was wir von ihm verlangen. Sind die Verspannungen gelöst, ist auch das Problem gelöst.

Wenn das Pferd Probleme hat mit dem Aufnehmen der Beine, müssen natürlich nicht immer Verspannungen die Ursache sein. Viele Menschen denken, es sei normal für ein Pferd, auf drei Beinen zu stehen. Sie verstehen nicht, warum es instinktiv das Bein wegzieht, wenn man ihm beibringen möchte, es zu heben. Und sie reagieren verständnislos, wenn das Pferd bösartig wird.

Die Reaktion des Pferdes kann zwei Gründe haben. Indem man das Bein des Pferdes aufnimmt, raubt man ihm erstens die Möglichkeit zu fliehen. Hindert man es am Wegrennen, kann es seinem Fluchtinstinkt nicht nachgeben. Zweitens kann ein Pferd nun einmal nicht auf drei Beinen stehen. Es wird dadurch nicht nur aus dem Gleichgewicht gebracht, es wird auch gezwungen, sein ganzes Gewicht auf drei Beine zu verteilen. Das bereitet dem Pferd ein großes Problem, denn sein Körpergewicht ist ohnehin ungleichmäßig verteilt: ungefähr zu sechzig Prozent auf den Vorderbeinen und nur zu vierzig Prozent auf den Hinterbeinen.

Sehr gut erinnere ich mich an das erste Pferd, mit dem ich das Hufe-Aufnehmen trainiert habe. Es war ein acht Monate altes Stutfohlen, und niemand hatte zuvor mit seinen Beinen gearbeitet. Dieses Fohlen hat mir das Leben verdammt schwer gemacht. Wenn ich versuchte, einen seiner Hufe aufzunehmen, zog es ihn sofort zurück. Unablässig kämpfte die kleine Stute und schlug aus. Eine Stunde hatte ich bereits mit ihr gearbeitet und war kein bißchen weiter als am Anfang meiner Bemühungen. Wenn ich nur in die Nähe ihres Beines kam, zuckte sie zurück. Ich dachte schon daran aufzugeben, als der alte Mann zu mir herüber kam.

„Komm mal eine Minute mit", sagte er und bedeutete mir, ihm zu folgen. Wir überquerten den Platz und blieben vor dem Stall stehen. Er drehte sich zu mir herum und sah mich an.

„Dreh dich um", sagte er einfach, „ich muß mir etwas ansehen."

„Was denn?"fragte ich.

„Dreh dich um", wiederholte er. „Ich muß mir etwas ansehen." Was soll das, dachte ich, aber tat, was er mir sagte.

„Okay, jetzt beug dein linkes Bein." Verunsichert schaute ich ihn über die Schulter an.

„Sieh mich nicht so an", brummte er. „Tu es einfach."

Ich sah nach vorn und beugte mein linkes Bein im Kniegelenk. Kaum hatte ich das Bein etwas angehoben, griff er nach unten und schnappte sich meinen Knöchel.

„Was machst du?" fragte ich ihn und bemühte mich, das Gleichgewicht nicht zu verlieren.

„Warte eine Sekunde", antwortete er. „Ich muß mir etwas ansehen."

Er bewegte mein Bein vorwärts und rückwärts, hoch und runter und schlug mir schließlich ein paar Mal mit der Hand auf die Schuhsohle. Ich konnte das Gleichgewicht kaum halten und war kurz davor, nach vorn überzukippen, als er endlich losließ.

„Was zum Teufel soll das?" schrie ich und versuchte, das Gleichgewicht und meine Fassung wiederzugewinnen.

„Ich dachte, der hintere Teil deines Absatzes wäre locker", erwiderte er sachlich. „Ich hab mich wohl getäuscht." Er drehte sich um und verschwand im Stall.

Ich konnte nur den Kopf schütteln über dieses seltsame Verhalten und ging zurück zu dem Stutfohlen. Ich bückte mich, schnappte mir ihren Knöchel und wollte ihn gerade nach oben ziehen, als ich schlagartig begriff, was ich gerade erlebt hatte.

Der alte Mann hatte gar nicht die Absicht gehabt, meinen Absatz anzusehen, er wollte mir demonstrieren, wie man sich fühlt, wenn einem das Bein hochgezogen und daran herumgerissen wird. Ich sollte selbst fühlen, wie es ist, wenn man aus dem Gleichgewicht gebracht wird und nicht weiß, warum. Ich sollte erkennen, daß ich genau das dem Fohlen angetan hatte. Das war eine Lektion, die ich auch nach vielen Jahren nicht vergessen habe.

Kopfscheue Pferde

Ich erinnere mich genau an einen ganz bestimmten Tag, als ich lernte, mit kopfscheuen Pferden zu arbeiten. Es war einer dieser Tage, an denen man am besten im Bett geblieben wäre. Alles fing mit einem platten Reifen an. Es war fast unmöglich, die Radmuttern zu lösen, die in der Reifen-Werkstatt viel zu fest angezogen worden waren, aber mit brutaler Gewalt hatte ich den Reifen in fünfundvierzig Minuten gewechselt und kam mit beinahe einer Stunde Verspätung zu meinem ersten Termin.

Ich hatte Lloyd, einem Freund, versprochen, ihm dabei zu helfen, seine Pferde zusammenzutreiben, damit sie entwurmt, geimpft und die Hufe beschnitten werden konnten. Die Pferde waren bereits zusammengetrieben und liefen ziellos in einem großen Auslauf herum, als ich endlich eintraf. Der Hufschmied hatte in der letzten dreiviertel Stunde bereits fünf Pferde behandelt. Nachdem ich mich für meine Verspätung entschuldigt und ein paar wohlgemeinte Spitzen über meine Unfähigkeit, pünktlich zu sein, eingesteckt hatte, raffte ich einige Halfter zusammen und ging in den Pen.

Meine Aufgabe war denkbar einfach. Ich sollte zwei Pferde auf einmal einfangen und sie dann hinten zu Lloyds Pickup bringen, wo er sie impfen und entwurmen würde. Danach sollte ich sie wieder übernehmen und an einen langen Anbindebalken festbinden, wo sie dann standen, bis der Hufschmied sie bearbeiten würde.

Ich hatte die ersten beiden Pferde angebunden und war auf dem Weg, um die nächsten zu holen. Als ich hinter einer grauen Stute namens Lacey vorbeiging, drohte sie plötzlich nach hinten in Richtung eines in der Nähe stehenden Wallachs. Ich hatte, wie an diesem Tag nicht anders zu erwarten, das unverschämte Glück, genau in dem Moment zwischen beiden Pferden entlang zu laufen, als die Stute austrat. Mich traf der Schlag, der dem Wallach gegolten hatte, genau an der linken Pobacke. Die Wucht des Tritts hob mich regelrecht vom Boden und ließ mich ungefähr einen Meter entfernt wieder landen.

„Paß mit Lacey auf", hörte ich Lloyd rufen. „Sie ist rossig und ein bißchen launisch."

„Schönen Dank für die Warnung", maulte ich, rappelte mich langsam vom Boden auf und rieb mir mein schmerzendes Hinterteil. Spätestens zu diesem Zeitpunkt hätte ich wissen müssen, was für ein Tag das werden würde und heimgehen sollen. Aber es warteten noch einige Termine auf mich. Es dauerte nicht lange, bis wir alle Pferde eingefangen, entwurmt und geimpft hatten, und als nur noch die Hufe beschnitten werden mußten, war es Zeit für mich aufzubrechen.

Der nächste Termin galt einem Pferd, das eine meiner Kundinnen zu kaufen beabsichtigte. Als ich die Farm mit Verspätung erreichte, warteten meine Kundin und der Pferdebesitzer bereits.

Nachdem ich mich für meine Unpünktlichkeit entschuldigt hatte, begannen wir mit einer kurzen Musterung des Pferdes. Es war ungefähr einen Meter sechzig groß, rotbraun und sehr muskulös.

Der Besitzer erzählte ausführlich, was sein Pferd alles könne. Es war eingeritten und eingefahren, man könne Rinder mit ihm einfangen, an Tonnenrennen teilnehmen und auf die Jagd gehen. Auch Wander- und Trailreiten seien kein Problem. Mit anderen Worten, dies war ein bombensicheres Pferd.

„Das hört sich gut an", sagte ich, nachdem ich mir die umfangreiche Liste der Tugenden angehört hatte, „könnten Sie ihn bitte satteln. Wir würden ihn uns gern bei der Arbeit ansehen."

„Natürlich", antwortete der Mann freundlich. Er ging in den Stall und kehrte mit einem schweren Westernsattel zurück. Schnell hatte er das Pferd geputzt und ihm die Satteldecke und den Sattel aufgelegt. Während er das Pferd aufsattelte, stand ich auf der anderen Seite des Anbindepfostens, etwa einen halben Meter vom Kopf des Pferdes entfernt. Ich hörte meiner Kundin zu, die munter über das außergewöhnlich warme Wetter schwatzte, beobachtete aber aufmerksam den Pferdebesitzer beim Aufsatteln des Pferdes. Er hatte sehr vorsichtig unter das Pferd gefaßt und nach dem Sattelgurt gegriffen. Ganz langsam hatte er ihn hochgezogen und in Position gebracht, um ihn festzuziehen.

Als er den Lederriemen durch den Ring am Sattelgurt zog, bemerkte ich, wie das Pferd den Kopf hob, ein Zeichen, daß es unruhig wurde. Der Mann zog den Lederriemen durch den Ring am Sattel und wieder zurück durch den Gurtring. Dann begann er ganz vorsichtig, den Gurt festzuziehen. Das

Pferd wurde immer unruhiger, je fester der Sattelgurt angezogen wurde.

„Leidet dieses Pferd vielleicht unter Gurtzwang?" fragte
ich.

„Nun, ja, vielleicht ein wenig", antwortete er, während er
sich noch immer am Sattelgurt zu schaffen machte.

Ohne jede Warnung drehte sich das Pferd mit verdreh-
ten Augen zu mir herum, legte die Ohren an und biß mir herz-
haft in die Schulter. Der Mann zögerte nicht eine Sekunde,
holte aus und schlug dem Pferd kräftig mit geballter Faust geradewegs auf das Maul.

Ich stolperte zurück und versuchte, dem angreifenden
Pferd auszuweichen, das dem gleichen Impuls folgte und vor
dem angreifenden Mann zurückwich. Dabei zog das Tier mit
einer solchen Kraft an seinem Anbindestrick, daß dieser riß
und das Pferd nach hinten überfiel. Sofort rappelte es sich wieder hoch und rannte panisch davon. Der Sattel, den der Mann
noch nicht richtig befestigt hatte, rutschte seitlich an seinem
Bauch herunter. Es dauerte nicht lange und das Pferd galoppierte die Straße hinunter, buckelnd und nach dem Sattel tre-
tend, der jetzt unter ihm hing. Der Besitzer rannte mit den
Armen fuchtelnd und fluchend hinter ihm her.

Das Pferd hatte mich so kräftig gebissen, daß ich sofort
spürte, wie der Schultermuskel anzuschwellen begann. Meine
Kundin kam angerannt und fragte teilnahmsvoll, ob ich in Ordnung sei. Ich beruhigte sie, obwohl mir der Arm jetzt von der
Schulter abwärts bis über den Ellbogen hinaus wehtat.

„Warum hat er Sie gebissen?" erkundigte sie sich, während wir das Pferd beobachteten, das in der Zwischenzeit einige hundert Meter zurückgelegt und sich mittlerweile von seinem Sattel befreit hatte.

„Weil ich am nächsten stand", antwortete ich. „Er hätte
alles und jeden gebissen, was er gerade erwischen konnte.
Dieses Mal hat es eben mich getroffen."

Ich erklärte ihr, daß Pferde, die unter besonders schwerem Gurtzwang leiden, gar nicht anders können, als sich zu verteidigen. Weil ich in seinem Gesichtsfeld gestanden hatte, war ich die Bedrohung, gegen die er sich wehren mußte. Deshalb hatte er mich gebissen.

„Kann man dieses Problem lösen?" fragte sie, während sie dem Pferd hinterherschaute, das hinter dem nächsten Hügel verschwand.

„Kann man", antwortete ich, „aber an Ihrer Stelle würde ich mich nach einem Pferd umsehen, das berechenbarer ist. Es gibt genug gute Pferde, Sie müssen ja nicht dieses kaufen."

Kurz danach saß ich wieder in meinem Truck und war auf dem Weg zum nächsten Termin. Die Aggressivität, mit der das Pferd mich gebissen hatte und die weiteren Mißgeschicke dieses Tages sollten meine zukünftige Arbeit mit Pferden nachhaltig beeinflussen. Aber zu diesem Zeitpunkt konnte ich jenem Tag nichts Positives abgewinnen.

Das Pferd, das ich mir als nächstes ansehen sollte, stand in einem Pensionsstall, ungefähr fünfzehn Kilometer südlich von Denver. Glücklicherweise fuhr ich außerhalb der Rushhour auf der Schnellstraße, so daß ich davon ausgehen durfte, wenigstens zu einem Termin an diesem Tag pünktlich zu erscheinen.

Ich hätte es besser wissen müssen. Ich stand bereits nach wenigen Minuten in einem etwa drei Kilometer langen Stau, weil ein Traktor-Gespann, zusammengeklappt wie ein Taschenmesser, drei der vier Fahrspuren Richtung Süden blockierte. Während ich darauf wartete, daß der Verkehr wieder normal floß, versuchte ich, mein schmerzendes Hinterteil zu entlasten, indem ich mich vom Sitz abdrückte, mußte mich dabei aber ziemlich verrenken, um mit der geschwollenen Schulter nicht an die Autotür zu stoßen.

Mit nur eineinhalbstündiger Verspätung erreichte ich den Stall, in dem das Pferd untergebracht war. Nach einer weiteren aufrichtigen und herzlichen Entschuldigung für die Verzögerung wurde ich in den Stall geführt, um mir das Pferd anzusehen. Dort stand ein großer, fuchsfarbener Quarter Horse Wallach, dessen Problem sehr schwerwiegend war. Jedesmal, wenn man mit der Hand auch nur in die Nähe seiner Ohren kam, schlug er heftig mit dem Kopf, um der Berührung auszuweichen. Zu meinem größten Erstaunen ließ er sich problemlos aufhalftern. Er ließ sich sogar trensen, vorausgesetzt, man schnallte die Trense vorher auseinander, so daß sie ihm nicht über die Ohren gezogen werden mußte.

Es gibt zwei Gründe, weshalb ein Pferd kopfscheu sein kann: Entweder aufgrund andauernder Mißhandlung oder aber, wenn man sich zu wenig mit ihm beschäftigt. In beiden Fällen ist das Ergebnis jedoch gleich. Das Pferd läßt sich sehr schwer aufhalftern, trensen und in der Kopfregion anfassen, manchmal läßt es sich einfach nur schwer einfangen. Der Besitzer dieses Pferdes war so verzweifelt über das Kopfschlagen und die Gefahr, die ein einfaches Berühren der Ohren bedeutete, daß er das Problem dringend gelöst haben wollte.

Als wir uns dem Wallach näherten, stand er angebunden und ruhig in der Stallgasse. Ich band ihn los und klopfte ihm sanft die Schulter. Er schien ganz zufrieden dabei und zeigte auch keinerlei Anzeichen von Unruhe, als ich mich seinen Hals entlang aufwärts bewegte und ihn am Kopf kraulte.

Als ich feststellte, daß ich diese Stellen problemlos berühren konnte, tastete ich mich langsam auf sein Ohr zu. Als ich die Ganasche erreicht hatte, sah ich wie Angst in seinen Augen aufstieg. Es war deutlich, daß hier die Problemzone anfing, und ich entschied mich daher, noch etwas länger an dieser Stelle zu verweilen, um ihm zu zeigen, daß von meiner Hand keine Gefahr drohte.

Ich ließ die Hand an seiner Ganasche und streichelte ihn sanft, was seine Furcht schon bald abflauen ließ. Dann bewegte ich meine Hand zurück zu Hals und Schulter, um dann wieder zur Ganasche zurückzukehren. Nach ungefähr fünfzehn Minuten war er völlig entspannt, unabhängig davon, ob meine Hand an der Ganasche lag, oder seine Schulter berührte.

Als ich sicher sein konnte, daß meine Hand an der Ganasche nicht länger ein Problem für ihn war, arbeitete ich mich wieder langsam an sein Ohr heran. Es dauerte nicht lange und ich hatte herausgefunden, wo die eigentliche Problemzone sich genau befand. Als meine Fingerspitzen bis auf zehn Zentimeter an sein Ohr herangekommen waren, riß er den Kopf zur Seite. Er tat dies mit einer solchen Geschwindigkeit, daß mir keine Zeit blieb, zu reagieren.

Bis jetzt hatte ich den Führstrick mit der linken Hand gehalten und das Pferd mit der rechten gestreichelt. Ich hielt es jetzt für sinnvoller, ihn direkt am Halfter zu fassen, statt am Führstrick. So hätte ich einen besseren Halt, wenn der Wallach seinen Kopf ruckartig zur Seite riß, und für ihn würde es schwieriger werden, dem Druck zu entkommen, den meine rechte Hand am Halfter ausübte.

Ich erklärte dem Besitzer, daß, wann immer in der Vergangenheit jemand versucht hatte, die Ohren des Pferdes zu berühren, es einfach den Kopf zur Seite gerissen hatte, um das zu verhindern. Damit hatte der Wallach auf seine Weise den Leuten beigebracht, seine Ohren in Ruhe zu lassen. Unsere Aufgabe wäre nun, ihm beizubringen, sich nicht mehr zu entziehen. Nur so könnten wir ihm zeigen, daß der Druck nicht nachließ, selbst wenn er den Kopf zur Seite riß. Wenn der Wallach einmal begriffen hatte, daß er nicht entkommen könnte, würde er aufhören zu kämpfen. Erst dann wäre es uns möglich, nach der eigentlichen Ursache des Problems zu suchen und es hoffentlich auch zu lösen.

Dies ist eine sehr gebräuchliche und vielfach angewandte Methode bei kopfscheuen Pferden, und ich hatte sie bereits bei unzähligen Gelegenheiten eingesetzt. Meine Erfahrung hatte mir gezeigt, daß die meisten Pferde in relativ kurzer Zeit darauf ansprechen, meist schon innerhalb einer Stunde. Ich war zuversichtlich, daß es auch bei diesem Pferd nicht anders sein würde. Leider wußte das Pferd nichts davon.

Ich arbeitete also weiter mit ihm und bewegte meine Hand langsam von der Schulter aufwärts auf seinen Kopf zu. Wieder zeigte er kein Anzeichen von Unruhe, bis ich in die Nähe der Ohren kam. Sofort schlug er mit dem Kopf. Da ich ihn jetzt mit der linken Hand am Halfter festhielt, konnte ich ihn in Position halten, so daß meine rechte Hand trotzdem in der Nähe der Ohren liegen blieb. Noch zweimal riß er den Kopf ruckartig nach rechts. Dennoch gelang es mir, die Hand an derselben Stelle zu halten.

Plötzlich und unerwartet riß der Wallach den Kopf so kraftvoll zur Seite, daß er mich voll an der Nasenspitze erwischte. Er traf mich mit solcher Wucht, daß ich in den Knien einknickte, und mein Hut drei Meter weiter weg landete. Zum Glück saß das Halfter so fest, daß meine Hand zwischen dem Halfter und seinem Kopf eingeklemmt blieb und ich ihn weiter im Griff hatte.

Jetzt brach er nach rechts aus und zog mich dadurch wieder vom Boden hoch. Dann drehte er sich mitten auf der Stallgasse um die eigene Achse. Mir war es währenddessen gelungen, mit der rechten Hand seine Mähne zu erwischen. Er drehte sich noch immer um sich selbst, während ich mich in seiner Mähne verkrallte, und meine Füße den Boden nur noch in unregelmäßigen Abständen berührten. Nach sechs vollen Umdrehungen kam er zum Stehen. Vorher hatte er es noch geschafft, mir einmal auf den Fuß zu treten und mein linkes Knie zweimal gegen die Stalltür zu donnern.

Trotz allem konnte ich dieser schmerzhaften Situation etwas Positives abgewinnen. Der Wallach hatte alles versucht, um mich loszuwerden, war aber gescheitert. Dafür hatte ich jetzt eine blutende Nase, einen plattgetretenen Fuß und ein angeschlagenes Knie. Das paßte sehr gut zu meiner schmerzenden Schulter und meinem mit Blutergüssen übersäten Hintern.

Nach einer fünfminütigen Pause, in der sich das Pferd entspannen und beruhigen konnte, fingen wir wieder von vorn an. Dieses Mal ging ich sehr viel langsamer und noch vorsichtiger vor. Wenn das Pferd anfing, unruhig zu werden, zog ich meine Hand für kurze Zeit zurück, um sie dann langsam wieder aufwärts wandern zu lassen. Auf diese Weise zeigte ich dem Pferd, daß ich meine Hand nicht in den Problemzonen liegen ließ, sondern stattdessen versuchte, diese Stellen vorsichtig mit ihm zusammen zu erarbeiten. Es war ein sehr langwieriger Prozeß und nach etwa fünfundvierzig Minuten war es mir lediglich gelungen, zwei Zentimeter näher an sein Ohr heranzukommen, als zu Beginn unserer Arbeit.

Selbstverständlich hatten wir nicht die ganze Zeit durchgängig gearbeitet. Während jeder Trainingseinheit ist es extrem wichtig, das Pferd immer wieder ausruhen zu lassen. Das gibt ihm die Möglichkeit, sich zu entspannen, abzuschalten und das gerade Erarbeitete zu vertiefen. In diesem Fall hatte ich das Training zwischendurch öfter unterbrochen, war mit dem Wallach herumgelaufen und hatte ihn zur Tränke geführt. Einmal hatte ich ihn sogar festgebunden und eine Weile entspannen lassen.

Während der Arbeit versuchte ich, mich so konsequent und gleichbleibend wie möglich zu verhalten. Das bedeutete, daß ich ihn für richtiges Verhalten immer dadurch belohnte, daß ich den Druck verringerte. Die Belohnung bestand darin, daß ich meine Hand von der Problemzone entfernte. Wenn er den Versuch unternahm, mit dem Kopf zu schlagen, ließ ich meine Hand an der Stelle liegen, die diese Reaktion auszulösen schien.

Durch die vorsichtige und behutsame Arbeit war es mir gelungen, mich bis zu den Ohren des Pferdes vorzuarbeiten. Es hatte insgesamt fast zweieinhalb Stunden gedauert, und der Wallach hatte während dieser Zeit offensichtlich stark unter Streß gestanden, denn er hatte mehrmals ausgeschlagen.

Schließlich konnte ich nicht nur beide Ohren berühren, er ließ sogar zu, daß ich sie vorwärts, rückwärts und seitwärts bewegte. Es war jetzt auch möglich, ihm die Trense über die Ohren zu streifen, ohne sie auseinanderzuschnallen. Und wenn ich ganz vorsichtig vorging, konnte ich sogar meine Finger an die Innenseite seiner Ohren legen.

Ich erklärte dem Pferdebesitzer, daß er während der nächsten Monate immer wieder die Ohren des Pferdes berühren müsse, wenn er sich mit ihm beschäftigte.

„Lassen Sie diese Berührung so sehr Teil der Arbeit mit ihm werden", riet ich ihm, „daß es ganz selbstverständlich für ihn wird. Über kurz oder lang wird er völlig vergessen haben, daß er einmal ein Problem damit hatte."

Als ich auf dem Heimweg in Denvers allabendlicher Rush-hour festsaß, war ich in Gedanken noch immer bei dem Pferd. Ich begriff, daß ich es während der ganzen Zeit viel zu sehr eingeengt hatte. In gewisser Weise hatte ich den wichtigsten Instinkt des Pferdes eingeschränkt, da ihm die Möglichkeit zur Flucht genommen war. Sein Problem war so schwerwiegend gewesen, daß es die Berührung der Ohren als Angriff empfand. Seine Reaktion war ganz natürlich gewesen. Das Pferd hatte versucht, zu entkommen. Ich dachte darüber nach, daß der Wallach mich zwar herumgeschleudert hatte, ich aber von Glück reden konnte, daß er bei seinen Angriffen nicht auch geschlagen oder nach mir geschnappt hatte. Diese Bedenken, die sich mir angesichts der gesamten Geschehnisse dieses Tages stärker als sonst aufdrängten, ließen mich meine Methoden, die ich bei dem Wallach und anderen Pferden angewandt hatte, noch einmal überdenken. Ich mußte ganz klar erkennen, daß ich der Grund für den Streß des Pferdes gewesen war.

Ich suchte also nach Möglichkeiten, mit einem kopfscheuen Pferd ohne Einengungen irgendwelcher Art, ohne
Führstrick oder Halfter, zu arbeiten. Der Streß des Pferdes
ließe sich reduzieren, wenn es die Möglichkeit hätte, sich der
Situation zu entziehen, sobald seine Angst zu stark würde.
Wenn das Pferd seinem Fluchtinstinkt gehorchen könnte, wäre
damit ausgeschlossen, daß es sich mir gegenüber gewalttätig
oder aggressiv verhalten müßte.

Was mich an dieser Idee allerdings beunruhigte, war die
Vorstellung, daß das Pferd wegrennen könnte und nicht mehr
zurückkommen würde. Falls das passierte, war ich sicher, daß
sich seine Bereitschaft zu fliehen weiter vertiefen würde. Damit
wäre diese Methode für die Zukunft unbrauchbar. Das Pferd
mußte erst einmal uneingeschränktes Vertrauen zu mir fassen, bevor ich diesen Ansatz ausprobieren konnte. Ich hoffte,
daß es mir dann so tief vertrauen würde, daß es nach einer
Flucht freiwillig zurückkäme, obwohl ich seine Problemzonen
berührt hatte. Wenn es freiwillig zurückkehrte, wäre das ein
deutliches Signal dafür, daß es bereit war, weiter mit mir
zusammenzuarbeiten. Es wäre dann meine Aufgabe, diese
positive Kraft weiter zu fördern.

Leider wußte ich von keinem Fall, in dem das jemals vorher versucht worden war. Ich konnte also auf keinerlei Erfahrung – positive oder negative – zurückgreifen. Es war die Unsicherheit über den Ausgang dieses Versuches, die mich sehr
lange davon abhielt, diese Idee auszuprobieren.

Ein paar Monate später arbeitete ich mit zwei Pferden,
die extrem kopfscheu waren. Ein zweieinhalbjähriges Warm-
blut-Stutfohlen und eine zwölfjährige Araber Stute. Beide
waren in der Vergangenheit mißhandelt worden und sehr
schwer aufzuhalftern. Das Stutfohlen war so unzugänglich,
daß der Besitzer ihm das Halfter seit über einem Jahr nicht
mehr abgenommen hatte. Er befürchtete, daß er das Halfter,
einmal abgenommen, nie mehr wieder würde anlegen können.

Das Fohlen litt Todesängste, wenn sich ihm jemand näherte, und es war sehr aggressiv. Die ältere Stute, die ebenfalls Angst vor Menschen hatte, war nicht ganz so aggressiv. Sie kämpfte jedesmal heftig und versuchte wegzulaufen, wenn man mit der Hand in die Nähe ihres Kopfes und, ganz besonders, ihrer Ohren kam.

Da die Probleme beider Pferde so schwerwiegend waren, beschloß ich diese Technik, die auf jede Einengung verzichtete und über die ich auf dem Rückweg von Denver an jenem denkwürdigen Tag zum ersten Mal nachgedacht hatte, auszuprobieren. Ich war sehr zuversichtlich, denn selbst wenn es nicht funktionieren sollte, war nicht davon auszugehen, daß sich der Zustand der Pferde weiter verschlimmern würde. Ich holte also das Stutfohlen aus dem Stall und ließ es in dem fünfzehn Meter großen Round Pen frei laufen.

Kaum hatte ich ihr das Halfter abgenommen, drehte sie sich wie erwartet erst um die eigene Achse und hielt dann geradewegs auf die Umzäunung zu. Ich nahm meine Position in der Mitte des Pen ein, und sie umkreiste mich. Hin und wieder warf sie einen Blick in meine Richtung und schnoberte bedrohlich. Nach ungefähr fünf Minuten wurde deutlich, daß sie sich durch meine Anwesenheit sichtlich bedroht fühlte, denn sie wendete sich mir plötzlich zu und griff an. Es war keine normale und halbherzige Attacke, sondern ein Angriff mit voller Kraft: Die Ohren angelegt und die schlagenden Vorderbeine in der Luft.

Wenn mich in der Vergangenheit ein Pferd angegriffen hatte, war meine Reaktion eine ganz einfache gewesen. Ich schüttelte den Führstrick in Richtung des Pferdes und manchmal schlug ich es leicht damit, wenn es mir zu nahe kam. Genaugenommen antwortete ich mit Aggression auf mir entgegengebrachte Aggression. Ein paar Tage zuvor war ich allerdings Zeuge einer Begebenheit geworden, die mich diese einfache Technik noch einmal hatte überdenken lassen.

Als ich die Wassertröge auffüllte, sah ich eine streunende Katze über unseren Hof laufen. Mein Hund Sadie, ein verspielter Spaniel-Labrador-Mischling, hatte die Katze ebenfalls gesehen und sprang auf, um das Ganze näher zu untersuchen. Als Sadie auf sie zukam, machte die Katze einen Buckel, um größer zu wirken. Der Buckel wurde immer größer, je weiter Sadie auf die Katze zuging, bis Sadie schließlich stehen blieb. Sie standen einander gegenüber und beäugten sich, bis der Hund schließlich umkehrte und davontrottete. Die Katze hatte sich eine Auseinandersetzung erspart, indem sie sich größer gemacht hatte.

An diese Begebenheit erinnerte ich mich und machte mich größer, indem ich die Arme in die Luft streckte, als das Stutfohlen angriff. Um dem Pferd zu signalisieren, daß ich keine Auseinandersetzung mit ihm suchte, bewegte ich auch den Führstrick nicht. Ich wollte so wenig aggressiv wie möglich wirken.

Zu meinem Erstaunen wandte sich das Stutfohlen sofort ab, lief zurück an den Zaun, drehte sich einmal um sich selbst und blieb dort stehen. Um seine Anspannung weiter zu verringern, ging auch ich ein paar Schritte zurück. Die Grundlage für unsere weitere Zusammenarbeit war gelegt.

Immer, wenn das Stutfohlen gehorsam reagierte und sich mir zuwendete, stillstand oder auf mich zukam, verringerte ich seine Anspannung, indem ich zurücktrat. Wenn sich die Stute von mir entfernte, verstärkte ich die Anspannung dadurch, daß ich hinter ihr herging, oder mit dem Fuß Sand vom Boden in ihre Richtung schleuderte. Bald schon hatte sie herausgefunden, daß es sehr viel angenehmer war, meine Nähe zu suchen.

Innerhalb von fünfundvierzig Minuten hatte sie sich beruhigt. Ohne jede Spur von Aggressivität kam das Fohlen auf mich zu und folgte mir bereitwillig. Nach nicht einmal einer Stunde fühlte ich mich sicher genug, um mich um seine Kopfscheuheit zu kümmern.

Zunächst streichelte und klopfte ich es rund um die Schulter. Dann erweiterte ich den Bereich und schloß auch Hals, Rücken, Flanken und Vorderbeine mit ein, wobei ich immer aufmerksam auf seine Reaktion achtete, um mögliche Problemzonen schnell genug zu erkennen. Kam ich in die Nähe ihres Kopfes, wurde die Stute unruhig. Ich zog meine Hände sofort bis zu ihrer Schulter zurück und bewegte sie langsam wieder nach oben. Sobald sie anfing nervös zu werden, hörte ich sofort auf. Es stellte sich leider heraus, daß ich meinem eigentlichen Ziel, den Ohren und dem Nacken, nicht sehr viel näher kam.

Nach etwa dreißig Minuten begriff ich, daß ich die unsichtbare Grenze, die das Stutfohlen festgelegt hatte, überschreiten mußte, um feststellen zu können, ob diese Technik wirklich funktionierte. Die Linie verlief ungefähr acht Zentimeter hinter dem Ohr und das Pferd reagierte sofort, wenn ich sie überschritt. Es riß den Kopf aus meiner Hand, schnaubte wütend und war weg. Das Fohlen rannte zwei Runden um den Pen, machte kehrt und wendete sich mir wieder zu. Wieder ging ich ein paar Schritte zurück, was ausreichte, daß es zurückkam. Sobald es sich beruhigt hatte, fing ich von vorn an.

Immer wenn meine Hände diese Grenze überschritten hatten, rannte es davon, kam aber jedesmal zurück. Nach sechs Versuchen kam die kleine Stute so bereitwillig wieder, daß ich beschloß, von nun an immer ein wenig Druck auf sie auszuüben, wenn sie wegrannte. Wegzulaufen würde so mehr Arbeit für sie bedeuten, als in meiner Nähe zu bleiben.

Als sie das nächste Mal weglief, klatschte ich in die Hände und schleuderte mit den Füßen Sand in ihre Richtung. Sie war offensichtlich beunruhigt, kam aber zurück, um mir einen weiteren Versuch zu gewähren. Das wiederholten wir mehrmals. Innerhalb von zwanzig Minuten war es mir gelungen, meine Hand bis zu ihren Ohren zu bewegen und zwischen ihnen liegenzulassen. Seit sie mir einmal erlaubt hatte, sie dort zu berühren, war es viel einfacher geworden, die Hand wegzunehmen und wieder hinzulegen, denn sie leistete kaum noch Widerstand. Ich hörte auf und ließ es für heute genug sein. Am nächsten Tag erreichten wir das Ergebnis vom Vortag in nicht einmal einer Viertelstunde. Trotzdem war da noch das Problem mit den Ohren. Immer wenn ich es anzufassen versuchte, geriet das Stutfohlen in Panik und rannte weg.

Zufällig gelang mir der Durchbruch. Als meine Hand an ihrem Nacken lag, erregte etwas hinter ihr ihre Aufmerksamkeit. Sie drehte die Ohren nach hinten und kippte sie leicht seitlich, um das Geräusch genauer zu bestimmen. Dadurch lagen ihre Ohren ungewollt auf meiner Hand. Diese Tatsache schien sie nicht weiter zu beunruhigen, so lange sie mich berührte. Sobald aber ich versuchte sie zu berühren, wurde sie ängstlich und rannte weg. Als mir das klar geworden war, legte ich meine Hand hinter ihre Ohren, so daß sie mich zwangsläufig berühren mußten, sobald sie die Ohren nach hinten legte. Wenn das geschah, bewegte ich meine Finger ganz leicht und berührte sie ebenfalls vorsichtig. Dank dieser langsamen und einfachen Methode erlaubte sie mir schon bald bereitwillig, ihre Ohren zu berühren.

Am dritten Tag wäre niemand mehr auf die Idee gekommen, daß das Stutfohlen jemals kopfscheu gewesen war. Sie blieb ruhig stehen und ließ mich zufrieden alle Regionen ihres Kopfes berühren, die zu berühren noch vor zweiundsiebzig Stunden völlig undenkbar gewesen waren. So zufrieden ich auch mit dem Ergebnis dieser Methode im Fall des Stutfohlens war, um so mehr überraschte mich die Reaktion der älteren Stute. Ich wandte die gleichen Arbeitsschritte an, und die Stute erlaubte mir bereits nach nicht einmal einer Stunde, ihre Ohren anzufassen.

Bei Pferden, die Probleme beim Aufzäumen und andere Verhaltensstörungen aufweisen, habe ich seither diese einfache Technik, durch die das Pferd nicht eingeengt wird, vielfach angewendet. In allen Fällen haben die Tiere sehr schnell, meistens innerhalb von fünfzehn bis fünfundvierzig Minuten reagiert, abhängig von Art und Schwere des jeweiligen Problems. Ich sollte noch anmerken, daß in einigen Fällen die Technik am nächsten Tag noch intensiviert und gefestigt werden mußte, immer jedoch mit positiven Ergebnissen.

Mir gefällt an dieser Methode besonders, daß die Pferde kein Bedürfnis haben, zu kämpfen. Jedes Tier kann einfach weggehen, wenn die Anspannung unerträglich wird. Es hat mich immer wieder fasziniert, daß die Pferde aus freiem Willen zurückkamen oder mir erlaubten, mich ihnen zu nähern. Es sieht beinahe so aus, als wollten sie an ihren Problemen arbeiten, so lange sie selber die Geschwindigkeit bestimmen dürfen.

Nach meinem Empfinden habe ich sogar mehr Kontrolle über ein freies als über ein eingeengtes Pferd. Denn wenn ich mit einem eingeengten Pferd arbeite, habe ich das Gefühl, daß ich mich und meine Vorstellungen dem Pferd aufzwinge. Das eingeengte Pferd reagiert oft mit Angst, und ein ängstliches Pferd, das an der Flucht gehindert wird, kann unberechenbar sein. Das Wissen, daß ein ängstliches Pferd unberechenbar reagieren kann, löst wiederum Unsicherheit bei mir aus. Obwohl ich also glaube, daß ich die Situation unter Kontrolle habe, weiß ich im tiefsten Inneren, daß das eigentlich nicht stimmt.

Wir haben gesehen, daß ein nicht eingeengtes Pferd wegrennt, sobald es Angst hat. Wenn der wichtigste Instinkt, der Überlebensinstinkt, funktioniert und wir dem Pferd die Möglichkeit lassen, zu fliehen, dann wird es langsam Vertrauen sowohl in uns, als auch in die Situation gewinnen. Geben wir dem Pferd die Möglichkeit wegzulaufen und erhöhen die Anspannung, wenn es diese Möglichkeit wählt, dann muß das Pferd selbst entscheiden, was anstrengender ist: Weggehen oder Dableiben. Dem Pferd wird vermittelt, daß es Einfluß darauf hat, was geschieht. Wir helfen ihm dabei, eine Entscheidung zu treffen und übernehmen schließlich die Führungsrolle und kontrollieren die Situation.

Als ich an jenem Tag vor einigen Monaten mit vier Stunden Verspätung endlich zu Hause angekommen war, erschöpft, mit blauen Flecken übersät und von Kopf bis Fuß geschunden, war der einzige Gedanke, zu dem ich noch fähig war, wie hundsmiserabel dieser Tag gewesen war. Einige Zeit später erst ist mir klar geworden, was für ein guter und wichtiger Tag das für mich gewesen ist.

Ohne Streß und Ärger hätte ich vielleicht nie einen weiteren Gedanken an diese Technik verschwendet, die ich dann zum ersten Mal erfolgreich im Fall des kopfscheuen Stutfohlens eingesetzt habe. Fest steht jedenfalls, daß ich durch einen katastrophalen Tag mehr gelernt habe, als durch alle meine guten Tage zusammen. Es ist wahr, was man sagt: Hinter jeder dunklen Wolke liegt ein Silberstreif. Manchmal muß man nur warten, bis der Sturm vorübergezogen ist, bevor man ihn sieht.

Pferde verladen

Der ohnehin sehr heiße, trockene und staubige Tag war noch unerträglicher geworden, weil ich sowohl am Morgen als auch am Nachmittag in praller Sonne auf dem Reitplatz ein Seminar über das Verladen von Pferden abgehalten hatte. Trotz der Hitze von 35 Grad, die mir auf dem heißen, sandigen Boden des Reitplatzes noch unerträglicher vorgekommen war, war das Seminar eigentlich ganz gut gelaufen. Ich war froh, daß ich mich jetzt wieder auf dem Heimweg nach Estes Park, einer kleinen, kühlen Stadt in den Bergen, befand.

Als die Blechkarawane von Sommertouristen, in der ich festsaß, die Stadt erreichte, fiel mir ein, daß ich meine Post noch holen mußte. Weil es nur wenig Briefzustellungen nach

Estes Park gibt, müssen die meisten Einwohner ihre Briefe bei der Post abholen.

Außerhalb der Saison, in den Wintermonaten, kann man dort leicht parken. Im Sommer steht man jedoch in endlosen Autoschlangen und findet selten, wenn überhaupt, einen freien Parkplatz.

Heute hatte ich Glück, denn es dauerte nicht lange, bis ich eine Parklücke gefunden hatte. Mit der Post unter dem Arm ging ich zurück zum Truck und überlegte, daß ich dieses Glück ausnutzen sollte. Bis zu diesem Zeitpunkt hatte ich entweder in zähfließendem Verkehr festgesteckt oder bei brütender Hitze unter freiem Himmel gearbeitet. Ich war verschwitzt, dreckig und durstig und als ich dort stand und den Verkehr beobachtete, der sich im Schneckentempo vorbeischob, wußte ich plötzlich, daß das einzig Richtige in diesem Moment ein kaltes Bier wäre.

Ich warf die Post auf den Autositz, schloß die Tür ab und machte mich auf den Weg zu einer „Tränke" in der Nähe. Die Wheel Bar ist eine kleine Kneipe mit gebeiztem Eichenholzboden, wo sich die Leute auf ein paar Bier treffen und die Probleme der Welt besprechen. Kaum war ich eingetreten, als der Barkeeper, ein großer, freundlicher Texaner namens Marlin Flowers, auch schon ein Bier für mich zapfte und es auf die Theke stellte.

„Na, wie geht's heute so", fragte er und sammelte das Geld ein, das ein Gast, der vorher auf meinem Hocker gesessen hatte, auf der Theke liegengelassen hatte.

„Gut, Marlin", antwortete ich. „Und wie ist es dir heute ergangen?"

„Wie einem rothaarigen Stiefkind", lachte er und schmiß das Kleingeld in seine Trinkgeldkasse.

„Hi, Mark, wo kommst du denn her?" hörte ich jemanden neben mir fragen.

Es war Larry Kitchen. „Kitch" wie er von jedem der ihn kannte, genannt wurde, war ein ehemaliger Zureiter. Er war ein

Spitzenmann, der die meiste Zeit seines Lebens mit Pferden gearbeitet, sich aber in den letzten Jahren etwas aus dem Geschäft zurückgezogen hatte.

„Ich habe ein paar Pferde unten in der Nähe von Denver verladen", erzählte ich ihm.

„Darum beneide ich dich nicht. Der alte Harold Bingham hat neulich versucht, seinen großen Wallach auf die Ladefläche seines Pickup zu laden. Er hatte sogar eine Rampe für ihn, aber das Pferd wollte nicht rauf. Stundenlang hat er rumprobiert und schließlich ein Lasso geholt und am Halfter des Pferdes festgemacht. Er hat das Lasso über die Ladefläche gezogen und an der Stoßstange eines anderen Pickup festgebunden. Dann ist er zu seinem Truck rüber, hat ein Brenneisen geholt und sich hinter das Pferd gestellt. Auf drei hat er dem Pferd das Brenneisen auf den Hintern gedrückt, und der Typ in dem anderen Pickup ist angefahren. Ist wohl nicht nötig extra zu erwähnen, daß sie das Pferd raufgekriegt haben, oder?"

„Das kann ich mir vorstellen", sagte ich. „Hat ihn die Aktion kuriert? Läßt er sich jetzt leichter verladen?"

„Kuriert", Kitch lachte. „Zum Teufel noch mal, ruiniert hat es ihn. Danach war es nicht möglich, auch nur in die Nähe eines Trucks oder Anhängers zu kommen, ohne daß das Pferd versucht hätte, reinzuhüpfen. Ganz egal, ob es ein Pickup, ein Möbelwagen, Lieferwagen oder sonst was war. Mein Gott, der Wallach ging überall und auf der Stelle rein. Es hat ihn noch nicht mal gekratzt, wenn jemand auf seinem Rücken saß." Kitch machte eine Pause, um den letzten Schluck aus seinem Bierglas zu nehmen. „Donnerwetter nochmal, ich sage dir, die haben das Pferd total ruiniert."

„Pferde zu ruinieren ist leicht", bemerkte ich. „Sie wieder hinzukriegen ist das Schwierige."

„Junge, Junge, du sagst die Wahrheit", entgegnete er und signalisierte Marlin, sein leeres Glas noch einmal zu füllen. „Ich hab' mal für'n Typ gearbeitet, der hat immer gesagt: Du kannst ein Pferd zu fast allem überreden, aber du kannst es zu nichts zwingen, vor allem nicht, in einen Hänger rein zu gehen. Tust du's doch, dann wird das Pferd dir für den Rest seines Lebens nur noch Kummer machen."

Ich muß sagen, daß ich selten eine treffendere Bemerkung gehört hatte. Dummerweise begreifen die wenigsten Menschen, wie wahr das ist. Meine Erfahrung, vor allem was das Verladen von Pferden anbelangt, hat mir gezeigt, daß der Mensch leicht die Geduld verliert und das Ganze meistens in einem Wutausbruch endet, wenn das Pferd nicht innerhalb der ersten zehn oder fünfzehn Minuten in den Hänger hineingeht.

Außerdem ist mir im Lauf der Zeit aufgefallen, daß sich jeder für einen Experten hält, egal ob er einer ist oder nicht. Es ist immer das gleiche. Kaum hat jemand Probleme, sein Pferd in einen Anhänger hineinzubekommen, erscheinen irgendwelche, vollkommen fremde Leute aus dem Nichts, die weder das Pferd noch den Besitzer kennen, und bieten ihre Hilfe an. In neun von zehn Fällen machen sie die Sache nur noch schlimmer.

Ich erinnere mich daran, daß mich eine Frau einmal gebeten hat, ihr beim Verladen ihres Pferdes zu helfen, das sie von einem Pensionsstall zu einem anderen bringen wollte. Ihr Mann und drei oder vier Freunde hatten ein paar Tage vorher rücksichtslos versucht, das Pferd reinzutreiben, mußten aber nach zweieinhalb Stunden schließlich aufgegeben. Bei meiner Ankunft fand ich das Pferd, einen kleinen fuchsfarbenen Fox Trotter, angebunden an den Zweipferdehänger, in den er hinein sollte. Die Frau stand in der Nähe, sonst war niemand zu sehen.

Im Lauf der Jahre habe ich festgestellt, daß es drei Gründe gibt, weshalb Pferde Probleme beim Verladen haben können. Erstens kann es Angst vor dem Anhänger, genauer gesagt, Angst vor dem Eingeschlossensein haben.

Zweitens kann es sein, daß Pferde sich weigern, weil sie irgendwann in der Vergangenheit beim Verladen gescheut haben, und der Besitzer sie danach nicht wieder zum Hineingehen motivieren konnte.

Der dritte Grund ist darin zu finden, daß Pferde Angst haben vor dem, was sie erwartet, wenn sie in die Nähe des Hängers kommen. Mit anderen Worten, jedesmal wenn sie sich der Hängerklappe genähert hatten, waren sie geschlagen worden, weil man sie zwingen wollte, hineinzugehen. Diese Pferde haben keine Angst, in den Hänger zu gehen. Sie haben Angst, in die Nähe des Hängers zu kommen. Nach ein paar Minuten Arbeit mit dem kleinen Fox Trotter war klar, daß hier das Problem lag. Er hatte Angst davor, in die Nähe des Hängers zu kommen.

Zum Glück ist es meistens nicht schwierig, diesen Typ Pferd doch dazu zu bringen, sich verladen zu lassen. Es ist lediglich notwendig, das Vertrauen zu gewinnen, indem man es für jede Bemühung, auf den Hänger zuzugehen, belohnt.

Es war offensichtlich, daß der Fox Trotter Angst hatte, als ich ihn langsam zur Rückseite des Hängers führte. Er machte sich steif, seine Augen waren weit aufgerissen, er setzte ein paar Mal zum Steigen an und brach seitlich aus. Wenn er zurückscheute, ließ ich ihn gehen, soweit er wollte. Blieb er dann stehen, gab ich ihm ein paar Minuten Zeit, bevor wir wieder auf den Hänger zugingen. Zu keinem Zeitpunkt zwang ich ihn, vorwärts zu gehen, ich redete ihm nur sanft zu. Während ich das tat, übte ich leichten Druck auf den Führstrick aus. Wenn er eine Vorwärtsbewegung andeutete, auch wenn sie nur in einer Gewichtsverlagerung bestand, verringerte ich den Druck.

Innerhalb von zehn Minuten war das Pferd mit dem Kopf im Hänger, stand aber mit der Vorhand noch außerhalb. Ich ließ ihn für einige Minuten so stehen, ohne ihn aufzufordern, ganz hineinzugehen. Danach führte ich ihn vom Hänger weg, um die Anspannung zu verringern, unter der er ganz offensichtlich stand. Damit gab ich dem Pferd Zeit, sich an die Aufgabe zu gewöhnen, ohne daß der Hänger als ständige Bedrohung in der Nähe war.

Nachdem wir einige Zeit abseits des Hängers gestanden hatten, kehrten wir um und gingen langsam zurück. Er ging ohne Zögern auf die Klappe zu und stand wieder mit dem Kopf im rechten Hängerabteil, mit der Vorhand kurz davor.

Dreimal wiederholten wir diesen Vorgang. Jedesmal kletterte ich dabei in den linken Teil des Hängers. Dort würde ich auch stehen, wenn er dann ganz hineinging und ich wollte, daß er sich daran gewöhnte.

Als ich sicher war, daß er sich der Hängerklappe nähern und entspannt an der Klappe stehen konnte, forderte ich ihn schließlich auf, mit den Vorderbeinen in den Anhänger hineinzugehen. Das gelang mir durch leichten Druck auf den Führstrick, wobei ich jedesmal nachgab, wenn das Pferd erst den einen, dann den anderen Fuß anhob und hineinsetzte.

Zufrieden mit dieser Entwicklung wendete ich mich der Pferdebesitzerin zu und sagte, „geben wir ihm noch fünfzehn oder zwanzig Minuten, ich denke, dann ist er drin". Damit meinte ich, daß er dann wahrscheinlich selbständig in den Hänger gehen würde.

Kaum hatte ich den Satz beendet, als drei Männer auftauchten. Einer war ein langer, dürrer Kerl mit Cowboyhut, die beiden anderen waren klein und untersetzt und trugen Baseballkappen. Die drei standen etwa acht Meter entfernt und sahen mit vor der Brust verschränkten Armen aufmerksam zu.

Nach nicht einmal zwei Minuten sagte der lange Kerl gelangweilt, „ihn so zu verladen wird wohl den ganzen Tag dauern".

„Mir ist das egal", antwortete ich halb im Scherz, halb ernst. „Ich habe nichts anderes mehr zu erledigen, bevor es dunkel wird." Die drei schüttelten verständnislos mit den Köpfen und wandten sich ab, tauchten jedoch ein paar Minuten später wieder auf.

„Auf geht's", schrie der Lange. „Jetzt zeigen wir dir, wie man einen sturen Gaul verlädt."

„Nein, danke", protestierte ich. Der Satz war noch nicht ausgesprochen, schon standen sie hinter dem Pferd. Der lange Typ nahm den Hut ab und klatschte dem Pferd damit auf die Hinterhand. „Geh da rein, du Hurensohn", brüllte er.

„Hey", schrie ich. „Hört auf damit!"

„Pack ihn am Kopf und zieh", sagte einer der beiden untersetzten Männer, während alle drei von hinten mit den Schultern versuchten, das Pferd in den Hänger zu schieben. Das Pferd geriet in Panik, brach in der Vorhand ein und landete auf den Knien im Inneren des Hängers.

„Los doch, pack ihn am Kopf", schrie der Mann noch einmal. „Dann haben wir ihn drin."

Das Pferd warf sich hin und her und versuchte rückwärts auszubrechen. Ich griff nach dem Halfter und zog daran, um ihm wieder auf die Beine zu helfen.

„Laßt ihn endlich in Ruhe", brüllte ich sie an. „Laßt ihn raus!" Der lange Typ kletterte in den Hänger und nahm mir den Strick einfach aus der Hand.

„Komm schon", sagte er und sah mich an. „Hilf gefälligst ziehen. Du willst das Pferd doch da drin haben, oder etwa nicht?"

Es wäre reichlich untertrieben, zu behaupten, daß ich sauer war. Ich war regelrecht geladen. Ich hatte ihre Hilfe nicht erbeten, und dennoch hatten sie die ganze Situation mit Gewalt an sich gerissen.

Dadurch hatten sie nicht nur das soeben aufgebaute Vertrauen des Pferdes zerstört, sondern auch jede Hoffnung, daß es sich in absehbarer Zeit freiwillig würde verladen lassen. Meine Arbeit war durch ihre Einmischung um ein Vielfaches schwieriger geworden, nur, weil ihnen meine Methode zu lange gedauert hatte. Obwohl sie die ganze Sache eigentlich überhaupt nicht interessierte, hatten sie die Geduld verloren und sich eingemischt, um den Vorgang zu beschleunigen.

„Nein", sagte ich mit sarkastischem Unterton, „ich finde drei Leute sind mehr als genug, um auf ein Pferd einzudreschen. Dafür braucht ihr mich nicht." Ich kletterte aus dem Hänger und ging hinüber zu der Pferdebesitzerin.

„Falls Sie noch einen Versuch unternehmen wollen, wenn Curly, Moe und Larry nicht in der Gegend sind, helfe ich Ihnen gern", teilte ich ihr erschöpft mit. „Andernfalls würde ich ungern noch mehr meiner Zeit und der Ihres Pferdes vergeuden."

Ich stieg in mein Auto und fuhr davon. Das war das einzig Vernünftige. Ich wußte, wenn ich noch länger hätte mit ansehen müssen, was diese drei Verbrecher dem Pferd antaten, dann hätte ich die Geduld verloren, und damit wäre niemandem geholfen gewesen.

Ich denke, daß dieses Erlebnis ein sehr anschauliches Beispiel dafür ist, wie manche Menschen durch ihr Verhalten beim Verladen von Pferden Probleme heraufbeschwören. Sie betrachten alles, was sie tun aus ihrer und nicht aus der Sicht des Pferdes. Statt sich die Zeit zu nehmen, den Job gut und erfolgreich zu erledigen, verlieren sie nach kurzer Zeit die Geduld und versuchen die Sache mit Gewalt voranzutreiben. Eine Aufgabe, die in einer Stunde oder weniger erledigt gewesen wäre, wird auf diese Weise überhaupt nicht gelöst oder endet damit, daß das Problem sehr viel größer geworden ist, als es vielleicht am Anfang war.

Schon früh habe ich gelernt, daß es beim Verladen eines Pferdes auf die richtige Einstellung ankommt, bevor man überhaupt damit beginnen sollte. Man muß genug Zeit haben, um richtig arbeiten zu können. Die richtige Einstellung bedeutet für mich, daß man zunächst versuchen muß, zu verstehen, weshalb das Pferd sich nicht verladen lassen will, um dieses Problem dann ohne Gewaltanwendung überwinden zu können.

Ich erinnere mich zum Beispiel an ein Pferd, das ein wenig verzogen war. Es lief ohne Probleme auf den Hänger zu und setzte sogar die Vorderbeine hinein. Das Pferd machte aber überhaupt keine Anstalten, auch mit den Hinterbeinen in den Anhänger zu gehen. Es blieb einfach den ganzen Tag so stehen, ohne sich verladen zu lassen.

Seine Besitzerin hatte alles versucht, um auch die Hinterhand des Pferdes in den Hänger zu bekommen. Sie hatte es mit Gerte und Lederriemen geschlagen. Sie hatte ihm einen spitzen Stock in die Rippen gepiekst. Sie hatte sogar ein dickes Seil um seinen Hintern gezogen und damit versucht, es in den Hänger zu zwingen. Nichts hatte geholfen.

Ich konnte mich selbst davon überzeugen. Das Pferd ging mit dem vorderen Teil hinein und weigerte sich hartnäckig, auch mit der Hinterhand den Hänger zu betreten. Irgendwie mußte es uns gelingen, es so zu motivieren, daß es die Hinterbeine bewegte, was bislang vollkommen unmöglich gewesen war. Ich ging zurück zum Truck und holte ein kleines Trainingsgerät, das ich in ähnlichen Situationen schon oft benutzt hatte. Es bestand aus einer braunen Papiertüte, darin eine Plastiktüte. Das Ganze war an einer 1,50 Meter langen Gerte aus Fiberglas befestigt.

Normalerweise konnte man die Aufmerksamkeit eines Pferdes sofort gewinnen, wenn man das Ding hinter ihm auf dem Boden leicht hin und her bewegte. Das tat ich und das Pferd drehte den Kopf schläfrig in meine Richtung, reagierte aber ansonsten nicht weiter interessiert. Ich schüttelte das Ding etwas stärker. Keine Reaktion. Ich ging näher heran und versuchte es noch einmal. Diesmal wendete es sich mit einem leicht veränderten Gesichtsausdruck zu mir um und

schien sich jetzt doch für das raschelnde Geräusch zu inter-
essieren.

Ich schüttelte das Ding immer weiter, während ich auf
das Pferd zuging. Als ich bis auf fünf Meter an seine Hinterhand herangekommen war, bewegte es ein Hinterbein. Das
war in der Tat ein großes Entgegenkommen, denn es nahm den
linken Huf auf und setzte ihn tatsächlich in den Hänger. Ich
hörte sofort auf, mit den Tüten zu rascheln und ging ein paar
Schritte zurück, um ihm zu zeigen, daß es genau das getan
hatte, was ich von ihm wollte.

Ich gewährte ihm ein paar Minuten Pause und kam dann
wieder näher. Kaum hatte ich angefangen, mit den Tüten zu
rascheln, nahm es schnell den anderen Huf auf und sprang in
den Hänger. Wieder hörte ich sofort auf, das Ding zu bewegen
und trat zurück. Die Besitzerin, die neben dem Pferd im Hänger stand, lobte und belohnte es für sein richtiges Verhalten.

Ein paar Minuten durfte das Pferd im Hänger stehenbleiben, dann ließen wir es rückwärts heraustreten und fingen
von vorn an. Bei jedem neuen Versuch es zu verladen, gaben
wir ihm die Möglichkeit, mit der Hinterhand selbständig in
den Hänger zu gehen. Wenn es sich nicht rührte, wackelte ich
sofort wieder mit den Tüten, und jedesmal reagierte das Pferd,
indem es in den Hänger sprang. In weniger als einer Stunde
war es so konditioniert, daß das Verladen problemlos und ohne
Verzögerung möglich war. Das Pferd hatte gelernt, daß automatisch auch die Hinterhand folgen mußte, sobald sich die
Vorhand im Inneren des Hängers befand. Bewegte das Pferd
die Hinterhand nicht, wurde es sofort mit dem lästigen
Geräusch in seinem Rücken konfrontiert. Es hatte umgesetzt,
daß es angenehmer war, sich verladen zu lassen, als dieses ner-
vige Geräusch ertragen zu müssen.

Ich habe bei Pferden mit den gleichen oder ähnlichen
Problemen sehr gute Erfahrungen mit diesem einfachen Trainingsgerät gemacht. Hin und wieder gab es allerdings auch

Fälle, bei denen das Gerät nicht die gewünschte Wirkung erzielte.

Bei einem anderen Pferd, das ich auf diese Weise zu überreden versuchte, konnte ich keine Reaktion bewirken. Ich konnte sogar die Hinterhand, die Beine und die Flanken des Pferdes mit den Tüten berühren, ohne daß es das kümmerte. Schließlich griff ich auf etwas zurück, was der alte Mann mir vor Jahren einmal gezeigt hatte. Er hatte dies bei einem störrischen Pferd angewendet, das sich nicht führen lassen wollte. Die Methode hatte damals gut gewirkt, und ich sah keinen Grund, weshalb sie nicht auch jetzt funktionieren sollte.

Ich ließ das Pferd rückwärts aus dem Hänger treten und band den Führstrick lose um seinen Hals. Ich knotete einzelne Schnüre aneinander, bis ich eine Schnur von fünf Metern Länge hatte, an deren einem Ende ich eine Schlaufe von fünfzehn Zentimetern Durchmesser, am anderen einen dicken Knoten machte. Dann befestigte ich ein kleineres, etwa 1,80 Meter langes Stück Schnur an der Schlaufe, legte die Schlaufe um den Schweifansatz des Pferdes, zog sie fest und führte das verknotete Ende der Schnur unter dem Führstrick hindurch, der um den Hals des Pferdes gelegt war.

Dann forderte ich das Pferd auf, in den Hänger zu gehen. Wie erwartet, betrat es den Hänger mit der Vorhand und weigerte sich dann, auch nur einen Schritt weiter zu gehen. Ich hielt das verknotete Ende der Schnur in der linken und das kurze Schnurende, das an der Schlaufe um den Schweif befestigt war, in der rechten Hand. Ich berührte das Pferd leicht mit der Hand, ein Signal, daß es vorwärts gehen sollte. Das Pferd ignorierte mich. Darauf zog ich leicht am verknoteten Ende der Schnur, wodurch Druck auf die Schlaufe ausgeübt wurde, die um den Schweif des Pferdes gezogen war. Sofort schob es das Hinterteil nach unten, um das unangenehme Gefühl loszuwerden, das die Schlinge an seinem Schweif auslöste. Das half natürlich gar nichts. Ich übte so lange Druck aus, bis ihm das unangenehme Gefühl zuviel wurde. Es sprang in den Hänger, um zu entkommen. Sofort lockerte ich das Schnurende mit dem Knoten und verringerte den Druck. Das Pferd hatte jedoch die Schlaufe fest unter dem Schweifansatz eingeklemmt, so daß das unangenehme Gefühl andauerte. Jetzt zog ich fest an der Schnur in meiner rechten Hand, die mit der Schlinge verbunden war, die sich dadurch löste.

Einige Zeit ließ ich das Pferd ruhig im Hänger stehen, bevor ich es aufforderte, rückwärts herauszutreten und noch einmal von vorn anfing. Nachdem wir eine Viertelstunde gearbeitet hatten, ging das Pferd freiwillig in den Hänger. Ich mußte es nur an die offene Hängerklappe führen, es leicht berühren und schon war es drin.

Der Vorteil bei einem verzogenen Pferd, das sich nur zur Hälfte verladen läßt, ist, daß wenigstens eine Hälfte der Arbeit bereits erledigt ist. Zumindest die Vorhand ist schon mal drin. Bleibt nur noch, einen Weg zu finden, damit das Pferd auch die Hinterhand in das Innere des Hängers bewegt, ohne daß der Prozeß zu einem traumatischen Erlebnis wird. Leider läßt sich diese Aufgabe nicht immer so leicht lösen, wie in diesem Fall.

Das schwierigste Pferd, mit dem ich jemals zu tun hatte, zumindest was das Verladen angeht, war ein großer Tennessee Walker namens Duke. Alles, was beim Verladen in einen Zweipferdehänger schiefgehen konnte, ging schief. Dieses Pferd war nicht zu bewegen, näher als fünf Meter an den Hänger heranzugehen, es blieb plötzlich wie angewurzelt stehen und bewegte sich keinen Schritt weiter. Wenn ich versuchte, das Pferd zu zwingen weiter vorwärts zu gehen, stieg es sofort oder brach nach hinten aus. Es war offensichtlich, daß ich ihm diese Angewohnheit austreiben mußte, und zwar so schnell wie möglich.

Nachdem der Wallach das vierte Mal gestiegen war, mußte ich reagieren. Während er sich noch in der Luft befand, nahm ich eine bedrohliche Haltung ein, indem ich hochaufgerichtet, die Arme über den Kopf gestreckt, vor ihm stand, durch die Zähne zischte und kräftig den Führstrick schwang. Mein aggressives Verhalten überraschte das Pferd. Sofort war seine Vorhand wieder auf dem Boden, und das Pferd ging rückwärts, um den Abstand zwischen sich und mir so groß wie möglich zu gestalten.

Während das Pferd zurückwich, verhielt ich mich weiter aggressiv. Gleichzeitig beobachtete ich es sehr aufmerksam und suchte nach Signalen, die mir andeuteten, daß es genug hatte und wollte, daß ich damit aufhörte. Ein mögliches Zeichen hätte entweder die Verlangsamung seiner Rückwärtsbewegungen oder ein vorsichtiger Blick in meine Richtung sein können. In diesem Fall war es ein Blick. Als ich das Angebot zum zweiten Mal wahrnahm, stellte ich meine Aktionen ein und erlaubte ihm, ruhig zu stehen und einige Minuten zu entspannen, um alles zu verarbeiten, bevor es wieder in Richtung Hänger ging.

Wir waren bis auf fünf Meter an den Hänger herangekommen, als das Pferd stoppte und stieg. Ich reagierte sofort, nahm die aggressive Haltung wieder ein und zwang ihn, rückwärts zu gehen. Ich mußte die Aktion während der nächsten dreißig Minuten noch einige Male wiederholen, bevor das Pferd die Nachricht schließlich verstanden hatte. Sie lautete, daß ich jedesmal ziemlich unangenehm wurde, wenn es stieg oder nach hinten ausbrach. Ging das Pferd vorwärts, wie ich es von ihm verlangte, bedrohte ich es nicht und die Situation blieb ruhig und entspannt.

Schnell fand ich heraus, daß das Problem längst nicht gelöst war, nur weil das Pferd jetzt bereit war, auf den Hänger zuzugehen. Es griff in seine Trickkiste und zog eine seiner vielen, erprobten Trumpfkarten hervor. Eine von denen, die es ihm in den letzten fünf Jahren erspart hatten, verladen zu werden.

Als wir bis auf einen Meter an die offene Hängerklappe herangekommen waren, schwenkte das Pferd unbekümmert seitwärts und zog mich hinter sich her. Ich drehte seinen Kopf herum, so gut ich konnte, drehte mich um und ging mit ihm zurück zum Hänger. Wieder brach das Pferd seitwärts aus.

Einige Male wiederholten wir diese Prozedur, bis ich endgültig genug hatte. Ich holte mein kleines Trainingsgerät mit den Tüten aus dem Truck und startete einen neuen Versuch.

Als wir auf den Hänger zugingen, bemerkte ich, wie sich das Pferd erneut darauf vorbereitete, seitlich nach rechts auszubrechen. Diesmal schob ich ihm den Gertengriff unter das Kinn, so daß die Tüten plötzlich vor seinem rechten Auge auftauchten. Erschreckt sprang das Pferd einen Schritt nach links und blieb stehen, um das Gerät zu betrachten. Nach einer kurzen Musterung entschied es dann, daß keine Gefahr von dem Ding ausging. Das Pferd wendete sich nach rechts und ging geradewegs auf das Gebilde zu, worauf ich mit den Tüten leicht klopfend über sein Gesicht fuhr.

Das Pferd versuchte nun, der irritierenden Berührung und dem raschelnden Geräusch der Tüten nach links auszuweichen und überholte mich dabei. Sofort setzte ich die Tüten mit leichten Klopfbewegungen auf seiner linken Seite ein. Es drehte den Kopf wie erwartet zurück auf die rechte Seite, wo die Tüten natürlich schon warteten. Dabei führte ich das Pferd vorwärts, so daß wir bald wieder vor dem Hänger standen.

Ein paar Minuten ließ ich das Pferd ruhig stehen, bevor ich es langsam rückwärts gehen ließ und alles wieder von vorn anfing. Es dauerte eine weitere halbe Stunde, ehe es auf den Hänger zuging, ohne auszubrechen und ohne daß ich die Tüten als Steuerinstrument einsetzen mußte. Wir hatten etwas mehr als eine Stunde gearbeitet und es immerhin bis zur Hängerklappe geschafft.

In den meisten Fällen hätte ich an diesem Punkt aufgehört, wenn ich so lange ohne Unterbrechung mit einem Pferd
gearbeitet hatte, um ihm die Möglichkeit zu geben, zu entspannen und zu vertiefen, was wir erarbeitet hatten. In diesem
speziellen Fall hatte ich jedoch das Gefühl, daß das Pferd ein
Ende der Arbeit zu diesem Zeitpunkt als persönlichen Sieg
werten würde. Ich war dieser Meinung, weil es ihm in der Vergangenheit immer gelungen war, jeden vorzeitig zur Aufgabe
zu zwingen, bevor es verladen werden konnte. Wenn ich also
jetzt aufhörte, würde ich mich genauso verhalten, wie alle
anderen vorher und hätte nichts dazu beigetragen, um das
Problem zu lösen.

Deshalb machte ich weiter. Ich ließ ihn eine Weile ruhig
in der Nähe der Klappe stehen, bevor ich ihn aufforderte, das
rechte Hängerabteil zu betreten, während ich in der linken
Hälfte stand und leichten Druck auf den Führstrick ausübte.
Trotzig stemmte er sich einige Sekunden gegen den Druck,
bevor er ungestüm senkrecht stieg.

Wie der Blitz stürzte ich aus dem Hänger, schüttelte den
Führstrick hin und her, zischte durch die Zähne und schwenkte beide Arme über dem Kopf. Auch diesmal hatte ich damit
Erfolg, und er wich zurück. Als er stand, versuchten wir es noch
einmal.

Wieder stieg er, nachdem ich ihn aufgefordert hatte, den
Hänger zu betreten, und wieder war meine Reaktion die gleiche. Wir wiederholten diese Abläufe mehrmals während der
nächsten zwanzig Minuten, bis das Pferd schließlich eine Vor-
wärts- statt einer Rückwärtsbewegung machte. Es war kaum
mehr als eine Gewichtsverlagerung, rechtfertigte aber eine
Belohnung durch Verringerung des Drucks und ausgiebiges
Streicheln von Schultern und Hals.

Auf diese Weise arbeiteten wir weiter. Ich forderte das
Pferd auf, sich vorwärts zu bewegen, und es kam dieser Aufforderung Schritt für Schritt nach. Von Zeit zu Zeit führte ich

ihn vom Hänger weg und erlaubte ihm, zu entspannen und einen klaren Kopf zu bekommen. Auch das war als Belohnung gedacht für seine Bereitschaft, vorwärts zu gehen.

Nach zwei Stunden mühevoller Arbeit hob das Pferd zögernd ein Vorderbein. Es dauerte aber noch eine weitere Viertelstunde, bevor es tatsächlich einen seiner Hufe in den Hänger setzte, aber nur, um vier oder fünf Mal auf der Gummimatte zu scharren und den Huf dann wieder wegzuziehen. Ich wußte, daß es ihn ungeheure Überwindung kostete, und belohnte ihn damit, daß ich ihn für zwanzig Minuten vom Hänger wegführte. Nach weiteren zehn Minuten stellte das Pferd einen Huf fest auf den Boden und belastete ihn sogar vorsichtig. Es dauerte dann noch zwanzig Minuten und beide Vorderbeine waren im Hänger.

Insgesamt hatte es drei Stunden gedauert, bis er mit der Vorhand im Hänger stand. Ich brachte das Pferd vom Anhänger weg und ließ es angebunden fünfzehn Minuten lang ruhig stehen. Das verschaffte uns beiden eine Verschnaufpause. Als wir zum Hänger zurückkamen, ging das Pferd nicht nur auf ihn zu, sondern auch ohne zu zögern mit der Vorhand hinein. Ich ließ ihn mehrmals hintereinander hinein- und wieder heraustreten, bevor ich ihn schließlich aufforderte, auch mit den Hinterbeinen hineinzugehen.

Ich versuchte das, indem ich ihn leicht berührte und gleichzeitig Druck nach vorn auf den Führstrick legte. Eine Viertelstunde verging und das Pferd hatte nicht einmal versucht, die Hinterhand zu bewegen. Also setzte ich wieder einmal das kleine Trainingsgerät ein, das ich vorsichtig hinter ihm schüttelte. Das Pferd riskierte einen kurzen Blick und ging sofort in den Hänger.

Es hatte dreieinhalb Stunden zähes Ringen gekostet, um ein Pferd, das vorher nicht weiter als fünf Meter an einen Hänger herangegangen war, dazu zu bringen, sich verladen zu lassen. Mit diesem Erfolg konnten wir für heute aufhören. Als ich das Pferd zurück zum Corral führte, sprachen mich einige Leute an, die während des ganzen Morgens immer mal wieder zugeschaut hatten.

„Sie haben aber eine Menge Geduld", sagte einer zu mir. „Ich hätte bei so einem Pferd längst aufgegeben."

„Ja wirklich", rief ein anderer dazwischen, „wie schaffen Sie es bloß, so lange mit einem solchen Pferd zu arbeiten, ohne die Geduld zu verlieren?"

„Eigentlich", fing ich an zu erklären, „hat mir das Pferd doch gar keinen Grund gegeben, die Geduld zu verlieren, es hat schließlich nichts getan, was ich nicht erwartet hätte. Ich wußte bereits bevor ich hierher kam, daß sich das Pferd nicht verladen lassen wollte. Weshalb hätte ich dann erwarten sollen, daß ich es in wenigen Minuten oder Stunden dazu bringen würde?"

Ich erklärte ihnen, daß ich in so einem Fall schon immer annahm, daß es den ganzen Tag dauern könnte, um die Aufgabe erfolgreich zu erledigen. Auf diese Weise liege ich dann gut in der Zeit, wenn es nur drei Stunden dauert. Andererseits entmutigt es mich auch nicht, wenn es dann doch den ganzen Tag dauert, denn das hatte ich ja sowieso eingeplant.

„Nur wenn ich mir und dem Pferd gegenüber zu hohe Erwartungen habe, kann es passieren, daß ich Probleme bekomme", erklärte ich. „Wenn ich meine Erwartungen niedrig halte, läuft meistens alles in relativ kurzer Zeit glatt und erfolgreich ab."

Was waren schon dreieinhalb Stunden, wenn man wußte, daß dieses Pferd während der letzten fünf Jahre überhaupt keinen Hänger betreten hatte.

„Es ist alles eine Frage des Standpunkts", endete ich und ließ das Pferd frei im Corral laufen.

❖

Ich fand es schon immer sehr interessant, daß Pferdebesitzer Tage, Wochen, sogar Monate damit zubringen können,
ihren Pferden vorbildliches Verhalten beizubringen. Sie üben
ständig korrektes Longieren, das Pferd richtig an die Hilfen zu
stellen, Wendungen, Stehenbleiben und Rückwärtsrichten. Wenn
es dann darum geht, das Pferd zu verladen, wird erwartet, daß
fünfzehn Minuten oder weniger ausreichen, um es in den Hänger zu bekommen. Klappt das nicht, werden dem Pferd sofort
Strafen auferlegt, die der jeweilige Besitzer für angemessen hält,
seien es nun Peitschen, Holzlatten oder Seile um den Hintern.

Mit den Gefahren, die durch Gewaltanwendung in diesem Zusammenhang entstehen können, habe ich bereits vor
Jahren meine Erfahrungen gemacht. Mit Hilfe einer um den
Hintern des Pferdes geschlungenen Longe hatte ich ein Pferd
verladen, als es in Panik geriet und versuchte, nach hinten aus
dem Hänger auszubrechen. Die Longe war auf der einen Hän-
gerseite befestigt. Auf der anderen Seite war sie um den Tür-
griff der Hängerklappe geschlungen, und ich hielt das Ende in
der Hand. Das Pferd geriet immer mehr in Panik, als es merkte, daß es im Hänger gefangen war. Da die Longe gut befestigt
war, hatte das Pferd keinen Spielraum nach hinten. Es stieg im
Inneren des Hängers, wobei es sich das Fell an der Stirn
abschürfte.

Sofort ließ ich mein Longenende los, während das Pferd
immer wieder zu steigen versuchte, sich hin und her warf und
dabei noch heftiger gegen die Hängerwand schlug. Als es
schließlich merkte, daß die Leine in seinem Rücken nachgab,
schoß das Pferd nach hinten und stieg direkt hinter dem Hänger hoch in die Luft. Das Pferd kam wieder auf den Boden und
rammte sich den Türriegel in die Brust. Wie bei den meisten
Zweipferdehängern war die Schließvorrichtung an der Abtren-
nung zwischen den beiden Hängerhälften befestigt.

Es war grauenvoll, und ich werde dieses Bild mein Leben
lang nicht mehr vergessen können. Es war das letzte Mal, daß

ich eine Longe oder ähnliche Dinge eingesetzt habe, um ein Pferd in einen Hänger zu schaffen. Seither habe ich mit unzähligen Pferden das Verladen trainiert. Unter ihnen zehn oder zwölf Pferde, die schwerwiegend transportgeschädigt waren, mehrere mit anderen, schweren Störungen. Eines von ihnen hatte sogar einen Blitzschlag im Hänger erleben müssen.

In keiner der mehr als hundert Situationen habe ich Gewalt angewendet, um ein Pferd verladen zu können. Stattdessen habe ich mir immer die Zeit genommen, um nach Lösungen zu suchen, wie sich verängstigte Pferde beruhigen, desinteressierte Pferde motivieren lassen und wie ich Pferden, die sich zu entziehen versuchten dieses unerwünschte Verhalten abgewöhnen konnte. Ich habe also nach Wegen gesucht, den Pferden meine Erwartungen begreiflich zu machen, ohne sie dabei zu traumatisieren. Jedes dieser Pferde habe ich als Individuum angesehen und behandelt, indem ich unterschiedliche Methoden bei unterschiedlichen Verladeproblemen angewandt habe.

Ich kann mich gut an ein Seminar mit vier Problempferden erinnern. Das erste war ein brauner Quarter Horse Wallach, der bis auf etwa einen halben Meter an die Hängerklappe heranging, stieg und nach hinten ausbrach. Das Pferd zeigte keine Anzeichen von Angst, es schien sich so zu verhalten, weil es in der Vergangenheit immer damit durchgekommen war. Ich führte den Braunen viermal an den Hänger heran, und jedesmal reagierte er gleich.

Beim fünften Versuch nahm ich, sobald er stieg, meine Drohhaltung ein und zwang ihn, rückwärts zu gehen. Regelrecht schockiert wich er ein paar Schritte zurück, bevor er mir durch Verringerung seiner Geschwindigkeit signalisierte, daß er genug davon hatte. Ich hörte auf, ließ ihn ein paar Sekunden ruhig stehen und startete den nächsten Versuch.

Die nächsten drei Versuche liefen genauso ab. Er stieg und brach nach hinten aus. Ich nahm erneut die Drohgebärde ein und folgte ihm. Beim vierten Anlauf stoppte er und blieb ruhig an der Hängerklappe stehen. Ich ließ ihn dort ein paar Sekunden entspannen und klopfte ihm dabei den Hals, bevor ich ihn wieder vom Hänger wegführte. Wir näherten uns dem Anhänger mehrmals, ohne daß er stieg. Nachdem wir dies das fünfzehnte oder sechzehnte Mal wiederholt hatten, berührte ich ihn leicht, als er an der Tür des Hängers stand, und forderte ihn damit auf, weiter vorwärts zu gehen. Er zögerte kurz und ging dann hinein.

In der nächsten halben Stunde ließen wir das Pferd mehrmals rein und raus gehen und führten es zwischendurch immer wieder kurz vom Anhänger weg, bevor wir von vorn anfingen. Der Braune wurde mit jedem Mal sicherer und fühlte sich erkennbar immer besser bei unseren Aktionen, bis das Verladen für ihn schließlich ein gewohnter Ablauf war. Es hatte insgesamt vierzig Minuten gedauert, und das Problem dieses Pferdes war gelöst.

Mit dem nächsten Pferd hatten wir nicht so viel Glück. Die schwarze Morgan-Araber Rappstute stieg ebenfalls und brach vor dem Hänger nach hinten aus, aber sie tat das aus einem anderen Grund. Sie hatte Angst. Je näher wir der Klappe kamen, desto deutlicher wurden die Anzeichen – verspannte Lippen, aufgestellte Ohren und schnelle, ruckartige Bewegungen. Hatten wir die Hängerklappe erreicht, wurde ihre Angst übermächtig, sie stieg und brach nach hinten aus.

Anders als bei dem Braunen erlaubte ich der Stute, rückwärts zu gehen, bis sie von sich aus zum Stehen kam. Ich ließ sie ein paar Sekunden ausruhen, bevor wir wieder auf den Anhänger zugingen. Während der nächsten zwanzig Minuten taten wir nichts weiter, als rückwärts vom Hänger wegzugehen, stehen zu bleiben und wieder auf den Hänger zuzugehen. Einer der Zuschauer fragte mich, weshalb ich auf das Zurückweichen der Stute nicht genauso reagierte wie bei dem Brau-

nen. Die Antwort war einfach: Wir hatten es mit unterschiedlichen Problemursachen zu tun.

Das Verhalten des Wallachs hatte gezeigt, daß er keine
Angst vor dem Hänger bzw. davor hatte, sich ihm zu nähern.
Das Steigen und Nach-Hinten-Ausbrechen ersparte ihm das
Hineingehen, so jedenfalls hatte er es in der Vergangenheit
immer vermeiden können. Ihm war sozusagen unbeabsichtigt
beigebracht worden, daß man von ihm erwartete zu steigen,
sobald er in die Nähe einer offenen Hängerklappe kam. In diesem Fall mußten wir dem Pferd also klarmachen, daß Steigen
und Nach-Hinten-Ausbrechen nicht die Reaktionen waren, die
wir von ihm sehen wollten. Folglich mußten wir ihm diese
Alternative so unangenehm wie möglich machen.

Bei dem zweiten Pferd war alles ganz anders. Der Stute
sah man ihr Unbehagen bereits an. Diesen Zustand zu verstärken, würde die Sache nur verschlimmern. Will man an so
ein Pferd herankommen, muß man konsequent und ruhig mit
ihm arbeiten und alles vermeiden, was als Bedrohung verstanden werden könnte. Nur so hatte ich der Stute vermitteln können, daß ich ihr keinen Schaden zufügen würde, und zwanzig
Minuten später stand sie ruhig an der offenen Hängerklappe.

Wovor sie Angst hatte, wurde deutlich erkennbar, während sie dort stand. Einer der Zuschauer mußte auf dem Weg
zu den Toiletten hinter ihr vorbeigehen. Obwohl er nicht näher
als neun Meter an sie herangekommen war, wurde die Stute
sofort unruhig. Das war für mich ein deutliches Signal, daß die
Stute damit rechnete, von dem Mann mit Schlägen in den
Hänger gezwungen zu werden.

Im weiteren Verlauf des Seminars achteten wir darauf,
daß niemand mehr hinter ihr vorbeiging. Dadurch zeigten wir
ihr auch, daß wir nicht die Absicht hatten, ihr zu schaden, sondern mit ihr zusammenarbeiten wollten. Das weitere Training
war zwar zeitaufwendig, klappte aber sehr gut. Langsames und
bedächtiges Arbeiten und Belohnungen, selbst für die klein-

sten Bemühungen, meine Anweisungen umzusetzen, erreichten, daß sie nach einer Stunde und fünfzehn Minuten selbständig in den Hänger ging.

Einen krassen Gegensatz stellte das dritte Pferd dar, eine sechsjährige Mustangstute, die als Zweijährige zugeritten worden war. Sie ging geradewegs auf den Anhänger zu und steckte den Kopf in die linke Hängerhälfte, weigerte sich dann aber, weiterzugehen. Der Hänger und alle Versuche, sie zum Hineingehen zu bewegen, waren ihr vollkommen gleichgültig.

Bei diesem Pferd setzte ich wieder einmal mein kleines Trainingsgerät ein, das ich, ungefähr drei Meter hinter ihr stehend, in der Hand hielt. Der Besitzer der Stute war bereits in die rechte Hängerhälfte geklettert. Er forderte sie auf hineinzugehen, indem er mit dem Führstrick leichten Druck nach vorne ausübte, und ich schwenkte die Tüten auf dem Boden hinter ihr hin und her. Sofort hatten wir ihre Aufmerksamkeit, und sie reagierte, indem sie ihr Hinterteil von einer Seite auf die andere bewegte. Ich ging direkt hinter ihr und raschelte mit den Tüten. Bot sie eine Vorwärtsbewegung an, hörte ich auf zu rascheln, und ihr Besitzer verringerte den Druck auf den Führstrick. Es dauerte fünf Minuten und durch unser konsequentes Eingehen auf jede ihrer Reaktionen, hatten wir erreicht, daß die Stute freiwillig in den Hänger ging.

Das Problem des vierten Pferdes unterschied sich grundlegend von denen der drei anderen. Die kleine Araber Stute, ließ sich willig und ohne zu zögern verladen. Ihr Problem wurde deutlich, sobald ich sie aufforderte, den Hänger wieder zu verlassen. Sie blieb einfach drin. Die einzige Möglichkeit, sie wieder aus dem Hänger heraus zu bekommen, bestand darin, daß man die Trennwand zwischen den beiden Seiten herausnahm, die Stute im Hänger drehen ließ und sie mit dem Kopf voran hinausführte.

Ihr Problem resultierte daher, daß man ihr zwar beigebracht hatte, in den Hänger hineinzugehen, sich aber niemand die Zeit genommen hatte, ihr auch beizubringen, rückwärts wieder herauszukommen. Die Lösung lag auf der Hand. Wir mußten einfach nur ihre Geschwindigkeit etwas drosseln, so daß sie Schritt für Schritt in den Hänger ging. Ich forderte sie also auf, zuerst ein Vorderbein hineinzusetzen, um es dann wieder herauszunehmen. Wir wiederholten das mehrmals, bevor ich sie aufforderte, auch das andere Vorderbein in den Hänger zu stellen, danach ließ ich sie beide Vorderbeine wieder aus dem Hänger nehmen.

Als nächstes brachte ich die Stute wiederholt dazu, mit der Vorhand in den Hänger zu gehen, stehenzubleiben und rückwärts wieder herauszutreten, bevor sie schließlich auch ihre Hinterhand in den Hänger bewegen durfte. Als ich sie schließlich aufforderte, herauszukommen, zögerte sie einige Sekunden und setzte dann vorsichtig erst ein Hinterbein auf den Boden, dann das andere. Unentschlossen blieb sie einige Sekunden mit beiden Hinterbeinen auf der Rampe stehen, bevor sie ganz aus dem Hänger kam.

So einfach war es, das Problem dieser Stute zu lösen.

Vergleicht man diese vier Pferde und ihre individuellen Probleme, fällt es leicht zu verstehen, weshalb unterschiedliche Methoden notwendig sind, um im Prinzip das gleiche Ziel zu erreichen. Jedes Pferd ist ein Individuum und betrachtet die Dinge aus seiner Sicht. Wenn wir erfolgreich mit Pferden kommunizieren wollen, dann müssen wir versuchen, die Dinge mit ihren Augen zu sehen und dann entsprechend mit ihnen arbeiten.

Eins ist sicher im Zusammenhang mit dem Verladen von Pferden in einen Zweipferdehänger. Wenn wir einen Riesenaufstand daraus machen, wird es auch zu einem Riesenproblem. Man erreicht sehr viel mehr, wenn man ruhig bleibt, beruhigend auf das Pferd einwirkt und Zuversicht ausstrahlt. Sehr viel mehr jedenfalls, als man jemals erreichen würde, wenn man die Geduld verliert und laut herumbrüllt. Sie sollten sich vor allem eins merken: Wenn Sie Ihre Geduld verlieren, verlieren Sie Ihr Pferd. So einfach ist das.

Trotzdem gibt es überall eine Menge Leute, die darauf schwören, daß man ein Pferd nur unter Anwendung von Gewalt in einen Zweipferdehänger hineinbekommt. Also, von mir aus können diese Leute ihren Kopf in einen Eimer stecken und mit einem Hammer draufhauen. Pferden Gewalt anzutun ist ebenso sinnvoll. Nicht nur das, es besteht die Gefahr, daß einmalige Gewaltanwendung zur Folge hat, daß immer Gewalt angewendet werden muß. Statt eines Pferdes, das sich willig verladen läßt, erlebt man jedesmal, wenn man mit dem Pferd irgendwo hin will, einen Zehn-Runden-Ringkampf, der länger als eine Stunde dauert.

Natürlich ist es eine sehr zeitaufwendige Angelegenheit, ein Pferd an das Verladen zu gewöhnen, vor allem wenn das Tier in der Vergangenheit damit Probleme hatte. Wenn Sie sich die Zeit nehmen, Geduld aufbringen und das Problem analysieren, statt das Ergebnis erzwingen zu wollen, dann kostet es nur ein einziges Mal Zeit.

PROBLEME BEIM REITEN

Pferde, die nicht ruhig stehen

Ich lehnte am Geländer des Reitplatzes und unterhielt mich mit meiner neuen Kundin Kelly. Sie hatte das Pferd, mit dem wir arbeiten würden, selbst gezogen und trainiert. Weil sie dies zum ersten Mal tat, gab es ein paar Probleme, bei deren Lösung sie Hilfe brauchte.

Ich blieb außerhalb des Reitplatzes stehen, als sie mit dem Pferd hineinging und sich fertig machte zum Aufsitzen. Sie war gerade losgegangen, als ein kleiner, aufgeregter Mann auf mich zugerannt kam, der sein Pferd in der Nähe aufgesattelt hatte.

„Sind Sie Mark Rashid, der Trainer?" fragte er atemlos.

„Ja, der bin ich", antwortete ich und hielt ihm die Hand hin.

„Hi", zwitscherte er, „ich heiße Keith. Wissen Sie, ich bin auch Mitglied im Pferde-Club."

„Pferde-Club?" fragte ich.

„Ja, Sie wissen schon, reiten und trainieren und alles, was so dazu gehört."

„Ich verstehe", erwiderte ich. „Der Pferde-Club."

„Ja, wissen Sie, Mitglied im Pferde-Club", kam es wie aus der Pistole geschossen. „Wie Sie."

„Wie ich", sagte ich vorsichtig.

„Jaah", antwortete er, stellte einen Fuß auf die unterste Geländerstange, schob den brandneuen Stetson in den Nacken und beugte sich zu mir herüber. „Wissen Sie, ich habe die Kleine da beobachtet, und ich sage das nur unter uns und dem

Zaunpfosten: Sie braucht dringend Hilfe. Verstehen Sie, was ich meine? Eine Menge Hilfe."

„Ich weiß", antwortete ich. „Deshalb bin ich ..."

„Ich habe ihr angeboten, daß ich ihr jederzeit gerne helfen würde", unterbrach er mich, „aber wissen Sie, ich vermute, sie hat schon mit Ihnen gesprochen."

„Verstehe", sagte ich und schaute auf den Reitplatz.

„Sehen Sie sich das an", sagte er und sprach so schnell, daß ich ihn kaum verstehen konnte. „Dieses Pferd bleibt nicht einmal so lange ruhig stehen, daß sie aufsteigen kann, verstehen Sie, was ich meine? Schauen Sie sich das an."

Ich sah mir den nervösen, kleinen Kerl an und fragte mich, ob er unter Drogen stand oder ob er immer so redete.

„Sie braucht eine Ewigkeit, um auf dieses Pferd zu kommen, wissen Sie", redete er weiter. „Das Pferd bleibt nicht ruhig stehen. Das dauert ewig, schauen Sie sich das an."

Ich mußte lachen, als ich mich wieder dem Reitplatz zuwandte, wo Kelly versuchte, aufzusitzen. Es stimmte. Jedesmal, wenn sie den Fuß in den Steigbügel setzte, bewegte sich das Pferd zur Seite. Sie brauchte mindestens ein Dutzend Versuche, bevor sie schließlich im Sattel saß.

„Verstehen Sie, was ich meine? Verstehen Sie es jetzt?" platzte Keith heraus. „Ich habe es Ihnen ja gesagt. Junge, Junge, so ein Pferd würde ich mir nie im Leben zulegen. Würden Sie das etwa tun? Niemals würde ich das tun, wissen Sie."

„Ach, ehrlich gesagt", kicherte ich, „ich glaube nicht, daß es wirklich so schwierig ist. Ich denke sogar, daß wir das Problem ganz schnell gelöst haben werden."

„Naja gut, vielleicht", antwortete er. „Aber eins sage ich Ihnen. So ein Pferd würde ich mir nie im Leben zulegen, wissen Sie. Ein Pferd, das einfach so wegläuft."

Ich nickte, weil ich nicht wußte, was ich sonst antworten sollte.

„Also dann", sagte er, schnappte sich meine Hand und schüttelte sie eifrig. „Ich vermute, Sie haben noch viel zu tun heute, wissen Sie. Dann will ich Sie mal nicht länger von der Arbeit abhalten. Habe mich gefreut, daß wir uns ein bißchen unterhalten konnten. Vielleicht können wir ja irgendwann mal in Ruhe Erfahrungen austauschen, wissen Sie."

„Über den Pferde-Club?" fragte ich.

„Ja", antwortete er mit einem breiten Grinsen im Gesicht. „Der Pferde-Club, wissen Sie. Also dann, war schön, sich mit Ihnen zu unterhalten."

„War schön, sich zu unterhalten", sagte ich und grinste jetzt auch. Dann ging ich hinüber auf den Reitplatz zu Kelly, die ruhig im Sattel saß.

„Was wollte er?" fragte sie und deutete mit dem Kopf in Keiths Richtung. „Dir erzählen, was ich für ein schreckliches Pferd habe?"

„Nein", lachte ich. „Wir haben uns nur über den Pferde-Club unterhalten." Anscheinend hatte Kelly das Gespräch mit Keith nicht so leicht genommen wie ich.

„Er nervt mich", sagte sie.

„Oh", entgegnete ich immer noch lachend, „ich glaube, er meint es gut. Außerdem scheint er völlig harmlos zu sein."

„Wahrscheinlich", antwortete Kelly, nachdem sie eine Weile darüber nachgedacht hatte. „Aber er nervt mich trotzdem."

„Vergessen wir ihn und sehen uns lieber mal dein Pferd an", wechselte ich das Thema. „Das Wichtigste zuerst. Kümmern wir uns also um die Probleme beim Aufsitzen."

Zunächst bat ich sie, abzusitzen und den Sattel und die Sattelunterlage abzunehmen. Ich erklärte ihr, daß es zwei Gründe gäbe, warum Pferde Probleme mit dem Aufsitzen hatten. Entweder leidet das Pferd unter Verspannungen und will nicht, daß man sich auf seinen Rücken setzt, weil es ihm weh tut, oder man hat dem Pferd nie beigebracht, während des Aufsitzens still zu stehen.

„Natürlich", sagte ich zu ihr, „müssen wir erst einmal herausfinden, ob das Pferd verspannt ist oder ob die Ausrüstung nicht richtig paßt."

Ich fuhr sanft mit leichtem Druck der Fingerspitzen und der Handkante an der Wirbelsäule des Pferdes entlang. Danach tastete ich Widerrist, Hals, Schultern und Kruppe auf Verspannungen ab, konnte aber nichts feststellen. Nun legte ich den Sattel ohne die Unterlage auf, um herauszufinden, ob er richtig saß. Nirgends wurde das Pferd durch den Sattel eingeengt oder wundgescheuert, so daß wir es wieder aufsattelten.

„Okay", sagte ich. „Dann versuch jetzt aufzusitzen, damit wir herausfinden können, wo das Problem liegt." Sie setzte den Fuß in den Steigbügel, dabei stieß sie das Pferd aus Versehen mit der Fußspitze an. Im selben Augenblick setzte sich das Pferd in Bewegung.

„Also", sagte ich und erläuterte ihr, was sie gerade gemacht hatte. „Ich glaube, hier liegt ein Teil des Problems. Selbst wenn du ihn nicht getreten hättest, wäre er trotzdem losgelaufen, weil er nicht ausbalanciert war. Sobald du Gewicht auf den Steigbügel legst, bringst du ihn aus dem Gleichgewicht und zwingst ihn dazu, sich zu bewegen, damit er nicht umfällt."

Bevor sie den nächsten Versuch unternahm, sollte sie den Steigbügel drei oder viermal zu sich heranziehen, bis das Pferd den Druck ausgeglichen hatte und sicher stand.

„Genau so", demonstrierte ich es ihr und zog am Steigbügel. „Jetzt verliert er das Gleichgewicht nicht mehr, wenn du den Steigbügel belastest."

Sie machte einen neuen Versuch aufzusitzen. Diesmal war das Pferd richtig ausbalanciert, und sie setzte den Fuß vorsichtig in den Steigbügel, um es nicht zu treten. Sofort lief das Pferd wieder los. Kelly nahm den Fuß aus dem Steigbügel, drehte sich zu mir um und sah mich mit entrüstetem Gesichtsausdruck an.

„Das hat ja wirklich prima geklappt", sagte sie sarkastisch.

„Okay", ich lachte sie an. „Reg dich nicht auf. Du mußt dir vor allem eine Sache klarmachen. Seit du mit dem Pferd arbeitest, durfte es jedesmal loslaufen, wenn du versucht hast, aufzusitzen. Es glaubt deshalb, daß genau das von ihm erwartet wird. Wir müssen ihm jetzt klarmachen, daß das nicht richtig ist."

„Und wie sollen wir das machen?" fragte sie.

„Sobald er losläuft, nimmst du den linken Zügel an und bringst seinen Kopf herum", sagte ich. „So zwingst du ihn, im Kreis zu gehen. Laß ihn so lange im Kreis laufen, bis er von sich aus stehenbleibt, dann erst gib seinen Kopf wieder frei. Lobe ihn dann, um ihm zu zeigen, daß du willst, daß er still steht. Und dann fängst du wieder von vorn an."

Zehn Minuten arbeitete sie mit dem Pferd und hatte ihm schließlich auch erfolgreich beigebracht, still zu stehen, wenn sie den Steigbügel belastete. Als sie dann das Bein hinüberschwang, bemerkte ich, daß sie zunächst mit dem Fuß hängenblieb und sich dann unsanft und mit vollem Gewicht in den Sattel fallen ließ – beides Dinge, die ein Pferd veranlassen loszulaufen, bevor der Reiter richtig sitzt. Fünf Minuten übte Kelly, sanfter aufzusitzen. Immer wenn das Pferd loslaufen wollte, nahm sie seinen Kopf herum und das Pferd mußte im Kreis gehen. Es dauerte nicht lange, und sie konnte auf- und absitzen, ohne daß sich das Pferd bewegte. Wir brachten es vom Reitplatz und führten es eine Viertelstunde herum. So hatte das Pferd eine Pause, und wir konnten anschließend beobachten, ob es das, was wir ihm gerade beigebracht hatten, umgesetzt hatte.

Während wir herumgingen, erklärte ich Kelly, daß die meisten Menschen die Zügel anziehen würden, um ein Pferd zum Stehen zu bringen, wenn es während des Aufsitzens losläuft. Sie selbst hatte es genauso gemacht. Dadurch kommt das Pferd meistens auch zum Stehen, aber es lernt nicht, still stehen zu bleiben.

„Wenn man es im Kreis gehen läßt", führte ich weiter aus, „wird es für das Pferd unangenehmer wegzulaufen, als still stehen zu bleiben. Du gibst ihm dadurch die Möglichkeit, selbst zu entscheiden, was einfacher ist."

Wieder auf dem Reitplatz, zog Kelly zunächst an den Steigbügeln, um die Beine des Pferdes in die richtige Position zu bringen. Dann setzte sie den Fuß in den Steigbügel und bewegte sich drei oder viermal federnd auf und nieder. Das Pferd zuckte nicht einmal. Als sie sich in den Sattel setzte, verlagerte es sein Gewicht, um ihr Gewicht auszugleichen, bewegte sich aber sonst nicht.

Fünfmal hintereinander saß Kelly ab und wieder auf, jedesmal mit dem gleichen Ergebnis. Danach teilte ich ihr mit, daß es für heute genug sei, und wir das Pferd zurückbringen könnten.

Als wir auf das Tor zugingen, kam gerade Keith, der kleine Kerl, den ich kurz vorher kennengelernt hatte, mit seinem Pferd auf den Reitplatz. Es war eine sehr schöne fuchsfarbene Quarter Horse Stute, die einen ebenso eindrucksvollen Sattel trug. Der Sattel paßte ihr allerdings nicht sehr gut, denn er saß direkt auf ihrem Widerrist auf.

Er ging bis zur Mitte des Reitplatzes, zog den Sattelgurt fest und versuchte aufzusitzen. Sofort bewegte sich die Stute nach rechts von ihm weg. Als sein Fuß deshalb aus dem Steigbügel rutschte, zog er die Zügel ruckartig und kräftig nach hinten, um das Pferd zum Stehen zu bringen. Er benötigte drei Anläufe, bis er schließlich im Sattel saß, und auch dann war das Pferd unruhig, warf den Kopf, scharrte mit den Hufen und tänzelte auf der Stelle.

Wir hatten den Reitplatz in der Zwischenzeit verlassen, und Kellys Pferd an einem Pfosten in der Nähe festgebunden. Kelly war gerade dabei, das Pferd abzusatteln, als Keith an die Umzäunung des Reitplatzes geritten kam.

„Hey, Mark", rief er, während sein Pferd den Kopf warf

und die Luft tief einzog. „Wie gefällt Ihnen meine Stute? Sie ist schön, oder? Sie ist wirklich schön, finden Sie nicht auch?"

„Ja", antwortete ich, „es ist wirklich eine sehr schöne Stute."

„Jawoll", grinste er. „Sie ist fünf Jahre alt, wissen Sie, und ich bin der einzige, der sie jemals geritten hat. Der einzige. Sie ist wirklich schön, oder?"

Ich ging an die Umzäunung des Reiplatzes, um mir das Pferd besser ansehen zu können und bemerkte sofort, daß sich unter ihrem Sattel eine spezielle Unterlage befand, die bei Pferden mit hohem Widerrist dafür sorgt, daß der Widerrist unbedeckt bleibt. Solche Unterlagen verwendet man, um den Druck zu vermindern, der bei einem Pferd wie diesem durch einen tiefsitzenden Sattel entstehen kann.

Unglücklicherweise hatte Keith den Gurt des ohnehin schlechtsitzenden Sattels so festgezogen, daß die Kammer direkt auf dem Widerrist aufsaß, was der Stute offensichtlich unerträgliche Schmerzen bereitete.

„Sie ist ein tolles Pferd", sagte er freudestrahlend. „Ein tolles Pferd, wissen Sie. Eben genau ein Pferd nach meinem Geschmack, verstehen Sie, was ich meine?"

„Ich verstehe sehr gut, was Sie meinen", antwortete ich. „Ich wundere mich allerdings ein bißchen, denn ich habe bemerkt, daß sie ein paar Mal nicht stehen geblieben ist, als Sie aufsitzen wollten. Macht sie das immer?"

„Nicht stehen geblieben?" fragte er erstaunt. „Oh, nicht stehen geblieben. Ich weiß, was Sie meinen. Sie meinen, als ich aufsitzen wollte. Ja, ja, das kommt, weil sie eine temperamentvolle Stute ist. Sehr temperamentvoll, wissen Sie. So trainiere ich sie. Ich trainiere die Pferde so, daß sie eine Menge Pfeffer im Hintern haben, wissen Sie. Ich mag keine lahmarschigen Pferde."

„Verstehe", sagte ich und nickte. „Ich dachte, daß Ihre Stute vielleicht einen verspannten Rücken hätte, oder so. Ich meine, Sie hätten mal gesagt, daß Sie Pferde nicht ertragen können, die beim Aufsitzen nicht stehen bleiben, und ich weiß, daß Verspannungen manchmal ..."

„Nein, nein", unterbrach er. „Das ist mit Sicherheit nicht der Fall. Keinerlei Verspannungen, wissen Sie. Es ist die Art wie ich sie trainiere. Sie sollen Temperament haben, wissen Sie. Verstehen Sie, was ich meine? Eine Menge Temperament. So trainiere ich sie."

„Verstehe", erwiderte ich. „Also dann, hat mich gefreut, nochmal mit Ihnen zu reden."

„Hat mich auch gefreut", antwortete er. „Machen Sie sich keine Sorgen, es sind garantiert keine Verspannungen. Eine Menge Temperament, das ist alles. Eine Menge Temperament und Feuer im Hintern. Das ist alles, wissen Sie."

„Klar", sagte ich und bemühte mich, nicht überheblich zu klingen. „Bis bald."

„Jawohl, bis bald", antwortete Keith, wendete sein Pferd und ritt davon.

In der darauffolgenden Woche brachte Kelly ihr Pferd in einen anderen Pensionsstall, wo wir weiterarbeiteten. Es gab also keinen Grund anzunehmen, daß ich jemals wieder etwas von Keith hören würde. Zu meiner großen Überraschung rief er mich sieben Monate später an. Sein Pferd hatte einige Probleme entwickelt, die er nicht in den Griff bekam, und er wollte einfach mal fragen, ob ich nicht Lust hätte, mir sein Pferd anzusehen. Ich sagte ihm, daß ich sehr gern kommen würde.

Als ich mir die Stute dann ansah, war schnell klar, daß es mehr als nur ein paar Schwierigkeiten gab. Um ehrlich zu sein, wies sie alle Probleme auf, die man sich nur vorstellen kann. Sie ließ sich schwer einfangen, nahm das Mundstück nicht an, schnappte beim Satteln, ließ den Reiter nicht aufsitzen und buckelte, wenn man endlich im Sattel saß.

Da ich eine recht genaue Vorstellung davon hatte, was die Ursache dieser Probleme war, untersuchte ich zunächst ihren Rücken auf Verspannungen. Ich stellte fest, daß sie vom Widerrist bis zur Kruppe starke Schmerzen hatte, wobei der größte Schmerz im Bereich des Widerrists lag. Die linke Halsseite war ebenfalls stark verspannt, und sie hatte kleine, aber deutlich sichtbare, wunde Stellen an den Maulwinkeln, deren Ursache offensichtlich das Mundstück war.

Keiths Redefreude und seine hektischen Bewegungen ließen hör- und sichtbar nach, als ich ihm zeigte, welches Ausmaß die Rückenverspannungen mittlerweile angenommen hatten.

„Was kann ich tun, um das wieder hinzukriegen?" fragte er ruhig.

„Bevor wir überhaupt etwas tun können, müssen wir erst einmal erreichen, daß sie sich wieder besser fühlt."

Ich schlug ihm vor, daß er mit seinem Tierarzt oder einem Chiropraktiker besprechen sollte, wie man die Verspannungen am besten los würde. Sobald keine Verspannungen mehr vorhanden wären, würden wir uns das Pferd noch einmal ansehen und gemeinsam überlegen, wie wir weiter vorgehen sollten. Ich sagte ihm außerdem, daß meiner Meinung nach der Sattel die eigentliche Ursache für alle Probleme sei und daß es sicher sinnvoll wäre, wenn er sich einen anderen besorgen würde, der dem Pferd besser paßte. Zu meinem Erstaunen reagierte Keith auf alle meine Vorschläge sehr offen und teilte mir mit, daß er alles tun würde, um das Pferd wieder in Ordnung zu bringen.

Es vergingen zwei Monate, bevor er sich wieder bei mir meldete. Er berichtete, daß er sehr eng mit einem Chiropraktiker zusammengearbeitet hatte, und die Verspannungen dank der Behandlung vollständig gelöst werden konnten. Mit Einverständnis des Chiropraktikers hatte Keith die Stute bereits in den vergangenen zwei Wochen wieder geritten. Er hatte auch

einen neuen Sattel besorgt, der sehr viel besser paßte, so daß
es jetzt kaum noch Probleme gab.

Mit zwei Problemen schlug er sich allerdings noch
immer herum. Die Stute schnappte auch weiterhin beim Aufsatteln und blieb beim Aufsitzen nicht ruhig stehen. Ich fand
es sehr interessant, daß er das Problem noch vor neun Monaten mit dem „Temperament" der Stute und „ihrem Feuer im
Hintern" erklärt hatte. Jetzt erkannte er es als Problem. So ist
es eben. Ein Problem ist so lange kein Problem, bis man in der
Lage ist, es als solches wahrzunehmen. Egal, jetzt bat er um
Hilfe, um auch die verbleibenden Schwierigkeiten zu lösen,
und ich war froh, ihm dabei helfen zu dürfen.

Als ich am Stall ankam, war die Stute bereits eingefangen und an einem Balken in der Nähe des Reitplatzes angebunden, wo Keith sie in aller Ruhe putzte. Als er fertig war, legte
ich die Unterlage und den Sattel vorsichtig auf ihren Rücken.
Sofort nahm sie den Kopf hoch und riß ihre bis dahin halbge-
schlossenen Augen weit auf.

Ich hatte Keith bereits erklärt, daß die Ursache für ihr
Beißen während des Aufsattelns wahrscheinlich darin lag, daß
er früher den Gurt zu eng gezogen hatte, und ihr der Sattel
unerträgliche Schmerzen zugefügt hatte. Sehr wahrscheinlich
hatte sie aus Selbstschutz angefangen zu beißen, und im Laufe
der Zeit hatte sich diese Reaktion zu einer Gewohnheit entwickelt.

Als sie jetzt den Kopf hob, wies ich Keith darauf hin.

„Sehen Sie", sagte ich. „Sie wird extrem unruhig, obwohl
ich nichts weiter gemacht habe, als ihr den Sattel auf den
Rücken zu legen."

„Jawohl", schwatzte er vor sich hin, „auf jeden Fall. Ganz
klar. Auf jeden Fall. Das sehe ich."

„Wir müssen zwei Dinge tun", erklärte ich ihm. „Erstens
müssen wir die Ursache des Beißens abstellen. Ich werde den
Sattelgurt jetzt nur soweit festziehen, daß der Sattel nicht her-

unterfallen kann, kein bißchen fester. So können wir ihr zeigen, daß ihr nicht jedesmal, wenn sie aufgesattelt wird, auch Schmerz zugefügt wird."

„Jawohl, das macht Sinn", sagte er. „Auf jeden Fall. Das macht wirklich Sinn. Ich verstehe. Sattelgurt nicht festziehen. Kapiert."

„Zweitens", fuhr ich fort, „werden wir ihr die Möglichkeit nehmen, zu beißen, indem ich meinen Ellbogen jedesmal in Richtung ihres Kopfes ausstrecke, wenn sie den Kopf wendet, um nach mir zu schnappen. Sie wird also jedesmal, statt mich irgendwo hinzubeißen, auf etwas hartes, nämlich auf meinen Ellbogen, stoßen. So können wir sie am Beißen hindern, bevor sie überhaupt damit angefangen hat."

„In Ordnung", plapperte er. „Ellbogen raus. Hindern, bevor sie überhaupt angefangen hat. Macht Sinn. Ellbogen raus. Gute Idee. Kapiert."

Ich grinste vor mich hin, während ich langsam unter ihren Bauch griff und den Sattelgurt hervorholte, der auf der anderen Seite herunterhing. Ich zog den Gurt hoch und führte den Lederriemen durch den Gurtring, zurück durch den Ring am Sattel und zog ihn fest. Wie erwartet, drehte die Stute den Kopf, um nach mir zu schnappen, sobald sie nur den geringsten Druck spürte. Zum Glück hatte ich die Bewegung aus dem Augenwinkel wahrgenommen und reagierte sofort mit ausgestrecktem Ellbogen. Unsanft stieß die Stute mit den Nüstern dagegen und zog den Kopf sofort wieder zurück.

Ein paar Minuten ließ ich sie ruhig stehen, während ich ihr den Hals klopfte. Danach lockerte ich den Gurt und fing von vorn an. Nachdem sie während der nächsten fünf Minuten ein halbes Dutzend Mal nach mir geschnappt hatte und jedesmal mit meinem Ellbogen zusammengestoßen war, gab sie schließlich auf.

Während der nächsten halben Stunde machten wir nichts anderes, als den Sattelgurt vorsichtig festzuziehen und

wieder zu lockern. An den darauffolgenden drei Tagen taten
wir nichts anderes, als dem Pferd den Sattel aufzulegen, den
Gurt festzuziehen und den Sattel wieder abzunehmen. Erst als
ich ganz sicher war, daß sie das Aufsatteln nicht mehr als unangenehm empfand, und jede Möglichkeit ausgeschlossen war,
daß die Stute versuchen würde, mich zu beißen, beschäftigten
wir uns mit den Problemen beim Aufsitzen.

„Ich möchte ihr jetzt verständlich machen", erklärte ich
Keith, als wir die Stute auf den Reitplatz führten, „daß wir wollen, daß sie sich fürs Stehenbleiben entscheidet. Mit anderen
Worten, es soll schwerer für sie werden, loszulaufen, als stehen
zu bleiben."

„Ganz klar", sagte er. „Verstehe. Kein Problem. Schwerer
loszulaufen, als stehen zu bleiben. Kapiert."

Ich versuchte, den Fuß in den Steigbügel zu setzen. Das
Pferd machte einen Satz nach rechts von mir weg und ging vier
Schritte, bevor es stehenblieb. Ich holte es zurück zu der Stelle, wo wir angefangen hatten und versuchte es noch einmal.
Nachdem die Stute auch beim dritten Versuch zur Seite ausge-
brochen war, hob ich die Arme über den Kopf und zischte
durch die Zähne, was sie sichtlich erschreckte. Sie wich ungefähr sechs Meter nach hinten zurück, bevor sie stand. Einige
Sekunden ließ ich sie ruhig stehen und streichelte ihr den Hals,
bevor ich sie wieder zurück zur Mitte des Reitplatzes führte und
von vorn begann. Zweimal noch brach sie seitlich aus, als ich
versuchte, den Fuß in den Steigbügel zu stellen und meine
Reaktion darauf war immer die gleiche.

Beim vierten Versuch wurde sie unruhig, aber sie bewegte sich nicht. Ich ließ den Fuß nur einige Sekunden im Steigbügel, nahm ihn dann wieder heraus und überschüttete sie mit
Belohnungen, indem ich sie überschwenglich an Kopf und
Hals klopfte.

Danach ließ ich meinen Fuß bei jedem Versuch etwas
länger im Steigbügel, bis es möglich war, ihn zwanzig bis

dreißig Sekunden dort zu lassen, ohne daß sich das Pferd rührte. Erst dann belastete ich den Steigbügel. Als ich es das erste Mal versuchte, ging die Stute langsam vorwärts. Ich zog ihren Kopf herum, was sie zwang, im Kreis zu gehen. Sie drehte eine Runde und mein Fuß steckte noch immer im Steigbügel, als sie zum Stehen kam.

Auf diese Art arbeiteten wir während der nächsten zehn Minuten, bis sie schließlich geschlossen stand, sobald ich den Steigbügel belastete. Als ich im Sattel saß, stand sie felsenfest, als ob es nie ein Problem beim Aufsitzen gegeben hätte.

„Unglaublich", sagte Keith, als ich zum vierten Mal aufsaß, ohne daß sie sich bewegt hatte. „Ich hätte niemals gedacht, daß Sie das Problem so schnell lösen würden, wissen Sie. Ich meine, das war schnell. Echt schnell. Viel schneller als ich dachte. Verstehen Sie, was ich meine?"

„Gut", antwortete ich und stieg aus dem Sattel. „So geht es eben manchmal. Wollen Sie es jetzt versuchen?"

„Ich?" fragte er aufgeregt. „Junge, Junge. Na klar. Na klar will ich. Ich hoffe nur, daß ich sie nicht aufrege, wissen Sie."

„Ich verstehe, was Sie meinen", bestätigte ich und gab ihm die Zügel. „Gehen Sie ganz locker mit ihr um. Nehmen Sie sich Zeit. Ziehen Sie nicht ruckartig an den Zügeln und berühren Sie sie nicht mit der Fußspitze, wenn Sie in den Steigbügel treten. Sie sollten sie nicht mit dem rechten Bein anstoßen, wenn Sie es hinüberschwingen. Und lassen Sie sich nicht in den Sattel fallen, setzen Sie sich vorsichtig hin."

Während ich mit ihm sprach, sah mich Keith die ganze Zeit aufmerksam an und nickte dabei unablässig mit dem Kopf, als ob dieser mit einer Feder an seinem Körper befestigt wäre. Als ich meinen Vortrag beendet hatte, wiederholte er alles noch einmal, als würde er die Antworten in einer Quizsendung runterleiern.

„Kapiert", sagte er und ging langsam auf das Pferd zu. „Ganz locker. Zeit nehmen. Nicht ruckartig an den Zügeln ziehen. Sie nicht treten. Sie nicht anstoßen und nicht in den Sattel fallen lassen. In Ordnung. Kapiert."

„Und entspannen Sie sich ein bißchen", sagte ich lächelnd. „Wenn Sie nervös sind, dann wird sie es auch."

„In Ordnung. Entspannen. Tief atmen. Kapiert."

Sanft stellte er den Fuß in den Steigbügel, wippte drei oder vier Mal auf und ab und zog sich dann vorsichtig hoch. Ein paar Sekunden stand er bewegungslos im Steigbügel, bevor er unendlich langsam das rechte Bein über sie legte und im Sattel saß. Mit einem Lachen, das sich über sein ganzes Gesicht ausbreitete und bei dem ich meine Zweifel hatte, ob sein Gesicht dafür groß genug war, sah er auf mich runter.

„Wissen Sie was", flüsterte er, „das ist das erste Mal, daß sie sich nicht bewegt hat beim Aufsitzen. Das erste Mal."

„Wirklich wahr?" fragte ich. „Das ist großartig. Ich bin froh, daß wir das geschafft haben. Übrigens schläft sie nicht, ich denke, Sie brauchen nicht zu flüstern."

„Oohh", sagte er, schlug sich leicht an die Stirn und brach in ein offenes, herzliches Lachen aus. „Klar, sie schläft ja gar nicht."

Während der nächsten halben Stunde übte er auf- und absitzen, und die Stute bewegte sich dabei nicht ein einziges Mal. Danach beendete er das Training, indem er im Schritt ein paar Runden um den Reitplatz drehte. Sowohl er als auch sein Pferd machten einen zufriedenen und glücklichen Eindruck.

Von allen Menschen, mit denen ich während der vielen Jahre zusammengearbeitet habe, ist Keith derjenige, an den ich am häufigsten denken muß. Nicht wegen der schnellen, an ein Maschinengewehr erinnernden Art zu sprechen oder seiner aufgeregten Geziertheit, sondern wegen seiner ehrlichen und aufrichtigen Zuneigung für sein Pferd.

Er hatte eine wirklich große Leistung vollbracht, denn er hatte seine Art, mit dem Pferd umzugehen, überdacht und geändert und damit seinem Pferd geholfen, die Probleme zu überwinden, die er selbst verursacht hatte. Daran würden viele Menschen nicht einmal im Traum denken. Die meisten betrachten ihr Tier als Problempferd und belassen es dabei, ohne je darüber nachzudenken, daß sie selbst die eigentliche Ursache dieser Probleme sind.

Es ist allerdings ein wenig schade, daß er so lange gebraucht hatte, bis ihm klargeworden war, daß er die eigentliche Ursache für die Schwierigkeiten seiner Stute gewesen ist. Hätte er das ursprüngliche Problem beim Aufsitzen als Warnsignal erkannt, als einen Hinweis, das etwas nicht stimmte, statt es mit dem Temperament des Tieres zu erklären, dann hätten alle daraus resultierenden Probleme vermutlich vermieden werden können.

Wenn Ihr Pferd Sie nicht aufsitzen läßt, so ist das meistens ein Zeichen, daß etwas nicht in Ordnung ist oder in Kürze nicht mehr in Ordnung sein wird. Man sollte dieses Problem sofort lösen, oder sich wenigstens eingestehen, daß sich daraus ein Problem entwickeln könnte. Es ist kaum mit Worten zu beschreiben, welche Katastrophen dadurch vermieden werden können und wieviel Streß, Ärger und Schmerzen Ihrem Pferd erspart bleiben.

Pferde, die scheuen

Vor kurzem hatte der alte Mann eine schöne, aber stark übergewichtige Scheckstute gekauft. Er hatte mir das Training der Stute überlassen, und ich sollte dafür sorgen, daß sie etwas Gewicht verlor. Ich war über diese Aufgabe natürlich sehr erfreut.

Hinter dem Stall auf seiner Ranch erstreckte sich ein großes, eingezäuntes Feld. Der Boden war so karg, daß dort außer ein bißchen Unkraut nichts gedeihen konnte, und wir nutzten das Gelände meistens als Auslauf und Reitplatz.

An jenem Tag ging der alte Mann mit, als ich die Stute auf den Reitplatz führte. Wir überquerten die kleine hölzerne Brücke, die über den schmalen Graben führte, und betraten das Feld durch das Gatter auf der Nordseite. Dort erklärte mir der alte Mann, daß die Stute ein Problem mit Gattern hätte und sehr wahrscheinlich stehen bliebe, wenn ich sie in der Nähe eines Tores oder Gatters reiten wollte. Um das zu vermeiden, sollte ich mit ihr auf der Südseite des Feldes bleiben. Um das Gatter-Problem würden wir uns später kümmern.

Ich führte die Stute hinunter an das südliche Feldende, saß auf und begann mit der Arbeit. Es war ein sehr heißer Tag Mitte Juni. Die Stute schwitzte bereits und war sehr reizbar. Wegen der Hitze ritt ich sie nur im Schritt und im langsamen Trab. Nach ungefähr einer Stunde rief mir der alte Mann vom Gatter aus zu, daß es für heute genug sei.

„Reit nicht hier rüber", sagte er und meinte damit, ich sollte die Stute nicht in die Nähe des Gatters bringen. „Reit bis zur Feldmitte, steig dort ab und führ sie die restliche Strecke."

„Okay", rief ich zurück und winkte ihm zu.

Ich hatte die Stute bis zu diesem Zeitpunkt in weiten Runden am Südende des Feldes geritten. Als ich sie jetzt in einer geraden Linie auf die Feldmitte lenkte, stellte ich eine Veränderung in ihren Bewegungen fest. Ich spürte förmlich, wie sich ungeheure nach vorn ausgerichtete Kräfte aufbauten und obwohl sie noch im Schritt ging, sagte mir mein Gefühl, daß demnächst etwas geschehen würde. Der alte Mann mußte meine Bedenken wahrgenommen haben, denn plötzlich schrie er: „Das ist weit genug. Steig ab, wo du gerade bist."

Bevor ich reagieren konnte, hatte die Stute schon ausgeschlagen. Sie wieherte quietschend und drehte sich blitzschnell um die eigene Achse. Dann blieb sie in der gleichen Richtung stehen, in der sie angefangen hatte und buckelte halbherzig drei- oder viermal. Schließlich raste sie in wilder Flucht auf das Gatter zu.

In wenigen Sekunden hatte sie die hundert Meter bis zum Gatter zurückgelegt, bremste abrupt und kam drei Meter vor der Umzäunung zum Stehen. Der plötzliche Halt kam völlig überraschend für mich, und ich schoß über ihren Kopf hinweg wie Wasser durch einen gebrochenen Damm.

Ich schlug vor ihr auf dem Boden auf und lag kaum, als die Stute mit Schwung über meinen Oberkörper hinwegstürmte. Sie bemühte sich, nicht auf mich zu treten, aber leider blieb ihr Versuch ohne Erfolg, denn ihr rechter Huf erwischte meine linke Hand, als sie auf ihrem Weg in Richtung Gatter davonrannte.

Nie zuvor in meinem Leben hatte ich mir etwas gebrochen, doch als ich das widerliche Knacken in meiner linken Hand hörte, wußte ich, daß es jetzt passiert war. Der Schmerz war so grauenvoll, daß ich nicht einmal den alten Mann wahrnahm, der herbeigeeilt war und neben mir am Boden kniete.

„Zeig her", sagte er und versuchte mich daran zu hindern, mich vor Schmerzen auf dem Boden hin und her zu wälzen, damit er sich meine Hand ansehen konnte.

„Gib mir deine Hand", drang seine Stimme schreiend an mein Ohr. „Los jetzt. Nimm dich zusammen und laß sie mich ansehen." Ich erkannte den Ton, der in seiner Stimme mitschwang. Es war sein Zeig-jetzt-her-oder-es-passiert-was-Ton.

Ich atmete tief und bewußt durch, setzte mich auf und streckte meine Hand aus, damit er sie sich ansehen konnte. Der schmerzliche Ausdruck, der kurz über sein Gesicht huschte, machte mir klar, daß etwas nicht in Ordnung war, und ich schaute mir die Hand endlich selbst an. Der obere Teil war bereits dick geschwollen, schwarz und blau, und mein Ringfinger stand in einem völlig unnatürlichen Winkel zur Seite ab.

„Der Bruch ist genau hier", sagte er sachlich und deutete auf einen Punkt am oberen Teil der Hand, nicht weit vom Knöchel meines Ringfingers entfernt.

„Ich werde das richten müssen."

„Was meinst du?" fragte ich und hielt den Atem an.

„Der Knochen hat sich verschoben", antwortete er. „Ich muß ihn wieder in die richtige Position bringen, oder du wirst höllische Schmerzen haben."

„Es tut jetzt schon höllisch weh", protestierte ich.

„Ich weiß", erwiderte er und nahm mein Handgelenk in seine linke Hand, den Knöchel meines Ringfingers in seine rechte. „Du wirst noch schlimmere Schmerzen bekommen, wenn wir es nicht tun. Atme jetzt tief ein."

Ich hatte nicht einmal mehr Zeit, tief Luft zu holen. Er zog an meinem Knöchel und schob die beiden Knochen wieder zurecht. Der Schmerz war unerträglich, und mir wurde schlecht und schwindelig. Als ich mich nach einer Weile etwas besser fühlte, schickte er mich hinüber zum Bewässerungsgraben, wo ich die Hand in das kalte Wasser halten sollte, damit die Schwellung zurückging. In der Zwischenzeit holte der alte Mann die Scheckstute zurück.

Als ich dort bäuchlings im Dreck am Kanal lag und meine gebrochene Hand ins Wasser hielt, tröstete ich mich damit, daß der alte Mann dem Pferd, das mir das angetan hatte, mit Sicherheit jetzt Manieren beibringen würde. Ich hoffte von ganzem Herzen, daß er es ihr richtig zeigen würde und ihr eine Lektion erteilte, die sie niemals wieder vergessen würde. Ich hätte es besser wissen müssen.

Der alte Mann saß auf und blieb ein paar Sekunden ruhig im Sattel sitzen, bevor er ihren Kopf herumzog und sie aufforderte, vom Gatter weg zu gehen. Das Pferd drehte den Kopf, weigerte sich aber, vorwärts zu gehen. Daraufhin tat er etwas, was mich leicht überraschte. Als der Kopf der Stute nach links bis zu seinem Stiefel gebogen war, schlang er die Zügel um das Sattelhorn, griff in die Hemdtasche und zog gelassen eine Zigarette heraus. Er zündete sie an und blieb geduldig im Sattel sitzen, als würde er auf etwas warten.

Es vergingen einige Minuten, bevor die Stute versuchte, den Druck loszuwerden. Sie lehnte sich nach rechts. Als das nichts half, zog sie nach rechts. Da sie auch damit keinen Erfolg hatte, bewegte sie sich schließlich nach links, in die Richtung also, die der alte Mann von Anfang an gewünscht hatte.

Sobald sich die Stute südwärts vom Gatter weg bewegte, griff er nach unten und löste die Schlinge. Das erlaubte ihr, sich gerade auszustrecken. Sofort versuchte sie zu wenden und wieder auf das Gatter zuzugehen. Während der nächsten zehn Minuten gab es einen harten Kampf zwischen dem Willen des Pferdes, das sich auf das Gatter zu, und dem alten Mann, der es vom Gatter weg bewegen wollte.

Am Ende zahlten sich Geduld und Beharrlichkeit des alten Mannes aus, denn die Stute ging ruhig in die Richtung, die der alte Mann vorgab. Nachdem er sie für ein paar Minuten ruhig hatte stehen und ausruhen lassen, forderte er sie wieder auf, vom Gatter weg zu gehen. Ganz leicht klopfte er ihr mit seinen Absätzen in die Seiten, doch die Stute ignorierte ihn. Während der nächsten zehn Minuten forderte er sie mehrmals auf, vorwärts zu gehen, aber sie reagierte nicht. Schließlich versetzte er ihr energische Tritte. Keine Reaktion. Während er sie weiterhin heftig antrieb, schlug er ihr gleichzeitig mit dem Ende der Zügel auf die Schulter. Noch immer keine Reaktion. Er schlug sie noch kräftiger mit den Zügeln, aber selbst das schien die Stute in keiner Weise zu beunruhigen.

Der alte Mann stellte alle Aktivitäten ein und zündete sich eine weitere Zigarette an. Er rauchte sie zur Hälfte, drückte sie lässig am Sattelhorn aus, nahm die Zügel auf und fing wieder von vorn an.

Dieses Mal zog er das ganze Programm, von leichtem Druck mit dem Absatz bis zu leichten Schlägen mit den Zügeln, in weniger als fünfundvierzig Sekunden durch. Das war um ein vielfaches schneller als die zehn Minuten, die es beim vorigen Mal gedauert hatte. Wieder war das Pferd zu keiner Reaktion zu bewegen, und nachdem er die Stute ein halbes Dutzend Mal erfolglos mit den Zügeln geschlagen hatte, probierte er etwas Neues aus. Er stellte das Treiben und Zügelschlagen ein und tat etwas, das nicht nur idiotisch aussah, ich konnte mir auch nicht vorstellen, wie er damit das Pferd dazu bringen wollte, sich vorwärts zu bewegen.

Ganz langsam und systematisch begann er, den Kopf der Stute von einer Seite auf die andere zu bewegen, indem er abwechselnd rechts und links an den Zügeln zog. Die Bewegung wurde immer schneller, bis das Pferd aus dem Gleichgewicht geriet und schließlich einen Schritt tat. Sofort stellte der alte Mann die Bewegung ein. Er ließ das Pferd ein paar Sekunden ruhig stehen und klopfte seinen Hals, bevor er wieder von neuem begann.

Auf diese Weise konnte der alte Mann in den nächsten zehn Minuten eine Strecke von etwa drei Metern zurücklegen. Die Stute reagierte viel schneller als vorher. Sie wollte vermeiden, daß der alte Mann ihr den Kopf von der einen auf die andere Seite zog und ging deshalb vorwärts, sobald er mit dem Absatz ihre Seite berührte. Sie legte zwar keine großen Entfernungen zurück und bewegte sich auch nicht gerade schnell, aber sie bewegte sich.

Nach einer dreiviertel Stunde konnte der alte Mann die Stute vom Gatter bis zur Mitte des Feldes reiten, anhalten und im Schritt zum Gatter zurückkehren, ohne daß sie durchging. Am Gatter angekommen, konnte er absitzen, eine Zigarette rauchen, wieder aufsitzen und bis zur Feldmitte reiten, ohne daß sie scheute. Der alte Mann hatte dies erreicht, indem er es dem Pferd sehr viel schwerer gemacht hatte ruhig zu stehen, als sich vorwärts zu bewegen.

Was mir von diesem Tag in Erinnerung geblieben ist, mehr noch, als daß ich die meiste Zeit auf dem Bauch gelegen habe, mit der gebrochenen Hand im Bewässerungsgraben, ist die Tatsache, daß der alte Mann nicht ein einziges Mal die

Geduld verloren hat oder wütend auf das Pferd geworden war. Er hatte sehr bedächtig aber konsequent gehandelt und damit erreicht, daß die Stute nicht länger am Gatter oder in dessen Nähe scheute.

Seither habe ich mit vielen Pferden gearbeitet und noch weitaus mehr Pferde gesehen, die ähnliche Probleme hatten. Mit der inneren Einstellung und der Methode, die ich von dem alten Mann gelernt hatte, konnte ich alle Pferde erfolgreich motivieren, sich zu bewegen, selbst wenn sie das erst einmal nicht wollten. Das war jedenfalls so, bis ich an einen neunzehnjährigen Quarter Horse Wallach namens Red geriet.

Red war ein bemerkenswertes Pferd. Er ließ sich leicht einfangen, leicht satteln und aufzäumen, und es war kein Problem, aufzusitzen. Durch leichten Druck setzte er sich gehorsam in Bewegung und stand beim kleinsten Signal. Er hatte jedoch ein Problem: Sobald man ihn fünfzehn Meter vom Stall weggeritten hatte, machte er Schwierigkeiten.

Aus unersichtlichem Grund blieb er plötzlich stehen und ging nicht weiter. Er schien völlig zufrieden damit, auf der Stelle stehen zu bleiben. Er wollte nicht vorwärts gehen und war auch nicht allzu sehr interessiert, wieder zurück zu gehen. Alles und jeden um sich herum schien er vergessen zu haben, seinen Reiter eingeschlossen. Man hatte bereits alles Mögliche ausprobiert, ihn unter anderem mit scharfen Sporen angetrieben, mit Peitschen, Stöcken und Holzlatten geschlagen und ihm sogar einmal mit einem Luftgewehr ins Hinterteil geschossen. Nichts hatte Wirkung gezeigt. Ich war seine letzte Chance, bevor man ihn zum Schlachter bringen würde. Sein Besitzer kam in der Hoffnung zu mir, das Problem vielleicht doch noch zu lösen.

Zu meinem Bedauern erkannte ich sehr schnell, daß

Reds Problem nicht leicht zu knacken sein würde. Es wäre leicht untertrieben, zu behaupten, daß er die feste Absicht hatte, sich nicht vorwärts zu bewegen. Mir kam es eher so vor, als ob das Auf-der-Stelle-stehen seine Lebensphilosophie geworden war. Die Methode, die der alte Mann damals eingesetzt hatte, und die ich selbst bei zahlreichen Pferden so oft erfolgreich angewendet hatte, bewirkte hier überhaupt nichts. Ich war bei diesem Pferd sogar so weit gegangen, seinen Kopf von einer Seite auf die andere zu ziehen, während ich gleichzeitig mein Gewicht im Sattel von vorn nach hinten verlagerte, um damit den Bewegungen seines Kopfes entgegenzuwirken. Ich wollte es dem Wallach damit so unbequem wie möglich machen, auf der Stelle zu stehen.

Selbst das zeigte keine Wirkung, und ich mußte mir eingestehen, daß ich diesem Pferd wahrscheinlich nicht helfen konnte. Tatsächlich mußte ich zum ersten Mal, seit ich selbständig Pferde trainierte, zugeben, daß ich an ein Pferd nicht herankam. Doch dann erinnerte ich mich an etwas, was der alte Mann einmal vor Jahren zu mir gesagt hatte.

„In den nächsten Tagen", hatte er angekündigt, „gebe ich dir ein Pferd, bei dem du das Gefühl haben wirst, daß überhaupt nichts, was du tust, etwas bewirken wird. Du mußt dir etwas ausdenken, während du mit dem Pferd arbeitest. Du solltest dich jedoch immer daran erinnern, daß du die Antworten erhältst, wenn du die richtigen Fragen stellst."

Hier genau lag mein Problem. Was waren die richtigen Fragen? Ich stieg ab und überlegte, was um alles in der Welt es dem Pferd schwerer machen würde, ruhig zu stehen als sich vorwärts zu bewegen.

Nachdem ich ein paar Minuten darüber nachgedacht hatte, fiel es mir plötzlich ein. Ich war erstaunt, daß ich nicht schon früher draufgekommen war. Auf drei Beinen zu stehen ist eine der schwierigsten Übungen für ein Pferd. Sie sind dazu durchaus in der Lage, jedoch nur für kurze Zeit. Selbst wenn sich die Pferde dabei nicht bewegen, ermüdet auf drei Beinen zu stehen sehr. Niemals zuvor hatte ich es bei einem Pferd mit diesem Problem ausprobiert, aber ich konnte mir vorstellen ..., ach zum Teufel! Es war einen Versuch wert und vielleicht könnte ich dadurch das Pferd vor dem Schlachthaus retten.

Ich ging in den Stall und holte ein Baumwollseil mit einem Panikhaken daran. Damit ging ich zurück, stieg in den Sattel und gab dem Pferd eine letzte Chance, auf leichten Druck in die Flanken zu reagieren und sich vorwärts zu bewegen. Es rührte sich nicht. Ich stieg wieder ab, um eins seiner Vorderbeine hochzubinden. Ich machte eine Fußfessel aus dem Seil, indem ich das Ende des Seils durch den Panikhaken zog. Dann schnappte ich mir die so entstandene Schlaufe, nahm das Bein auf und legte das Seil um Ellbogen und Fessel des Pferdes. Als ich das Seil anzog, saß das Bein fest in der Schlinge. Ich stand neben dem Pferd, hielt sein Bein hoch und hoffte, daß es funktionieren würde.

In den ersten drei Minuten war keine Veränderung festzustellen. Nach fünf Minuten begannen die Muskeln oberhalb der Fußfessel zu zittern. Nach sieben Minuten wollte das Pferd sein Bein herunternehmen und reagierte leicht panisch. Sofort ließ ich das Bein herunter, rubbelte es und setzte mich wieder in den Sattel. Das Pferd wirkte verändert. Es hielt den Kopf oben, war sehr wachsam, und seine Ohren waren mir zugewandt. Nach einer Stunde hatte ich endlich seine Aufmerksamkeit gewonnen.

Ich preßte die Beine leicht in seine Flanken und das Pferd trat an. Sofort reduzierte ich den Druck. Erneut übte ich leichten Druck mit den Beinen aus und das Pferd reagierte wieder. Diesmal erhöhte ich den Druck noch mehr. Das Pferd ging zwei Schritte vorwärts. Ich ließ es ausruhen und klopfte ihm den Hals. Dann verstärkte ich nochmals den Druck und endlich setzte sich das Pferd in Bewegung. Es lief die Straße hinunter, als ob es niemals ein Problem gegeben hätte. Ich war völlig überrascht, das etwas so Einfaches eine so durchschlagende Wirkung haben konnte. Es war erstaunlich, daß es ausgereicht hatte, dem Pferd die Sicherheit und Bequemlichkeit des sicheren Stehens auf vier Beinen zu nehmen – auch ohne daß ich im Sattel gesessen hatte –, um es dazu zu bringen, vorwärts zu gehen.

Damit war das Problem natürlich noch nicht ein für allemal gelöst. Während der nächsten Wochen machte der Wallach immer mal wieder Schwierigkeiten. Doch jetzt besaß ich den Schlüssel, Red zum Vorwärtsgehen zu motivieren, indem ich sein Bein hochband. Allerdings mußte ich nie wieder so weit gehen wie beim ersten Mal. Wenn er scheute, hatte ich nur das ganze Programm abzuspulen: Leichten Druck mit den Beinen, in die Seiten klopfen, mit den Zügeln einen Klaps geben und den Kopf des Pferdes von einer Seite zur anderen bewegen. An irgendeinem Punkt dieses Programms setzte er sich in Bewegung.

Mit der Zeit war es nicht mehr notwendig, seinen Kopf hin und her zu drehen, oder ihm mit den Zügeln einen Klaps zu geben, es genügte leichter Beindruck oder leichtes Klopfen. Innerhalb von fünfundvierzig Tagen widersetzte sich Red überhaupt nicht mehr, sondern arbeitete interessiert mit. Jetzt war es eine wirklich Freude, dieses Pferd zu reiten.

Es ist schwer zu sagen, wo der Ursprung für Reds Problem eigentlich lag. Vielleicht hatte er herausgefunden, daß er nur lange genug auf der Stelle stehen bleiben mußte, damit alle, die ihn zum Vorwärtsgehen überreden wollten, aufgaben. So kam er um die Arbeit herum. Vielleicht wollte er auch aufgefordert werden und sich nicht befehlen oder zwingen lassen.

Was auch immer der Grund gewesen sein mag, er hatte jetzt erkannt, daß er es leichter hatte, sich zu bewegen, wenn man ihn dazu aufforderte, als stehen zu bleiben.

Wie bei jedem Trainingsproblem wäre es besser, ihm vorzubeugen, als es später mühevoll lösen zu müssen. Ganz besonders gilt das bei Pferden, die scheuen.

Auf jeden Fall ist es hilfreich zu wissen, weshalb ein Pferd scheut, bevor man versucht, dieses Problem zu lösen. Ich wurde mit vielen Ursachen konfrontiert, die Pferde scheuen lassen. Überraschend auftauchende, nicht vertraute Gegenstände oder Lebewesen können genauso dafür verantwortlich sein, wie ungewohnte Geräusche oder Gerüche. Auch Erschöpfungszustände und Verspannungen können der Grund dafür sein, daß Pferde scheuen. Ich habe Pferde erlebt, die zurückschreckten, weil ein Sattelgurt zu fest angezogen war, der Sattel nicht richtig paßte oder sie abgelaufene Hufeisen trugen. Ein junges oder angerittenes Pferd scheut oder widersetzt sich gelegentlich, weil es Probleme hat, das Gleichgewicht zu halten, wenn es einen Reiter trägt. Es gibt unzählige Ursachen für dieses Problem. Einer der häufigsten Gründe, weshalb Pferde scheuen, liegt darin, daß ihre Reiter es zulassen oder es ihnen gewissermaßen beigebracht haben.

Ein Pferd, das immer am Eingang des Reitplatzes scheut, tut dies meist deshalb, weil sein Reiter jedesmal nach dem Training genau dort absitzt. Das Pferd verbindet mit dem Tor Anhalten und Entspannen und wird deshalb immer anhalten, wenn es in die Nähe eines Tores kommt. Der Reiter kann dieses Problem vermeiden, wenn er an unterschiedlichen Stellen des Reitplatzes nach dem Training anhält und absitzt. Er sollte das Pferd auch außerhalb des Reitplatzes weiter bewegen. Mit anderen Worten: Erlauben Sie ihrem Pferd nicht, ein Tor als etwas anderes zu sehen, als etwas, durch das man rein- und rausgeht. So einfach ist das.

Es ist sehr wichtig, einem scheuenden Pferd auf positive Weise eindeutig klar zu machen, daß es sich nicht so verhält wie man es von ihm erwartet, egal ob in der Nähe eines Tores, im Gelände oder in jeder anderen Situation. Meiner Erfahrung nach ist der einfachste Weg, einem Pferd dies verständlich zu machen, sich so zu verhalten, daß es für das Pferd mehr Arbeit bedeutet stehen zu bleiben, als vorwärts zu gehen. Ich meine damit nicht, daß man es jedesmal prügeln sollte, wenn es stehen bleibt. Man sollte es vielmehr in Situationen bringen, die den Verstand und den Körper des Pferdes so beanspruchen, daß es für das Pferd zusätzliche Arbeit bedeutet, Widerstand zu leisten.

Ich wende bei meiner Arbeit nicht nur die Techniken an, die der alte Mann mich gelehrt hat. Wenn ich mit Pferden arbeite, die nicht stark scheuen, habe ich auch schon einfachere Methoden gewählt. Zum Beispiel ließ ich das Pferd in einem engen Kreis laufen oder fünf bis sechs Meter rückwärts gehen. Normalerweise reicht das aus, damit sich das Pferd freiwillig gegen das Stehenbleiben entscheidet. Damit hat man das Problem gelöst, bevor es nicht mehr in den Griff zu bekommen ist.

Es ist zweifellos ärgerlich, wenn das Pferd immer wieder scheut oder aus unerfindlichen Gründen überraschend stehen bleibt. Es kann außerordentlich gefährlich werden, wie ich am eigenen Leib erfahren mußte. Geht man mit der richtigen Einstellung vor, mit Geduld und dem nötigen Know-How, läßt sich selbst das schwierigste Problem mit scheuenden Pferden in relativ kurzer Zeit lösen, ohne daß der Reiter oder das Pferd dabei Schaden nehmen.

Die vielleicht wichtigste Erkenntnis dabei ist, daß kein Pferd dem anderen gleicht. Was bei einem funktioniert, läßt sich nicht unbedingt auf alle übertragen. Es gibt eben Probleme beim Scheuen, die sich leichter korrigieren lassen als andere.

Eins versuche ich nie zu vergessen, wenn ich nach sinnvollen Lösungen für ärgerliche und gefährliche Probleme suche: Die Antworten kommen von selbst, wenn man die richtigen Fragen stellt. Es ist allerdings nicht einfach, auf die richtigen Fragen zu kommen und sich die Zeit zu nehmen, sie dann auch zu stellen.

Pferde, die durchgehen

Will man Pferde in den Bergen trainieren, muß man mit einer besonderen Schwierigkeit umgehen. Es ist beinahe unmöglich, eine größere Fläche zu finden, die von Natur aus eben ist. Überall, und damit meine ich wirklich überall, gibt es Steigungen oder Gefälle. Das Training mit Pferden bedeutet deshalb, ständig entweder aufwärts oder abwärts mit ihnen zu reiten oder gar steile Berghänge zu überqueren. Es fiel mir schwer, diese unbequeme Tatsache zu akzeptieren, und ich mußte erst lernen, damit zu leben.

Ich erinnere mich allerdings an ein Pferd, dem gerade die Arbeit in den Bergen geholfen hat, ein gefährliches und sehr tiefverwurzeltes Problem zu lösen. Es war ein zwölfjähriger Fuchs-Wallach namens Jack, der sehr lange Zeit bei Tonnenrennen gestartet war. Seine Besitzerin hatte ihn verkauft, weil er nicht nur schwer zum Stehen zu bringen war, sondern auch keine Wendungen mehr ausführte. Er galoppierte auf den Reitplatz, passierte die erste Tonne, unternahm aber nicht einmal den Versuch, sie zu umrunden, ganz gleich wie sehr seine Besitzerin sich bemüht hatte.

Die neue Besitzerin hatte die Absicht, den Wallach nur als Freizeitpferd und für Trails zu nutzen. Schon bald mußte sie aber feststellen, daß die vielen Jahre, in denen Jack nichts anderes gemacht hatte, als zu rennen, sobald jemand auf seinem Rücken saß, ihren Tribut gefordert hatten. Kaum saß sie im Sattel, galoppierte er los. Sie hatte einige Wochen erfolglos versucht, ihn im Schritt gehen zu lassen, dann brachte sie ihn zu mir, in der Hoffnung, daß ich ihn ruhiger bekäme.

Ich erklärte ihr, daß Pferde, die ihr Leben lang Rennen gelaufen waren, so konditioniert sind, daß sie zu nichts anderem in der Lage sind, als zu galoppieren. Deshalb ist es oft besser, das Pferd tun zu lassen, was es am besten kann. In Jacks Fall hieß das: rennen. Ich erklärte ihr, daß es sehr zeitaufwen-

dig sein kann, ein Rennpferd in einen Spaziergänger umzu-
schulen. Außerdem bestand jederzeit auch nach einer Korrektur die Möglichkeit eines Rückfalls. Ich schlug ihr vor, ihre
Energie und ihr Geld besser in ein Pferd zu investieren, das sie
nicht so umfassend würde korrigieren müssen. Davon wollte
sie nichts hören. Sie hatte sich in Jack verliebt und war bereit,
alles zu tun, um ihn zu dem Pferd zu machen, das sie haben
wollte. Also begannen wir mit Jack zu trainieren.

Zu dieser Zeit arbeitete ich auf einer Ranch am Fuß von
Twin Sisters Mountain. Sie lag auf einer Höhe von etwa 2800
Metern an einem sanft abfallenden, stark bewaldeten Abhang.
Neben der Zufahrt zur Ranch befand sich ein kleiner, behelfs-
mäßiger Reitplatz, der ungefähr 15 mal 30 Meter groß war. Dieser Platz lag ebenfalls an einem abschüssigen Hang. Dort
begannen wir mit Jacks Training.

Als ich das erste Mal im Sattel saß und ihn aufforderte,
vorwärts zu gehen, merkte ich sofort, daß eine große Aufgabe
vor mir lag. Kaum hatte ich leichten Druck gegeben, ging er wie
aus der Pistole geschossen ab. Die Kraft, mit der Jack losrann-
te, war so unerwartet groß, daß ich beinahe aus dem Sattel ge-
flogen wäre. Er rannte etwa zwölf Meter mit hoher Geschwindigkeit, bevor ich überhaupt begriffen hatte, daß wir nicht
mehr standen.

Der Versuch, ihn durch Annehmen der Zügel durchzuparieren, blieb erfolglos. Ich begriff, daß es einfacher wäre,
Wasser bergauf fließen zu lassen, als dieses Pferd zum Stehen
zu bringen. Glücklicherweise hielten wir uns innerhalb des
Reitplatzes auf, und ich denke besser nicht darüber nach, was
hätte geschehen können, wenn wir in offenem Gelände gewesen wären.

Zunächst glaubte ich, daß es die beste Strategie wäre,
Jack einfach rennen zu lassen, bis er nicht mehr konnte. Wenn
er erschöpft wäre, würde ich noch einmal versuchen, ihn
zurückzunehmen. Vielleicht würde er dann reagieren. Das hört

sich jetzt so an, als hätte ich Alternativen gehabt. Die Wahrheit ist, es gab keine. Da der Wallach sich weigerte, anzuhalten oder das Tempo zu verringern, war ich ihm auf Gedeih und Verderb ausgeliefert. Mir blieb nichts anderes übrig, als im Sattel sitzen zu bleiben und darauf zu warten, daß seine Kräfte nachlassen würden.

Ich fühlte mich nicht gerade wohl, als wir in halsbrecherischer Geschwindigkeit Runde für Runde um den Reitplatz drehten. Dabei versuchte ich erstens zu vermeiden, mit dem Absatz oder den Beinen an ihn zu stoßen oder ihn zu treten. Beides hätte er als Zeichen verstehen können, noch schneller zu rennen oder die Geschwindigkeit beizubehalten. Zweitens verlagerte ich mein Gewicht im Sattel in eine für das Pferd unangenehme Position, was es für ihn noch anstrengender machte, mich auf dem Rücken zu tragen. Dadurch wurde es für ihn noch anstrengender, so schnell zu galoppieren.

Zehn Minuten war er mit höchster Geschwindigkeit gerannt, als ich feststellte, daß seine Kräfte nachließen. Der Wallach war schweißnaß, zog die Luft heftig durch die Nüstern ein und wurde allmählich langsamer. Durch das Annehmen der Zügel forderte ich ihn noch einmal auf, die Geschwindigkeit zurückzunehmen. Und diesmal reagierte er. Er wechselte vom Galopp in den Trab und lief eine weitere Runde um den Reitplatz. Schließlich wechselte er in den Schritt, behielt diese Gangart aber nur so lange bei, bis er wieder zu Atem gekommen war. Sofort trabte er wieder an.

Innerhalb der nächsten Stunde wiederholten wir diese Prozedur mehrmals. Ich forderte ihn immer erst dann auf, langsamer zu gehen, wenn ich merkte, daß er erschöpft genug war, um zu reagieren. Ich unternahm nichts, was ihn hätte ermutigen können, schneller als im Schritt zu gehen. Tat er dies jedoch, dann weil er es wollte, nicht weil ich ihn dazu aufgefordert hatte. Das Pferd sollte verstehen, daß es extrem viel Arbeit bedeutete und anstrengend war, wenn es so schnell ging. Folgte der Wallach meinen Anweisungen und ging im Schritt, mußte er bei weitem nicht so hart arbeiten. Ich hoffte, daß er aus eigenem Willen auf meine Signale reagieren würde, sobald ihm das klar geworden war.

Nachdem wir mehr als eineinhalb Stunden gearbeitet hatten, sah man Jack die völlige Erschöpfung an. Jetzt war er bereit, auf alle Signale einzugehen. Seine bereitwilligen Reaktionen und seine Erschöpfung veranlaßten mich, es für diesen Tag gut sein zu lassen.

Nachdem wir vier weitere Tage auf diese Weise gearbeitet hatten, rannte er nicht mehr sofort los, wenn ich mich in den Sattel setzte. Im Laufe einer weiteren Woche hatten wir erreicht, daß ich aufsitzen konnte, und er sich langsam im Schritt in Bewegung setzte.

Von nun an machte Jack rasante Fortschritte. Seine Haltung hatte sich grundlegend verändert, und er war sehr viel einfacher zu kontrollieren. Wenden, Stehen und Rückwärtsrichten, erforderten keinen großen Aufwand.

Nachdem ich ihn fast einen Monat geritten hatte, entschloß ich mich, seine neu erworbenen Fähigkeiten im Gelände zu prüfen. Jeden Morgen brachte ich ihn zunächst auf den Reitplatz und ritt ihn fünfzehn bis zwanzig Minuten, um mich zu versichern, daß er auf meine Signale reagierte. Diese Signale würde ich dann später auch im freien Gelände benutzen. Wie beinahe immer während der letzten drei Wochen, ging er sehr ruhig und durchlässig, und ich war zuversichtlich, daß er sich auch im Gelände tadellos benehmen würde.

Ich saß ab, führte ihn vom Reitplatz und saß wieder auf. Ich spürte, wie sich sein ganzer Körper anspannte, eine Reaktion, die ich seit jenem ersten Tag nie mehr an ihm wahrgenommen hatte. Um ihn zu beruhigen, beugte ich mich hinunter und klopfte ihm sanft den Hals. Leider mißverstand er meine Gewichtsverlagerung im Sattel als Aufforderung, sofort loszugaloppieren. Drei oder vier Mal nahm ich die Zügel an, um ihn zurückzunehmen, aber er reagierte darauf genauso wenig wie an unserem ersten, gemeinsamen Tag. Ich begriff sofort, daß ich einige Dinge beachten mußte, wenn ich diese wilde Flucht überstehen wollte.

Es war eine Frage des Überlebens, mich auf dem Rücken des Pferdes zu halten. Sollte ich bei dieser Raserei über steinigen Boden und durch engstehende Krüppelkiefern vom Pferd fallen, würde es mir zweifellos ziemlich dreckig gehen. Ich mußte dafür sorgen, daß wir immer bergauf galoppierten, denn die Anstrengung würde ihn schneller ermüden, als wenn er auf gerader Fläche oder bergab laufen konnte.

Jack bergauf zu dirigieren, war recht einfach, denn diese Richtung hatte er eingeschlagen, als er losgestürmt war. Da er meine Aufforderungen, durchzuparieren oder zu wenden ignorierte, bewegten wir uns immer weiter schnurgerade auf die Straße zu, die zu den Hauptgebäuden der Ranch hinaufführte.

Als wir die Farm fast erreicht hatten, teilte sich die Straße an einer „Y"-förmigen Kreuzung. Auf der rechten Seite lagen die Hauptgebäude der Ranch, nach links ging ein alter Versorgungspfad ab, der weiter bergan stieg und immer steiler wurde, je höher man kam. Ich zog das Pferd nach links weiter bergauf, was ihm mehr als recht zu sein schien. Als Jack allmählich müde wurde, ließ er den Pfad links liegen und brach durch die Bäume. Ich wurde unruhig, denn die Bäume standen sehr dicht. Es war kaum genug Platz, daß sich ein Pferd zwischen ihnen hindurchdrücken konnte, um so weniger mit einem Reiter auf dem Rücken.

Als das Pferd in den Wald schwenkte, hatte es glücklicherweise den größten Teil seiner Kräfte bereits verbraucht und sein Enthusiasmus weiterzurennen schwand zusehends. Dennoch wollte er immer noch nicht stehenbleiben. Unverdrossen rannte er weiter und ich versuchte, den herunterhängenden Ästen auszuweichen. Dabei hob ich meine Knie weit über den Vorderzwiesel des Sattels an, um zu verhindern, daß ich an den vorbeihuschenden Bäumen hängenblieb.

Schließlich erreichten wir eine Lichtung von ungefähr sechs Metern Durchmesser. Dort konnte ich Jack endlich durchparieren. Er war völlig erschöpft. Das Pferd stand mit herabhängendem Kopf und holte tief und mühevoll Luft, während der Schweiß an ihm herunterlief. Als sich die Atmung des Wallachs wieder normalisiert hatte, wendeten wir und machten uns bergab auf den Rückweg. Wir hatten erst eine kurze Strecke zurückgelegt, als wir auf einen weiteren schmalen Versorgungspfad trafen. Der Pfad, den wir bergauf geritten waren, führte von Osten nach Westen. Dieser führte von Norden nach Süden, überquerte den Berg und war relativ eben. Ich entschied mich, diesem Pfad ein Stück zu folgen, damit das Pferd sich entspannen und abkühlen konnte, bevor wir weiter bergab ritten.

Zu meiner großen Überraschung hatte Jack schon nach ein paar Minuten neue Kräfte gesammelt. Er lief angespannter, legte sich auf das Gebiß und schlug mit dem Kopf. Immer wieder zog er die Luft tief ein, als wollte er gegen die langsame Geschwindigkeit protestieren, mit der wir uns bewegten.

Und plötzlich explodierte er erneut und stürmte mit all seiner Kraft los. Sofort zwang ich ihn bergabwärts in den Wald. Die Bäume standen hier glücklicherweise nicht ganz so dicht, und es war einfacher, ihnen auszuweichen. Der Weg fiel steil ab, so daß Jack sich jeden Schritt hart erkämpfen mußte. Diesmal ging er nur etwa zweihundert Meter, dann blieb er von sich aus stehen. Es war offensichtlich, daß er am Ende seiner Kräfte war.

Jack stand am Berghang und zitterte, als er sich bemühte, wieder zu Atem zu kommen nach der großen Anstrengung. Ich ließ ihn ein paar Minuten ausruhen, bevor ich ihn aufforderte, vorwärts zu gehen. Er schaffte es nicht. Hätte er auch nur noch einen Schritt mit mir auf dem Rücken gehen müssen, er wäre sicherlich zusammengebrochen. Vorsichtig stieg ich ab. Diese Bewegung allein reichte aus, um ihn aus dem Gleichgewicht zu bringen, und seine Knie gaben nach. Ich lockerte den Sattelgurt und ließ ihn einige Minuten ausruhen, bevor ich ihn bergab und zurück zur Ranch führte.

Jack hatte eingesehen, daß der letzte Ausflug bergauf genau einer zuviel gewesen war. Jedenfalls hatte dieses Erlebnis tiefen Eindruck hinterlassen, denn danach versuchte er nie wieder durchzugehen. Wenn ich heute zurückschaue, denke ich, daß wir diesen Erfolg niemals gehabt hätten, wenn ich nicht das Glück gehabt hätte, daß das Pferd in 2800 Metern Höhe hatte bergauf rennen müssen. In der Ebene hätte ich bei einem solchen Pferd niemals die gleiche, nachhaltige Wirkung erzielen können. Jack war einfach zu stark, hatte zu viel Energie und kam zu schnell wieder zu Kräften. Er hätte das Ganze eher für eine Art Spiel gehalten, als für eine Lektion, die es zu lernen galt.

Natürlich sind nicht alle Pferde mit ähnlichen Problemen so übel dran wie Jack. Ich erinnere mich noch gut an ein Pferd, das Probleme hatte zu stehen, wenn es aufgefordert wurde. Bei diesem Tier setzte ich eine ganz andere Methode ein. Der Grund, warum der junge Scheckwallach schwer durchzuparieren war, lag hauptsächlich an dem Gebiß, das der frühere Trainer benutzt hatte. Da der Besitzer wollte, daß das Pferd beim Durchparieren leichter reagierte, hatte er das bis dahin benutzte Gebiß durch ein härteres ersetzt.

Dieses Gebiß bestand aus zwei oder drei groben Kupferdrahtstücken, die korkenzieherähnlich gegeneinander verdreht waren. Vorsichtig formuliert ist das natürlich kein sehr angenehmes Gebiß, ganz besonders nicht für junge Pferde mit einem empfindlichen Maul.

Ich möchte mir an dieser Stelle die Zeit nehmen, um ein häufiges Mißverständnis hinsichtlich der Empfindlichkeit des Mauls junger oder noch nicht zugerittener Pferde zu klären. Viele Leute denken, daß ein Pferd, das nie ein Gebiß im Maul hatte, keine Möglichkeit hat, ein „hartes" Maul zu entwickeln, und deshalb automatisch sehr durchlässig gehen würde. Bis zu einem gewissen Grad ist das auch richtig. Die Schwierigkeit besteht darin, daß man, während das Maul des Pferdes in der Tat noch sehr empfindlich ist, diese Empfindsamkeit entwickeln muß. Damit meine ich, daß wir als Trainer eine sehr genaue Vorstellung davon haben, was ein Pferd tun soll und was notwendig ist, damit das Pferd dies auch tut. Nehmen wir zum Beispiel das Stehenbleiben. Wir wissen, daß wir nur die Zügel annehmen müssen, um das Pferd zu stoppen. Ganz einfach. Für Pferde, die das Signal kennen, ist diese Reaktion einfach. Für Pferde aber, die es nicht kennen, ist das Signal einfach nur eine Quelle der Verwirrung. In seiner Verwirrung tut das Pferd unter Umständen Dinge, die den Reiter fälschlicherweise dazu veranlassen, das Pferd als „hartmäulig" einzustufen. Es kann sich auf das Gebiß legen. Vielleicht schlägt es mit dem Kopf, schüttelt ihn oder läuft ganz einfach gegen die Reiterhand.

Bei einem jungen Pferd gibt es noch etwas, was solche Probleme auslösen kann, nämlich die Tatsache, daß es noch lernen muß, sich mit einem Reiter auf dem Rücken zu bewegen. Ob Sie es glauben oder nicht, auch das muß einem Pferd beigebracht werden. Ein Pferd, das Mühe hat, Gewicht zu tragen, legt sich oft sehr stark auf das Gebiß und nutzt es als eine Art fünftes Bein, um das Gewicht besser verteilen zu können. Jemand, der solche Dinge mißachtet oder als Aufsässigkeit oder Unregulierbarkeit deutet, wird sich später mit dem Problem auseinandersetzen müssen, daß er das Pferd nicht durchparieren kann.

Nachdem ich mir den kleinen Schecken angesehen hatte, tippte ich darauf, daß seine Probleme durch ein solches

Mißverständnis entstanden waren. Statt an den eigentlichen Schwierigkeiten zu arbeiten, fand der Trainer es einfacher, dem Pferd ein härteres Gebiß zu verpassen, um ihn wieder hinzukriegen. Der Trainer beging einen schweren Fehler, denn auf diese Weise hatte er das Problem nicht lösen können, sondern in gewisser Hinsicht sogar noch verschlimmert.

Als ich den Wallach übernahm, war er bereits in sehr schlechter Verfassung. Er wollte nicht stehenbleiben und wehrte sich sehr heftig gegen jeglichen Druck auf das Gebiß. Ich wollte zunächst nicht auf dem großen Reitplatz mit ihm arbeiten, wo er sich möglicherweise aufregen könnte. Die ersten Trainingsstunden absolvierten wir deshalb innerhalb der Umzäunung eines neun Meter großen Pen. Ich ersetzte das Twisted-Wire Gebiß, das für dieses Pferd eindeutig nicht das richtige gewesen war, durch das weichere Gebiß, das es ursprünglich getragen hatte.

Ich war ziemlich sicher, daß der Wallach deshalb so schwer zum Stehen zu bringen war, weil er durch das Twisted-Wire Gebiß entsetzliche Schmerzen gelitten hatte und nicht anders reagieren konnte, als sich zu verteidigen. Statt also dem Druck nachzugeben und stehen zu bleiben, tat er genau das Gegenteil und stemmte sich gegen ihn. Das ist eine ganz normale und überraschend häufige Reaktion, und in den meisten Fällen der eigentliche Grund, weshalb Pferde hart im Maul werden. Zum Glück lassen sich solche Probleme in der Regel sehr schnell beheben.

Der Wallach wirkte sehr ruhig, als wir in den Round Pen gingen und ich mich das erste Mal in den Sattel setzte. Er ging durchlässig, als ich ihm mit leichtem Schenkeldruck signalisierte, daß er sich vorwärts bewegen sollte. Da ich nicht wollte, daß er zuviel Schwung bekam, nahm ich bereits nach kurzer Zeit die Zügel leicht an und forderte ihn auf durchzuparieren. Er schob die Nase nach vorne und lief gegen die Hand.

Drei Mal signalisierte ich ihm, zu stoppen und drei Mal war das Ergebnis gleich, ehe ich schließlich den rechten Zügel locker ließ und seinen Kopf zur Seite zog, was ihn zwang, einen sehr engen und unbequemen Kreis zu gehen. Er kreiste ungefähr sechs Mal und blieb dann stehen. Sofort gab ich seinen Kopf frei und erlaubte ihm, einige Sekunden zu entspannen, bevor ich die Zügel wieder aufnahm, um ihn jetzt rückwärts gehen zu lassen.

Die Erfahrung vieler Jahre hat mir gezeigt, daß ein Pferd, das es nicht gelernt hat, auf Signal rückwärts zu gehen, oftmals auch nicht anhält. Läßt sich ein Pferd gut rückwärtsrichten, so ist es sehr wahrscheinlich, daß es auch gut steht. Bei diesem Pferd funktionierte beides nicht. Vielleicht war es ein besserer Ansatz, ihm erst einmal das Rückwärtsgehen beizubringen und dann erst das Anhalten.

Ich habe dafür eine einfache und systematische Methode. Erst einmal verlagere ich mein Gewicht im Sattel nach hinten. Das Pferd bekommt dadurch eine Vorstellung, in welche Richtung ich es dirigieren werde, bevor ich überhaupt angefangen habe. Zweitens nehme ich die Zügel gerade so fest, daß nur ein leichter Druck auf dem Mundstück liegt. Meine Hände schiebe ich normalerweise hinter den Sattel, damit sie sich nicht bewegen und die Belastung konstant bleibt.

Gewöhnlich versucht das Pferd sehr bald, den Druck im Maul loszuwerden und seine erste Reaktion ist es, sich dagegenzulehnen. Wenn das nichts hilft, schlägt es den Kopf von einer Seite auf die andere oder auf und nieder. Es gibt weitere Möglichkeiten, die ein Pferd ausprobieren kann, bevor es schließlich versucht, nach hinten auszuweichen.

Der Versuch des Wallachs zurückzugehen, bestand lediglich in einer leichten Gewichtsverlagerung nach hinten. Doch selbst diese kleine Bemühung reichte für eine Belohnung aus, und ich verringerte sofort den Druck und tätschelte ihm den Hals. Einige Sekunden ließ ich ihn ausruhen, bevor ich mein Gewicht wieder nach hinten verlagerte, die Zügel lockerte und meine Hände an den Sattel legte. Er reagierte sofort mit einer deutlichen Gewichtsverlagerung nach hinten. Wieder erhielt er eine Belohnung.

Innerhalb von nicht einmal fünf Minuten wich er bereitwillig acht bis zehn Schritte zurück, wobei ich nur ganz leichten Druck ausübte. Nach einer Viertelstunde ging er zurück, sobald ich mein Gewicht in diese Richtung verlagerte. Zwanzig Minuten später überquerte er rückwärts die gesamte Fläche des Round Pen, ohne stehen zu bleiben. Jetzt war es an der Zeit, ihn vorwärts gehen zu lassen und auf Signal wieder anzuhalten.

Wie bereits erwähnt, wollte ich vermeiden, daß das Pferd zuviel Schwung bekam, denn das Anhalten würde dadurch um so schwieriger werden. Ich ließ ihn deshalb nur drei oder vier Schritte vorwärts gehen, bevor ich mich im Sattel zurücklehnte und die Zügel aufnahm. Er stand so plötzlich, als habe jemand seine Hufe in den Boden gerammt. Sofort lockerte ich den Druck, ließ ihn ein paar Sekunden entspannen und ließ ihn wieder rückwärts gehen. Er reagierte ohne zu zögern. Jedesmal, wenn ich das Pferd danach anhielt, ließ ich es von nun an auch rückwärts gehen. Mit anderen Worten: Immer wenn es aufgefordert wurde zu stehen, dachte es „zurück". Dadurch wurde das Anhalten sehr viel flüssiger und die gesamte Übung für das Pferd leichter verständlich und ausführbar.

Während der nächsten zwei Wochen arbeitete ich auf diese Weise mit dem Wallach. Ich ritt ihn immer längere Strecken, bevor ich ihn zum Stehen aufforderte, später erhöhte ich auch die Geschwindigkeit. Nach Ablauf der zwei Wochen konnte ich ihn aus einem schnellen Galopp heraus anhalten, und er paßte bereitwillig die Geschwindigkeit an, wenn ich mein Gewicht verlagerte. Legte ich mein Gewicht nach vorn, beschleunigte er, verlagerte ich es nach hinten, nahm er die Geschwindigkeit zurück.

Der Wallach war in der Zwischenzeit so durchlässig und

wohlerzogen, daß sein Besitzer, ein junger Apotheker, ihn an einer öffentlichen Pferde-Show teilnehmen ließ. Das Ergebnis war umwerfend, der kleine Wallach brachte tatsächlich zwei Siegerschleifen und eine für den zweiten Platz mit nach Hause. Sein Besitzer war über seine Vorstellung bei dieser Show so glücklich, daß die beiden in diesem Sommer beinahe jedes Wochenende an örtlichen Turnierveranstaltungen teilnahmen und wahrhaftig ihren Spaß dabei hatten.

Trotz solcher Erfolge muß ich zugeben, daß es nicht zu meinen liebsten Aufgaben gehört, mit Pferden zu arbeiten, die nicht anhalten wollen. Um ehrlich zu sein, es kann furchterregend sein und wirklich gefährlich werden, wenn ein Pferd richtig durchgeht.

Ich habe erleben müssen, welche Schäden ein durchgehendes Pferd bei Pferd und Reiter anrichten kann. Ich war dabei, als sich Menschen schwere Rückenverletzungen und Schädelbrüche zugezogen haben, weil ein Pferd, das sich nicht stoppen ließ, in eine Mauer oder einen Zaun gerast war. Und ich erinnere mich an den tragischen Fall einer Frau, die tödlich verunglückte, weil ihr Pferd außer Kontrolle geraten und auf eine stark befahrene Autobahn galoppiert war.

Ich habe nie verstanden, wie jemand ein Pferd besitzen kann, das er überhaupt nicht unter Kontrolle hat. Andererseits ist mir natürlich klar, daß nahezu jedes Pferd in extremen Streßsituationen Todesängste aussteht und durchgehen kann. Trotzdem liegt es in etwa neunzig Prozent der Fälle an der Unfähigkeit des Reiters, in brenzligen Situationen klar zu denken und zu handeln. Dadurch geraten sowohl Pferd als auch Reiter in allergrößte Schwierigkeiten.

Wenn ein Pferd panisch reagiert und durchgeht, ziehen die meisten Reiter die Zügel mit aller Kraft an, um das Pferd zum Anhalten zu zwingen. Das ist für ein Pferd in Panik das Schlimmste, was man tun kann.

Man sollte niemals vergessen, daß ein wirklich verängstigtes Pferd vor dem wegläuft, was es in Angst versetzt hat. Das Pferd hat keine Wahl. Es wird durch seinen Instinkt geleitet. Da dieser das Pferd veranlaßt, wegzulaufen, darf man es nicht einengen, wenn es zu fliehen versucht. Zieht man in dieser Situation die Zügel nach hinten an, empfindet das Pferd dies um so mehr als Einengung und Bedrohung.

Versucht der Reiter, das Pferd einzuengen, kämpft dieses naturgemäß umso härter, um zu entkommen und sich zu retten. Die Situation wird nahezu unkontrollierbar, wenn der Reiter eines durchgehenden Pferdes ebenfalls in Panik gerät. Das Pferd spürt dies und das verstärkt wiederum seine Panik, weil sie ihm dadurch noch deutlicher ins Bewußtsein gebracht wird. Wechselseitig steigern Pferd und Reiter jeweils die Angst des anderen, bis sie plötzlich erkennen müssen, daß sie bereits in Idaho über einen Kartoffelacker rasen.

Wenn wir lernen zu verstehen, was ein Pferd in einer solchen Situation denkt und durchmacht, werden wir in der Lage sein, das Pferd durch eine rationale Entscheidung wieder unter Kontrolle zu bringen. Ich reagiere normalerweise, indem ich einen Zügel annehme und den Kopf des Pferdes nach rechts oder links ziehe, was das Pferd zwingt, einen engen Kreis zu gehen. Wenn ich den richtigen Zeitpunkt abpassen kann, bevor das Pferd in einen panischen Zustand gerät, lasse ich es sofort im Kreis laufen. Es verbraucht in kurzer Zeit die Energie, die sein Fluchtinstinkt mobilisiert hat, und kommt dann schließlich zum Stehen, um sich anzuschauen, wodurch es eigentlich in Angst versetzt worden ist.

Falls ich das Pferd nicht rechtzeitig daran hindern kann und es durchgeht, verhalte ich mich genauso. Ich nehme einen Zügel an und ziehe den Kopf des Pferdes zur Seite. Dem Pferd ist dadurch die Möglichkeit zu fliehen nicht genommen, aber da sein Kopf zur Seite gezogen ist, gerät es aus dem Gleichgewicht. Nicht nur physisch wird es dadurch dem Pferd schwer gemacht, wegzulaufen, es verbraucht auch seine Energien auf diese Weise relativ kontrolliert. Je nachdem, ob der Reiter in einer solchen Situation die Kontrolle behält oder sie verliert, bestimmt er, ob es zu einem ernsten Unfall kommt, oder ob Pferd und Reiter die Situation unversehrt überstehen.

Das heißt natürlich nicht, daß es immer so funktionieren muß, wenn ein Pferd durchgeht. So ist es leider nicht. Es gibt Durchgänger, die sich in einem regelrechten Rausch befinden. Bei einem solchen Pferd würde ich es gar nicht erst wagen, mich in den Sattel zu setzen, weil es einfach zu gefährlich wäre. Diese Methode funktioniert bei jungen, unerfahrenen Pferden, die noch geschult werden, und bei älteren, zuverlässigen Pferden, die durch etwas Außergewöhnliches in Panik geraten sind.

Meine Erfahrung hat mich außerdem gelehrt, daß man dieses Problem immer noch am besten in den Griff bekommt, wenn man gar nicht erst zuläßt, daß es auftritt. Wenn einem Pferd das Anhalten von Anfang an richtig beigebracht wurde und es weiß, daß es dem Reiter in schwierigen Situationen vertrauen kann, dann sieht das Pferd im Durchgehen und Nicht-Anhalten-Wollen überhaupt keine Alternative.

Mir ist klar, daß jetzt einige Leute denken werden, daß alles viel leichter gesagt als getan ist. Um ehrlich zu sein, für manche Leute stimmt das auch. Eins ist in diesem Zusammenhang jedenfalls sicher, die meisten Pferde würden alles für ihren Reiter tun. Bevor sie das aber können, muß man ihnen frühzeitig beibringen, dem Reiter zu vertrauen. Man braucht nur drei kleine Dinge, um dieses Vertrauen aufzubauen: Zeit, Geduld und Verständnis. Menschen, die sich nicht ausreichend Zeit für ihr Pferd nehmen, die ihr Pferd zwingen, statt ihm zu helfen, weil sie nicht die nötige Geduld aufbringen und sich nicht die Mühe machen, die Sichtweise ihres Pferdes zu verstehen, werden immer Schwierigkeiten haben. Das sind die

Leute, die dann auf durchgehenden Pferden in Idaho über Kartoffeläcker rasen und sich wundern, warum sie ihr Pferd nicht zum Stehen bringen.

Jetzt wissen wir es.

Pferde, die mit dem Kopf schlagen

An diesem Samstag morgen hatte es bereits seit über zwei Stunden geschneit. Es war zum Glück nicht diese Art von Schnee, der liegenblieb und alles in kürzester Zeit unter einer weißen Decke versteckte, denn es war schon Mitte April. Der Winter war eigentlich längst vorbei und hatte sich mit einem letzten wilden Sturm vor zwei Monaten verabschiedet. In den letzten drei Wochen war es so warm gewesen, daß der Boden völlig getaut und nicht einmal mehr feucht gewesen war. Die warmen und sonnigen Tage hatten den zu dieser Jahreszeit normalerweise tiefen und matschigen Boden bereits getrocknet. Die Landschaft hatte ausgesehen wie im Sommer und nicht nach Frühling, wie sonst um diese Zeit.

Der Schnee hatte den Boden berührt und war sofort geschmolzen, so daß rings um den Stall eine glitschige, matschige Fläche entstanden war. Das Wetter führte mir deutlich vor Augen, daß alle sommerlichen Gefühle der letzten drei Wochen voreilig gewesen waren.

Als ich die Sattelkammer betrat und mich bemühte, den Matsch von meinen Stiefeln abzuklopfen, bemerkte ich den alten Mann, der ruhig auf seinem Lieblingsstuhl saß, ein kaputtes Zaumzeug reparierte und wie immer eine Zigarette paffte.

„Glaubst du, daß es heute schneien wird?" scherzte er, ohne dabei aufzusehen.

„Könnte sein", antwortete ich lachend.

„Hast du deine Aufgaben erledigt?"

„Ja", nickte ich zustimmend. „Ich muß nur noch die Tränke auf der Koppel kontrollieren."

„In Ordnung", erwiderte er kurz. „Wenn du damit fertig bist, komm wieder her. Ich habe ein Pferd, das du ausprobieren sollst."

„Die Fuchs-Stute, die in der Abfohlbox steht?"

„Genau", antwortete er, während ein langes, graues Stück Zigarettenasche auf seinen Schoß fiel. „Sie ist gestern gebracht worden, und ich hatte noch keine Zeit, mir anzusehen, was sie kann."

„Okay", sagte ich. „Ich bin gleich wieder da."

Während ich auf der Koppel gewesen war, die Tränke mit Wasser gefüllt hatte und zum Stall zurückgekehrt war, hatte der alte Mann die Stute bereits aufgezäumt, aufgesattelt und war auf dem Weg hinaus zu dem kleinen, behelfsmäßigen Round Pen, den er auf einem grasbedeckten Feld in der Nähe des Heuschobers angelegt hatte. Dies war so ziemlich der einzige Ort auf der ganzen Ranch, der keine Schlammpfütze war.

„Ich weiß überhaupt nichts über sie", sagte der alte Mann, als ich mich in den Sattel schwang, „paß auf und reite sie langsam. Ich kann heute keine Unfälle gebrauchen."

„Darauf habe ich auch keine Lust", antwortete ich, nahm die Zügel leicht an und forderte das Pferd durch einen leichten Schenkeldruck auf, vorwärts zu gehen.

Die Stute reagierte ohne zu zögern und schien sich sehr wohl zu fühlen, als wir auf die äußere Umzäunung zuritten und dann im Kreis um den alten Mann herum, der in der Mitte des Pen stand. Nach drei Runden forderte der alte Mann mich auf, das Pferd vom Zaun weg zu reiten und in die entgegengesetzte Richtung zu wenden. Als ich den inneren Zügel vorsichtig annahm, um die Stute zu wenden, bemerkte ich, wie sie den Kopf warf. Nachdem wir gewendet hatten, hörte sie wieder damit auf. Nach einer weiteren Runde wollte der alte Mann, daß wir noch einmal die Richtung änderten. So lange wir wendeten, schlug die Stute mit dem Kopf, nachdem die Wendung beendet war, hielt die Stute den Kopf wieder ruhig.

„Wir müssen etwas ausprobieren", sagte der alte Mann und zündete sich die nächste Zigarette an. „Mach weiter und bring sie dann zum Stehen, aber sei vorsichtig. Kann sein, daß sie auch dabei den Kopf wirft."

„Okay", antwortete ich zuversichtlich. Selbst wenn sie den Kopf nach hinten warf, was sollte mir das schon ausmachen?

Ich nahm die Zügel und forderte die Stute auf, anzuhalten. Im selben Augenblick wurde mir klar, welche Gefahr von einem Kopfschläger ausgehen konnte. Sie warf den Kopf so kräftig und schnell nach hinten, daß ich ihn tatsächlich nicht einmal auf mich zukommen sah. Das letzte, woran ich mich erinnern kann, bevor unsere Köpfe aneinanderkrachten, war, daß sie die Nase ganz gerade in die Luft streckte. Ich staunte noch darüber, in was für einem eigenartigen Winkel sie ihre Nase hielt, bevor ich Sternchen sah.

Der Aufprall ihres Kopfes gegen meinen war so hart, daß ich aus dem Sattel geworfen wurde, rückwärts über ihr Hinterteil flog und unsanft im nassen Gras mit dem Kopf auf dem Boden aufschlug. Durch die unglückliche Landung wurde einer meiner Vorderzähne angeschlagen. Bis heute steht dieser Zahn etwas schief.

„Ich denke, sie hat ein bißchen was von einem Kopfwerfer", hörte ich den alten Mann in der Mitte des Pen sagen, als ich mühsam versuchte, wieder einen klaren Kopf zu bekommen. „Alles in Ordnung? Sah aus, als hätte es ganz schön weh getan." Das hatte es allerdings, aber das verriet ich ihm natürlich nicht.

Das war das erste Mal, daß ich es mit einem Kopfwerfer zu tun hatte, und ich habe seither jedesmal an diese Stute gedacht, wenn ich mit einem Pferd gearbeitet habe, das mit dem Kopf schlug. Damals war ich einfach nur stinksauer auf die Stute, die meinen Zahn wacklig und meine Lippe aufgeschlagen hatte. Heute bin ich etwas nachsichtiger, denn ich weiß mittlerweile, wodurch ein Pferd zum Kopfwerfer wird und wie man das Problem lösen kann.

Kopfwerfen ist in den meisten Fällen das Ergebnis mangelhafter Kommunikation zwischen Pferd und Reiter während der ersten Ausbildungsphase des Pferdes. Und dabei meine ich vor allem das mangelnde Verständnis für das Maul des jungen Pferdes.

Von Jungpferden wird erwartet, daß sie anhalten, wenn Druck auf das Gebiß ausgeübt wird. Das Pferd versteht nicht, welche Bedeutung dieser ungewohnte Druck hat und sucht einen Ausweg, um sich davon zu befreien. Um den Druck loszuwerden, probiert das Pferd verschiedene Alternativen, zum Beispiel sich gegen das Gebiß zu lehnen, mit dem Kopf zu schlagen, das Maul weit aufzureißen oder den Kopf auf die Brust zu nehmen, bevor es schließlich dem Druck nachgibt und anhält oder rückwärtsgeht.

Das Pferd wird damit beginnen, den Kopf zu werfen, wenn zu viel Druck ausgeübt wird oder der Druck nicht zurückgenommen wird, sobald eine angemessene Reaktion des Pferdes erfolgt ist. Das Problem wird größer, wenn der Reiter irrtümlicherweise immer mehr Druck aufwendet, um dem Pferd das Kopfwerfen abzugewöhnen.

Viele unerfahrene Reiter begehen den Fehler, die Zäumung für dieses Problem verantwortlich zu machen. Ich habe Reiter erlebt, die alle möglichen Zäumungen ausprobiert haben. Häufig landen sie bei einem Hackamore oder entscheiden sich für das härteste Gebiß und ein Martingal, weil sie glauben, ihr Pferd so besser im Griff zu haben. Leider behandeln beide Varianten nur die Symptome, lösen aber nicht die Probleme. In vielen Fällen haben sie sogar einen gegenteiligen Effekt: sie verschärfen das Problem.

Natürlich kann man ein Pferd, das den Kopf wirft, am besten davon heilen, indem man es daran hindert, bevor es überhaupt richtig damit anfängt. Das verlangt allerdings, die Reaktionen des Pferdes während der ersten Trainingseinheiten sehr einfühlsam und genau zu beobachten. Ich habe jedoch erfahren müssen, daß die meisten Pferdebesitzer Kopfwerfer gekauft hatten, denen in den ersten Jahren durch Trainer oder frühere Besitzer Schaden zugefügt worden war. Oftmals ist der Weg zu einer Lösung ebenso frustrierend wie das Problem selbst, vor allem für den neuen Pferdebesitzer.

Ich habe herausgefunden, daß fast alle Kopfwerfer eines gemeinsam haben. Sie reagieren kaum auf Druck. Sie lassen sich nur schwer durchparieren und reagieren nicht auf Schenkeldruck. Damit das Tier verstehen lernt, daß kein Grund besteht, den Kopf zu werfen, muß es zunächst lernen, auf Druck zu reagieren.

Da bei den betroffenen Pferden das Kopfschlagen gewöhnlich durch das Gewicht eines Reiters auf ihrem Rücken ausgelöst wird, beginne ich mit der ersten Phase meiner Korrektur dieses Problems vom Boden aus. Dadurch kann ich den Zwang des Pferdes, den Kopf zu werfen, manchmal von Anfang an einschränken und das läßt ihm mehr Zeit, sich auf das zu konzentrieren, woran wir arbeiten.

Ich beginne immer mit dem gesattelten und mit einer Wassertrense gezäumten Pferd. Dann fordere ich es vorsichtig auf, den Kopf zur Seite zu nehmen, indem ich den Zügel langsam Richtung Sattel führe. Währenddessen achte ich besonders darauf, daß ich keinen Druck auf das Pferd ausübe. Wenn das Pferd anfängt, gegen das Mundstück zu kämpfen, befestige ich den Zügel an Hals, Mähne oder Sattel, bis es den Kampf aufgibt. Dann lasse ich das Pferd entspannen, bevor ich weitermache.

Manchmal treffe ich auf Pferde, die einfach nicht mit mir arbeiten wollen, wie zum Beispiel Star, ein großes, schwarzes

Quarter Horse. Star war seit einiger Zeit Kopfwerfer und beherrschte diese Marotte wirklich sehr gut. Jedes Mal, wenn ich seinen Kopf zur Seite drehen wollte, kämpfte er und versuchte auszubrechen. Als er dem Druck schließlich nachgab, und ich das gleiche tat, warf er trotzig seinen Kopf zurück. In solchen Fällen nehme ich einen Zügel, führe ihn unter der gegenüberliegenden Wölbung des Vorderzwiesels hindurch, über die Sitzfläche und zurück auf meine Seite. Dann drehe ich den Kopf des Pferdes in meine Richtung und halte ihn mit dem Zügel, bis das Pferd den richtigen Weg findet, um dem Druck nachzugeben. Ich wiederhole dies auf beiden Seiten, bis sich das Pferd bereitwillig auf beiden Seiten biegen läßt.

Manche Leute machen es sich einfach, indem sie die Zügel hinten am Sattel festbinden.

Ich halte diese Methode aus mehreren Gründen nicht für sinnvoll. Erstens kann man das Pferd sehr viel unmittelbarer durch Nachlassen des Drucks belohnen, wenn man die Zügel in der Hand behält und nicht festbindet. Zweitens kann man die Zügel umgehend loslassen, damit das Pferd dem Druck entkommen kann, falls es stark dagegen ankämpft und sich dabei zu verletzen droht. Ist das Pferd festgebunden, kann Schaden entstehen, bevor man in der Lage ist, das Pferd wieder loszubinden.

Star war kein sehr bereitwilliger Schüler, als es darum ging, auf Schenkeldruck zu reagieren, und er kämpfte jedesmal sehr dagegen an, wenn ich ihm das Signal gab. Als ich ihn aufforderte, nach rechts zu gehen, zog er nach links. Forderte ich ihn dagegen auf, nach links zu gehen, zog er nach rechts. Er zwang mich also, die oben beschriebene Methode anzuwenden und den Zügel unter dem Vorderzwiesel hindurchzuziehen. Es war von großem Vorteil, daß der Zügel gegen den Ledersattel rieb und kaum hin und her rutschen konnte, egal wie stark das Pferd zog, um dem Druck zu entkommen. So lange das Pferd mir den Zügel nicht aus der Hand reißt, kann es kämpfen wie es will, aber es wird ihm nicht gelingen, den Druck zu vermindern.

Ich muß zugeben, daß Star sehr erfindungsreich war in seinen Bemühungen, sich mir zu widersetzen. Er probierte einfach alles. Er schlug mit dem Kopf, streckte ihn hoch in die Luft und hielt dann wieder die Nase so dicht am Boden wie er konnte. Dann lehnte er sich so sehr auf die Hand, daß er bestimmt vornübergefallen wäre, wenn ich die Zügel losgelassen hätte.

Ich hatte fast zwanzig Minuten mit ihm gearbeitet, bevor er schließlich aufhörte, gegen die Hand zu kämpfen. Nachdem er dem Druck das erste Mal nachgegeben hatte, dauerte es nicht einmal fünf Minuten und er drehte den Kopf bereitwillig nach links, wenn ich nur leichten Druck auf die Zügel ausübte. Leider dauerte es weitere zwanzig Minuten, bis er das auch auf der rechten Seite gelernt hatte. Weil soviel Zeit vergangen war, ehe er diese eine einfache Sache gelernt hatte, und weil er sie nun wirklich beherrschte, hörten wir für diesen Tag mit der Arbeit auf. Für das Pferd und die Person, die mit ihm arbeitet, ist es sehr wichtig, das Training in einer positiven Stimmung zu beenden.

Am folgenden Tag vertieften wir zunächst, was er bisher gelernt hatte. Er sollte ganz einfach nach beiden Seiten hin auf meinen Zügeldruck nachgeben, den ich vom Boden aus auf ihn ausübte. In nicht einmal fünf Minuten tat er das sehr gut und es wurde Zeit für den nächsten Schritt. Ich konnte nun aufsitzen und an dem eigentlichen Problem, dem Kopfschlagen, arbeiten.

Wieder im Sattel, stellte ich ihn ganz leicht erst nach links, dann nach rechts. Er zögerte in beiden Richtungen ein wenig, reagierte dann aber ebenso gut auf den Druck, wie er es vom Boden aus getan hatte. Damit begann die Arbeit an Stars eigentlichem Problem.

Mit ganz leichtem Druck nahm ich beide Zügel an und forderte ihn auf, rückwärts zu gehen. Das reicht normalerweise aus, um ein Pferd, das damit ein Problem hat, dazu zu bringen, mehr oder weniger stark mit dem Kopf zu schlagen.

Meine Erfahrung hat gezeigt, daß Pferde, die nicht sehr stark mit dem Kopf schlagen, manchmal schon damit aufhören, wenn ich die Zügel locker lasse und meine Hände am Vorderzwiesel des Sattels lasse. Indem ich die Zügel auf diese Art stehen lasse, tut sich das Pferd jedesmal selbst weh, wenn es mit dem Kopf schlägt, da es sich einen Ruck auf das Maul verpaßt. Das Pferd findet schon bald heraus, daß es sich von diesem Unbehagen befreien kann, wenn es den Kopf nicht auf und ab bewegt. Erst dann kann man das Pferd weiter rückwärts gehen lassen.

Bedauerlicherweise gehörte Star nicht in diese Kategorie. Er zählte eher zu der Gruppe, die ich als schwerwiegende Kopfwerfer bezeichnen würde. Das sind Pferde, deren Problem so schlimm geworden ist, daß schon der geringste Druck auf das Gebiß heftiges und möglicherweise gefährliches Kopfwerfen auslöst. In schwereren Fällen kann das Pferd sogar steigen, während es mit dem Kopf schlägt. Bei Star war das Problem glücklicherweise noch nicht ganz so weit fortgeschritten. Eines kann ich aber dennoch sagen: Er war nicht weit davon entfernt.

Kaum hatte ich ihn durch leichten Druck nach hinten zum Rückwärtsgehen aufgefordert, als er sofort mit dem Kopf nach vorne schlug. Star entwickelte dabei eine solche Kraft, daß es mich buchstäblich vom Sattel zog. Um nicht das Gleichgewicht zu verlieren, hatte ich keine Alternative als ebenfalls zu ziehen. Genau diese Art von Zweikampf sollte man in jedem Fall vermeiden, wenn man Fortschritte machen will bei der Lösung des eigentlichen Problems. Bei schweren Kopfwerfern ist es im allgemeinen so, daß das Pferd um so heftiger wird, je länger man die Zügel annimmt – egal wie leicht der Druck ist. Es wird durch Nachvornewerfen des Kopfes immer weiter versuchen, dem Reiter die Zügel aus den Händen zu reißen, und dabei kraftvoll mit dem Kopf schlagen.

Während Star genau das tat, begriff ich, daß es erstens zwingend notwendig war, daß er mir seine Aufmerksamkeit zuwandte, und zweitens, daß es mir gelingen mußte, das Pferd wenigstens so lange am Kopfschlagen zu hindern, daß es Zeit genug hatte, meine Signale zu verstehen.

Während er kämpfte, nahm ich den linken Zügel an und zog seinen Kopf auf die linke Seite. Dann hielt ich den Zügel auf der Höhe meines Beines fest. Das Pferd hörte tatsächlich auf, mit dem Kopf zu schlagen und obendrein wurde es ihm so gut wie unmöglich gemacht zu steigen, falls dies seine Absicht gewesen sein sollte. Star konnte jetzt gar nicht anders, als im Kreis zu gehen. Ich bemühte mich, die Runden so eng und unangenehm wie möglich für ihn zu machen und ließ ihn kreisen, so lange er wollte. Er lief ungefähr acht Runden. Sobald er anhalten wollte, ließ ich ihm den Kopf frei. Als er zum Stehen gekommen war, ließ ich ihn ein paar Sekunden entspannen, bevor ich die Zügel erneut aufnahm und leicht Druck nach hinten gab. Prompt spielte er verrückt, und ich zog seinen Kopf sofort auf die Seite, diesmal nach rechts, was ihn zwang, enge und für ihn unangenehme Runden zu gehen.

Wenn er mit dem Kopf schlug oder sich gegen den leichten Druck nach hinten auflehnte, ließ ich ihn wieder im Kreis drehen. Es dauerte fast vierzig Minuten, bevor er endlich aufhörte, zu kämpfen.

Ich möchte noch anmerken, daß ich das Pferd nicht zur Strafe im Kreis gehen ließ, weil es etwas falsch gemacht hatte. Ich wollte dem Pferd dadurch etwas verdeutlichen. Ich wollte ihm klarmachen, daß es seine Aufmerksamkeit auf mich richten sollte. Solange das Pferd kämpfte oder mit dem Kopf schlug, bestand keinerlei Chance, daß es sich auf die eigentliche Arbeit würde konzentrieren können. Außerdem wollte ich dem Pferd zeigen, daß es nicht länger nötig war, mit dem Kopf zu schlagen. Falls es das dennoch tat, mußte es mehr arbeiten. Tat das Pferd es nicht, durfte es entspannt stehen.

Ich erlaube mir diese Anmerkung, weil einige Leute das Kreise-Drehen als Form der Bestrafung anwenden und nicht als Trainingseinheit. Dabei verlieren dann sowohl Pferd und Reiter aus den Augen, weshalb sie kreisen. Meistens resultieren daraus zusätzliche Probleme für Tier und Reiter, vor allem aber für das Pferd, das unter Umständen aggressiv und unempfänglich für Anweisungen werden kann.

Erst nachdem Star aufgehört hatte zu kämpfen und ich sicher sein konnte, daß er bereit war, meine Signale zu befolgen, forderte ich ihn erneut auf, rückwärts zu gehen. Es war offensichtlich, daß das Pferd mit dem Kopf schlug, weil ihm niemals richtig beigebracht worden war, dem Druck der Reiterhand nachzugeben. In den meisten Fällen liegt hier das Problem von Kopfwerfern, und deshalb halte ich es für sehr wichtig, daß man mit diesem Typ Pferd zunächst das Rückwärtsgehen trainiert. Wenn das Pferd leicht rückwärtsgeht, bedeutet das, daß es richtig auf Druck reagiert. Wenn es auf den Druck reagiert, statt dagegen anzukämpfen, wird das Pferd keine Veranlassung mehr haben, mit dem Kopf zu schlagen.

Meine Methode, diesem Typ von Pferden das Rückwärtsgehen beizubringen, ist beinahe identisch mit der, die ich auch bei Pferden anwende, die schwer zum Stehen zu bringen sind. Ich gebe leichten aber konstanten Druck, ohne dabei am Maul des Pferdes zu ziehen und belohne jede noch so geringe Reaktion. Schon eine halbherzige Gewichtsverlagerung verdient ein Lob, selbst wenn die Aktion nur aus Versehen geschah, wie es bei Star der Fall gewesen ist. Während ich den Druck auf den Zügel leicht erhöhte, hob er einen Huf, um nach einer Fliege zu treten, und ging dabei unbeabsichtigt nach hinten. Trotzdem lobte ich ihn dafür, indem ich die Zügel ganz locker ließ und ihn klopfte, während er entspannt stand und ausruhte.

Das reichte aus, um den Prozeß in Gang zu setzen, der uns schließlich zur Lösung seines Problemes führte. Als ich das nächste Mal die Zügel aufnahm, reagierte er deutlich und erhielt die gleiche Belohnung. Noch einmal nahm ich die Zügel auf und wieder reagierte er. Innerhalb der nächsten Viertelstunde setzten wir die Arbeit auf diese Weise fort. Danach ging Star bereitwillig auf ganz leichten Druck etwa vier Schritte rückwärts.

Erst als er kurze Entfernungen rückwärts ging, ohne zu zögern und ohne mit dem Kopf zu schlagen, ließ ich ihn auch vorwärts gehen. Ich wollte, daß er zunächst einige Schritte vorwärts ging, bevor ich ihn wieder aufforderte, zu stoppen. Auf diese Weise bekam er nicht zuviel Schwung, was ihm das Stehenbleiben erschwert hätte. Als ich ihn halten ließ, gab ich den gleichen Druck auf die Hand wie beim Rückwärtsgehen. Als er stehen blieb, ohne mit dem Kopf zu schlagen, lockerte ich sofort den Druck, ließ ihn kurz entspannen und zur Ruhe kommen und forderte ihn dann auf, wieder rückwärts zu gehen. Von diesem Zeitpunkt an ließ ich ihn jedesmal, wenn er angehalten hatte auch rückwärts gehen, so daß er immer, wenn er stoppte, damit auch sofort „zurückgehen" verband. Weil er also die Aufforderung zum Rückwärtsgehen erwartete, setzte er nun die Energie, die er vorher für das Schlagen des Kopfes benötigt hatte, zum Rückwärtsgehen ein.

Sobald er auf kurzen Strecken stoppte und rückwärts ging, ohne mit dem Kopf zu schlagen, ließ ich ihn eine längere Strecke vorwärts gehen, bevor ich ihn zum Stehen brachte. Als er dann auch damit keine oder nur geringe Probleme hatte, trainierten wir die schnelleren Gangarten. Wir arbeiteten zunächst ausführlich in Schritt und Trab, bevor wir in den Galopp wechselten.

Nach zwei Wochen konsequenter Arbeit war das Problem des Kopfschlagens aus der Welt. Er sprach sogar so kraftvoll und unmittelbar auf das Signal zum Stehenbleiben an, daß seine Besitzerin aus dem Sattel gehoben wurde und sich an seinem Hals stieß, als sie ihn das erste Mal aus dem Galopp zum Stehen brachte.

Obwohl Stars Probleme anfänglich sehr schwerwiegend schienen, konnten sie doch behoben werden, da ihnen hauptsächlich ein Trainingsproblem zugrunde lag. Ich habe dagegen mit Pferden gearbeitet, die vergleichbare Symptome aufwiesen, die nicht so leicht behoben werden konnten, da sie ihre Ursache in schlecht sitzendem Sattelzeug, nicht diagnostizierten Verspannungen oder Maul-, Zahn- und Zungenproblemen hatten. Und ich habe Pferde erlebt, die diese Symptome aufgrund von Rücken- oder Beinleiden und den damit zusammenhängenden, körperlichen Beschwerden entwickelt hatten. Selbstverständlich müssen solche Schwierigkeiten immer zuerst gelöst werden, bevor man auch nur versuchen sollte, das Problem des Kopfwerfens zu lösen.

Mir ist durch die Arbeit mit den Pferden bewußt geworden, daß das Schlagen mit dem Kopf eine Reaktion sein kann, die dem Pferd versehentlich beigebracht worden ist, die sich aber, sofern sie unkorrigiert bleibt, zu einer extrem schlechten Gewohnheit entwickeln kann. Um sie zu beheben, muß man dann sehr viel Geduld und Energie aufwenden. Aus diesem Grund muß ich mich bei der Arbeit mit Pferden, die mit dem Kopf schlagen, immer wieder selbst ermahnen, geduldig zu sein, und zwar noch geduldiger als sonst. Schließlich ist das Kopfschlagen eine Angewohnheit, die sich über mehrere Jahre entwickelt hat und nicht über Nacht verschwinden kann. Trotz allem ist es so, wie mit jedem Trainingsproblem. Mit ein wenig Zeit, Geduld und Verständnis kann sogar ein so ärgerliches und latent gefährliches Problem ziemlich sicher unter Kontrolle gebracht werden. Die Chancen, daß man sich beinahe einen Vorderzahn ausschlägt, weil man während des Reitens mit einem Pferdekopf zusammenstößt, sinken dadurch nicht nur beträchtlich, sie lassen sich sogar von Anfang an ausschließen. Glauben Sie mir, einen solchen Schlag einzustecken, ist nicht halb so lustig, wie es sich anhört, und Sie sollten es um alles in der Welt vermeiden.

DIE PFERDE ALS
LEHRMEISTER

Sehr viel mehr, als daß sein Name Doc war, und es sich irgendwann in seinem Leben einmal die Hüfte verrenkt hatte, wußte ich nicht über das alte Pferd. Die Verletzung war so schwer gewesen, daß er seither verkrüppelt war, und der Bewegungsradius seines rechten Hinterbeins betrug weniger als die Hälfte des normalen. Doc lahmte sehr stark. Niemand wußte, wie alt er eigentlich war, aber ich schätze, daß sein Alter gut und gerne irgendwo zwischen siebenundzwanzig und zweiunddreißig Jahren lag.

Daß ich dieses Pferd nie richtig wahrgenommen hatte, lag wohl daran, daß ich mich nie um Doc hatte kümmern müssen, denn der alte Mann sorgte selbst für ihn. Er fütterte und tränkte ihn nicht nur, er mistete auch seinen Stall einmal täglich aus, putzte ihn gelegentlich und führte ihn drei oder vier Mal die Woche für eine Stunde hinaus auf die Koppel. Ich hielt es damals einfach nur für eine wirklich nette Geste. Ich nahm an, daß er nur den ansonsten monotonen Tagesablauf des Pferdes unterbrechen wollte, denn obwohl Doc im kniehohen Gras auf der Koppel stand, konnte er nicht einmal mehr richtig grasen, so schlecht waren seine Zähne. Er schaffte es zwar noch, die Grasbüschel als Knäuel im Maul zu sammeln, es fiel alles jedoch wieder auf den Boden, sobald er das Maul öffnete, um neue Grasbüschel zu zupfen.

Da Doc kein Gras oder Heu mehr fressen konnte, rührte ihm der alte Mann jeden Tag zur gleichen Stunde in einem Eimer eine widerwärtig aussehende, breiartige Masse an. Ich weiß nicht genau, woraus dieser Brei im einzelnen bestand,

aber was immer es gewesen sein mag, der Brei hielt das Pferd
nicht einfach nur am Leben, er nährte es gut und trug mindestens zwei Jahre lang zu Docs Glück bei.

Der alte Mann sprach nie über das Pferd und er beklag-
te sich auch nie über die beträchtliche, zusätzliche Arbeit, die
Doc verursachte. Das Pferd schien einfach ein Teil der Alltags-
routine des alten Mannes geworden zu sein, wie das tägliche
Anziehen der Stiefel oder das Anzünden der ersten Zigarette
am Morgen.

Ich erinnere mich genau an den Tag, an dem ich das
Pferd zum ersten Mal bewußt wahrnahm. Ich holte ein anderes Pferd, das auf der Koppel neben Doc stand. Nahe am Zaun
wuchs eine riesige Pappel, in deren Schatten Doc ruhig vor sich
hin döste und sich ohne jede Wirkung bemühte, die unver-
meidlichen Fliegen von seiner Hinterhand fernzuhalten,
indem er träge den Schweif hin und her schlug. Zum ersten
Mal in den zwei Jahren, die ich das Pferd jetzt kannte, kam es
mir vor, als ob Doc Gewicht verloren hätte. Auch sein sonst so
glänzendes, rotbraunes Fell kam mir nicht mehr so leuchtend
vor wie sonst.

Zurück im Stall, fragte ich später den alten Mann, als
wäre es mir nachträglich eingefallen, ob Doc in der letzten Zeit
Gewicht verloren hätte.

„Vielleicht ein bißchen", antwortete er. „Aber ich glaube
nicht, daß man sich deshalb Gedanken machen muß."

„Oh, ich mache mir keine Gedanken", erwiderte ich, „ich
wollte es nur wissen."

Im Nachhinein denke ich, daß er nicht mich, sondern
eher sich selbst überzeugen wollte, daß mit dem alten Pferd
alles in Ordnung war. Leider gab es, wie sich herausstellen sollte, sehr wohl Anlaß, sich Sorgen zu machen.

In den nächsten Wochen verlor Doc immer mehr an
Gewicht. Es sah so aus, als würde er sich quälen. Die alte Hüft-
verletzung, die seine Bewegungen immer behindert hatte,

schien ihm jetzt große Schmerzen zu verursachen, was früher nie der Fall gewesen war.

Zweieinhalb Monate später bot Doc einen traurigen Anblick. Wegen seiner Hüftschmerzen ging er innerhalb des Pen nur noch die kurzen Strecken zum Wassertrog und Futtereimer. Wenn der alte Mann ihn auf die Koppel brachte, ging er ganz langsam bis zur Pappel und blieb in ihrem Schatten stehen, bis der alte Mann wiederkam, um ihn zu holen. Er hatte so viel Gewicht verloren, daß er fast nur noch Haut und Knochen war. Alle Bemühungen, sein Gewicht zu erhöhen, waren fehlgeschlagen.

Eines Tages kam ich zur Arbeit und sah den alten Mann draußen unter der großen Pappel stehen. Ganz langsam schaufelte er, so jedenfalls sah es aus, eine lange, tiefe Grube. Ich ging zu ihm, um ihn zu fragen, ob er Hilfe brauchte, aber er antwortete nur, „Nein, danke. Es gibt Arbeit für dich im Stall."

Drei Tage arbeitete er an der Grube. Abwechselnd grub er und hackte mit einer Axt auf die harten, weitausladenden Wurzeln der Pappel ein. Als er fertig war, maß die Grube einen Meter in der Breite, drei Meter in der Länge und zwei Meter in der Tiefe.

Am Tag darauf kam er mit einem Führstrick in der Hand zu mir.

„Hier", sagte er und gab mir den Führstrick. „Hol Doc und führ ihn hinaus zu dem Baum auf der Koppel." Er machte eine Pause. „Ich warte dort auf dich."

Ich muß wohl sehr verwirrt ausgesehen haben, denn er wiederholte den Satz noch einmal in ruhigem und bestätigendem Tonfall. Ich ging in den Stall. Doc stand geduldig in seiner Box, als ich auf ihn zutrat. Der alte Mann hatte mir nicht einmal ein Halfter für ihn gegeben, und da Doc keins trug, legte ich ihm das Seil einfach um den Hals und führte ihn hinaus auf die Koppel.

Ich hatte ein sonderbares Gefühl, als ich neben ihm herging. Es war das erste Mal, daß ich so nah mit Doc in Berührung kam, denn wie ich schon sagte, hatte sich der alte Mann sonst um ihn gekümmert. Und ich hatte eine sehr genaue Vorstellung von dem, was dort draußen passieren würde. Ich war ganz sicher, daß dies der letzte Weg war, den Doc gehen würde.

Da Doc sich nur sehr mühsam vorwärtsbewegen konnte, dauerte es eine Zeit, bis wir den Baum erreichten, wo der alte Mann uns erwartete. Doc wieherte leise, als wir auf ihn zugingen, so als ob er ihn begrüßen wollte.

„Bring ihn hier rüber", sagte der alte Mann. Er stand direkt neben der Grube, die er ausgehoben hatte. In der Hand hielt er eine Pistole. Sie hatte einen sehr langen Lauf und sah brandneu aus. Es war eine von diesen Pistolen, die ich oft in Wildwestfilmen und Fernseh-Shows gesehen hatte und ich konnte nicht anders, als gebannt darauf zu starren.

„Und, ist das nichts?" fragte der alte Mann mit einem Lächeln. „Es ist eine Smith and Wesson Schofield, 45-Kaliber. Mein Vater hat sie 1888 an seinem achtzehnten Geburtstag gebraucht gekauft. Kurz bevor er starb, gab er sie mir. Lange her, das war im Jahr 1927."

„So eine habe ich noch nie gesehen", sagte ich, während ich Doc neben der Grube stehenließ und dann zu dem alten Mann hinüberging. „Sie sieht wie neu aus."

„Sie ist immer gut gepflegt worden", antwortete er mit einem Anflug von Traurigkeit in der Stimme, als er zu Doc trat und sanft seine Stirn streichelte. Wieder wieherte das Pferd leise.

Er stand ein paar Sekunden bewegungslos vor dem Pferd, dann atmete er tief ein und trat zurück, bis er auf Armeslänge von Docs Kopf entfernt stand.

„Bist du schon mal bei so was dabei gewesen?" fragte er in sachlichem Ton.

„Nein", antwortete ich.

„Die meisten Menschen, die es noch nie getan haben, denken, daß man das Tier zwischen den Augen treffen muß", sagte er. „Das ist falsch. Wenn man es dort trifft, dann verfehlt man mit Sicherheit das Gehirn. Man muß eine Linie vom linken Ohr zum rechten Auge und vom rechten Ohr zum linken Auge ziehen. Wo sich die beiden Linien treffen, da muß die Kugel sitzen."

„Ja", sagte ich und spürte, wie mein Herz zu rasen begann.

„Es wird Blut fließen", warnte er und hob die Pistole. „Hauptsächlich aus der Nase, aber dann wird er schon tot sein."

Er richtete die Waffe auf Docs Stirn, zögerte eine Sekunde und drückte ab. Der Lärm, den die Pistole verursachte, war größer, als ich erwartet hatte, und fuhr mir so in die Glieder, daß ich vor Schreck einen Satz nach hinten machte.

Doc sank wie vom Blitz getroffen wenige Zentimeter vor der Grube zu Boden. Er war offensichtlich schon tot, bevor er auf dem Boden aufgekommen war, dennoch fühlte ihm der alte Mann den Puls. Dann stand er auf, drehte sich um und ging auf eine braune Segeltuchtasche zu, die auf der Wiese stand. Er griff hinein, zog einen altmodischen Pistolengurt heraus, steckte die Pistole zurück in das Holster und verstaute alles in der Tasche. Dann ging er zurück zu Doc, kniete nieder und ergriff seine ausgestreckten Vorderbeine.

„Wenn du jetzt seine Hinterbeine nimmst", sagte er und sah mich an, „können wir ihn auf den Rücken drehen. Er wird dann ganz leicht in das Loch rutschen."

Ich kniete mich hin und nahm Docs Beine. Auf drei drehten wir ihn sanft auf den Rücken und wie der alte Mann gesagt hatte, glitt er in die Grube.

„Möchtest du, daß ich beim Zuschaufeln helfe?" fragte ich und blickte dabei auf das Pferd.

Der alte Mann kam zu mir, legte mir die Hand auf die Schulter und sagte leise: „Nein, danke. Ich tue es allein."

Auf dem Weg zurück zum Stall gingen mir verschiedene
Fragen im Kopf herum. Weshalb hatte sich der alte Mann die
Mühe gemacht, dieses verkrüppelte, knochige, alte Pferd zu
begraben. Das entsprach überhaupt nicht seiner Art. Ich hatte
schon viele Pferde auf der Ranch des alten Mannes kommen
und gehen sehen, wahrscheinlich hunderte. Sein Job war das
Kaufen und Verkaufen von Pferden. Ich hatte mitbekommen,
wie einige dieser Pferde direkt zum Schlachter gebracht worden waren, und nicht ein einziges Mal hatte der alte Mann beim
Verkauf dieser Pferde mit der Wimper gezuckt. Wenn ein Pferd
auf der Ranch gestorben war, hatte er den Abdecker angerufen,
der es dann abgeholt hatte. Nie hatte er eines von ihnen begraben. Ich verstand das alles nicht.

Zwei Stunden später kam der alte Mann zum Stall hinauf, die Schaufel in der einen, die Segeltuchtasche in der anderen Hand.

„Darf ich dir eine Frage stellen?" fragte ich, als er bei mir
angekommen war.

„Nein", antwortete er. Und nach einer Pause: „Was willst
du wissen?"

„Ich habe mich nur gewundert", fing ich an. „Wie kommt
es, daß du den alten Doc begräbst? Ich meine, ich habe noch
nie erlebt, daß du ein Pferd begräbst."

Er stellte die Tasche auf den Sitz des alten Pickup und
drückte mir die Schaufel in die Hand. Dann zündete er sich
eine Zigarette an und sagte bedächtig: „Weil ich es ihm schul-
dig war."

Der Ton in seiner Stimme machte deutlich, daß dies kein
Thema war, über das weiter gesprochen werden durfte. Es
war das letzte Mal, daß ich den alten Mann auf Doc ansprach.
Als ob er mir zeigen wollte, daß er mir nicht böse war, obwohl ich meine Nase in seine Angelegenheiten gesteckt hatte,
sah er mich mit einem Lächeln an und sagte: „Eins verrate ich
dir aber trotzdem. Dreckige Erde kriegt man, verdammt

nochmal, viel einfacher in ein Loch rein, als man sie raus bekommt."

„Ich wette, da hast du recht", antwortete ich mit einfältigem Grinsen.

Kurz darauf ging der alte Mann hinter den Stall, wo verschiedene alte landwirtschaftliche Geräte standen. Es gab dort einen alten Pflug, einen Rechen, Sicheln, ein Gerät um Kartoffeln auszugraben und verschiedene Eggen. Dort stand auch ein alter, zerfallener Ernte-Anhänger. Der alte Mann ging zu diesem Anhänger und stemmte zwei Holzbretter aus seiner Seitenwand.

Die nächsten zwei Tage verbrachte er in der Werkstatt und fertigte ein Grabmal aus den beiden Brettern. Er glättete die Kanten und klebte die beiden Bretter so aneinander, daß ein breites Brett daraus entstand. Nach langem Überlegen schnitzte er sehr sorgfältig ein paar Worte in das Holz, bevor er das Brett am Kopfende von Docs letzter Ruhestätte aufstellte.

Ich brauchte zwei Tage, bis ich den Mut fand, hinauszugehen, um zu lesen, was der alte Mann geschrieben hatte. Vorher versicherte ich mich, daß der alte Mann nicht in der Nähe war, damit es nicht wieder so aussah, als ob ich in seinen Angelegenheiten herumschnüffelte.

Weshalb der alte Mann das Pferd überhaupt begraben hatte, war mir noch immer ein Rätsel, und die Worte, die er auf das Grabmal geschrieben hatte, verwirrten mich um so mehr. Dort stand nur:

DOC

ER LEHRTE GUT

Ich hatte gehört, daß man Pferde manchmal als „Lehrer" bezeichnete. Meistens bedeutete es, daß ein Pferd so gut trainiert war, daß es einem schlechten Reiter helfen konnte, besser reiten zu lernen. So ähnlich ist es auch mit Pferden, die man als „Babysitter" bezeichnet. Das heißt, daß diese Pferde so ruhig und gut ausgebildet sind, daß sie alles tun würden, um ihre Reiter vor Schaden zu bewahren, egal, wie unerfahren diese sind.

Im Lauf der Jahre hatte ich unendlich viele dieser „Lehrer" und „Babysitter" auf der Ranch erlebt. Obwohl der alte Mann sie alle gut behandelt hatte, war er nicht einem von ihnen mit der gleichen Ehrerbietung begegnet wie Doc. Was auch immer Doc den alten Mann gelehrt hatte, hier lag der Grund, weshalb er diesem Pferd so starke Gefühle entgegengebracht hatte. Vielleicht lag hier sogar der Schlüssel für den Erfolg des alten Mannes als Horseman.

Von Anfang an hatte ich den Traum gehabt, eines Tages so gut im Umgang mit Pferden zu sein wie der alte Mann. Damit dieser Traum Wahrheit werden würde, das war mir klar, mußte ich sehr hart arbeiten. Ich wußte sehr genau, daß ich versuchen mußte, mir möglichst viel von dem anzueignen, was der alte Mann wußte, und ich mußte lernen, es erfolgreich anzuwenden. Mit Doc war jede Gelegenheit zerronnen, die ich hätte haben können, um von ihm genauso zu lernen wie der alte Mann.

Gewiß, dachte ich, gibt es irgendwo ein Pferd, das mir dasselbe bedeuten könnte, wie Doc dem alten Mann.

Mit diesem Gedanken, der mich von da an immer begleitete, begann meine Suche nach dem Pferd, das mir das Geheimnis zeigen würde, das der alte Mann mit Docs Hilfe gelöst zu haben schien. Bei jedem Pferd, mit dem ich in den darauffolgenden Jahren arbeitete, stellte ich mir die immer gleiche Frage: Was will mir das Pferd beibringen? Leider erfuhr ich durch die Arbeit mit den Pferden nichts, was das große Geheimnis hätte sein können, nach dem ich so sehr suchte.

So kam es, daß die Frage im Lauf der Jahre langsam von „Was will dieses Pferd mir beibringen?" zu „Was kann ich diesem Pferd beibringen?" wurde. Irgendwann war ich so weit von der ursprünglichen Frage entfernt, daß der Vorfall mit Doc und die Worte an seinem Grab nichts weiter waren als eine vage, verschwommene Erinnerung.

Dann traf ich Little John Beam.

Little John Beam oder kurz John genannt, war ein Roping-Pferd, also eines, das aufs Rinderfangen trainiert war. Nun erhielt er längst sein Gnadenbrot. Er war in seiner großen Zeit so gut gewesen, daß er zweifach Reiter bis zum Finale im Little Britches Rodeo gebracht hatte. Als er später nicht mehr die Schnelligkeit besaß, um an Wettkämpfen teilnehmen zu können, wurde er an eine Gäste-Farm verkauft. Dort holten ihn die ungezählten Stops und Wendungen seiner Vergangenheit ein. Er litt unter einer Knochenverkalkung in beiden vorderen Gelenken. Und er zeigte Symptome von Arthritis in beiden Vorderfußwurzelgelenken, vor allem im rechten. Da man sicher war, daß das Pferd den Belastungen auf einer Gäste-Farm nicht mehr gewachsen sein würde, wurde es wieder verkauft.

Ein Freund von mir, Dave Schneider, ein Student der Verterinärmedizin, kaufte John. Dave und John wurden in den nächsten zwei Jahren gute Freunde und vertraute Gefährten. Ab und zu nahmen sie sogar an einigen Wettkämpfen teil, wo John wieder brillieren konnte. Dave, der zu diesem Zeitpunkt relativ unerfahren im Rinderfangen mit Lasso war, sagte oft, daß John ihm tatsächlich einige Feinheiten beigebracht hätte.

Nachdem Dave sein Studium beendet hatte, kam folgendes Problem auf ihn zu: Er hatte eine Stelle an der Universität von Georgia angenommen, befürchtete aber, daß sich Johns Zustand durch die lange Fahrt im Pferdehänger verschlechtern würde, zumal die Arthritis in seinen Vorderbeinen in letzter Zeit schlimmer geworden war. Er entschied, das Pferd in Colorado zu lassen. Dave fragte mich, ob ich bereit wäre, mich während seiner Abwesenheit um John zu kümmern, und ich sagte gerne zu. Damals war John fünfundzwanzig Jahre alt.

John blieb die nächsten drei Jahre bei mir und wurde nur selten eingesetzt. Manchmal wurde er von Kindern geritten, die das erste Mal auf einem Pferd saßen, oder von Erwachsenen, die nach einem schweren Sturz den Mut verloren hatten.

Im dritten Sommer war die Arthritis in seinem rechten Vorderfußwurzelgelenk so weit fortgeschritten, daß das Gelenk auf die Größe eines Softballs angeschwollen war. Und im letzten Winter hatte er einige Zähne verloren, wodurch es schwierig geworden war, sein Gewicht zu halten. Es war offensichtlich, daß er keinen weiteren Winter überstehen würde. Dave, der in diesem Sommer zu Besuch war und ihn sich angesehen hatte, hatte sich dazu durchgerungen, das Pferd einschläfern zu lassen, bevor das harte Winterwetter einsetzte.

Trotz aller Schwierigkeiten hatte John einen guten Sommer. Durch seine zunehmende Lahmheit war es unmöglich geworden, ihn zu reiten. Er war jedoch sehr nützlich als Babysitter eines jungen Araberwallachs, der kurz vorher seinen Koppelfreund verloren hatte.

John übte seinen Job als Babysitter mit großer Begeisterung aus, und es schien, als würde er auf der saftigen grünen Weide regelrecht aufblühen. Leider wurde dem Besitzer des Arabers der Pachtvertrag für die Weide gekündigt, und ich mußte John wieder auf die Ranch zurückholen, auf der ich damals arbeitete. Wir brachten John in einen großen Auslauf mit Unterstand, so daß wir genau beobachten konnten, ob er das Futter anrührte, und eine Woche kam er sehr gut zurecht. Mitte August stellte ich dann auffällige Veränderungen fest. John schien mit jedem Tag niedergeschlagener und verlor kontinuierlich Gewicht, obwohl sich immer genug Futter in seiner Reichweite befand. Selbst wenn man ihn auf die Koppel führte, stellte sich keine Veränderung seines Zustandes ein.

Ich dachte, daß vielleicht physisch etwas mit ihm nicht stimmte, und bat den örtlichen Tierarzt, ihn sich einmal anzusehen.

„Es scheint alles in Ordnung zu sein", stellte der Tierarzt fest, nachdem er ihn untersucht hatte. „Er kommt eben in die Jahre."

Am darauffolgenden Mittwoch morgen arbeitete ich mit einem Junghengst im nahegelegenen Round Pen und bemerkte, als ich zu John hinübersah, daß er sich in einer besseren Gemütsverfassung befand. Durch den Zaun spielte er mit dem Pferd im angrenzenden Pen, fiel gelegentlich sogar in den Trab, schüttelte den Kopf und quietschte wie ein Junghengst. Später am Vormittag aber wurde deutlich, daß er sich doch nicht so gut fühlte, wie ich zunächst gedacht hatte. Erschöpft ging er zum Wassertrog und fing an, mit dem Huf dagegenzutreten. Er tat das ohne Unterbrechung beinahe zehn Minuten lang. Dann drehte er sich um, sah mich direkt an und wieherte ganz leise.

Ich vermutete, daß er mir mitteilen wollte, daß sein Wassertrog leer oder zu dreckig sei, um daraus zu trinken, und ging hinüber, um es zu überprüfen. Der Trog war mehr als halb gefüllt mit klarem Quellwasser. Während ich mir das Wasser ansah, ging John zum Tor und brummelte leise, als ob er sagen wollte: Hey, laß mich hier raus. Leider waren alle Koppeln gerade belegt und mir blieb nichts anderes übrig, als ihn in seinem Unterstand zu lassen.

„Entschuldige, Kumpel", sagte ich und streichelte ihm die Stirn. „Du mußt noch ein kleines bißchen warten."

Ich ging zurück in den Round Pen und arbeitete weiter. John bearbeitete währenddessen den Wassertrog wieder mit den Hufen. Es wurde Mittag, bis endlich eine Koppel für ihn frei war. Statt sich aber zu bewegen, wie ich erwartet hatte, blieb er einfach am Tor stehen, trat mit dem Vorderhuf dagegen und brummelte leise. Das ging eine ganze Stunde so, bis ich ihn wieder zurück in seinen Pen brachte. Als wir darauf zugingen, blieb er drei Mal unvermittelt stehen, weil er offensichtlich nicht damit einverstanden war. Kaum im Pen angekommen, fing er sofort wieder an, gegen den Wasserbehälter zu treten. Er kickte auch gegen den Futtertrog, den hölzernen Unterstand, die metallenen Seitenbleche und gegen das Tor. Von Zeit zu Zeit hörte er auf damit, sah zu mir herüber und wieherte leise.

Weil er soviel Aufruhr machte, befürchtete ich, daß er eine Kolik hätte, aber nach einer flüchtigen Überprüfung der Temperatur, der Bauchgeräusche und der Schleimhäute konnte ich dies ausschließen.

Bis halb fünf hatte John sich so weit beruhigt, daß er nur noch ab und zu gegen den Wasserbehälter trat. Da mir nichts einfiel, womit ich ihn hätte glücklich machen können, stieg ich in meinen Truck und machte mich auf den Heimweg. Als ich im Schrittempo an seinem Pen vorbeirollte, kam er zum Zaun gerannt und stieß einen lauten, schrillen Schrei aus. Ich blieb stehen, sah ihn lange aufmerksam an, um sicherzugehen, daß er in Ordnung war, und fuhr dann weiter. Ich war kaum zu Hause angekommen und hatte eben die Haustür geöffnet, als das Telefon klingelte. Am anderen Ende der Leitung war eine der Frauen, die auf der Ranch arbeiteten.

„Entschuldigung, daß ich Sie stören muß", sagte sie, „aber John liegt am Boden, und wir kriegen ihn nicht wieder hoch."

„Am Boden?" fragte ich. „Hat er eine Kolik?"

„Nein", antwortete sie. „Er hat sich einfach fallen lassen. Seine Beine haben wir unter dem Zaun weggezogen, aber er will einfach nicht aufstehen." Das gefiel mir ganz und gar nicht. Es sah John überhaupt nicht ähnlich. Den ganzen Tag hatte er verrückt gespielt und jetzt auch noch das. Irgend etwas stimmte nicht.

„Soll ich einen Tierarzt rufen", fragte sie.

„Nein", gab ich zur Antwort. „Versuchen Sie weiter, ihn wieder auf die Beine zu bringen. Ich bin gleich da."

Als ich auf der Ranch ankam, hatte sie mit Unterstützung eines anderen Mädchens John wieder auf die Beine gebracht und stand mit ihm außerhalb des Pen. Er sah schrecklich aus. Sein Fell stand in alle Richtungen ab, ein Hinterbein stand schief, seine Augen waren halb geschlossen und seine Unterlippe hing herunter. Sein Ausdruck sagte mir, daß er sich aufgegeben hatte. Ich hatte diesen Gesichtsausdruck zuletzt bei Doc gesehen, an dem Tag als der alte Mann ihn eingeschläfert hatte.

John bemerkte mich aus den Augenwinkeln, drehte langsam den Kopf und gab ein tiefes, sanftes Brummen von sich. Es schien, als wollte er damit sagen: Jetzt ist alles okay. Er weiß, was zu tun ist.

Aufmerksam beobachtete ich ihn zehn Minuten lang. Während dieser Zeit wollte er ein paar Mal weglaufen. Er stieß mich dauernd mit dem Kopf und brach einmal beinahe dabei zusammen. Das Gefühl, das er in mir auslöste, ist sehr schwer zu beschreiben, aber eins war sicher, er wollte nicht mehr länger dort sein, wo er war.

„Er sieht sehr schlecht aus", hörte ich mich sagen, nachdem ich die ganze Situation gründlich durchdacht hatte. „Ich werde ihn einschlafen lassen."

„Ich glaube kaum, daß wir vor morgen einen Abdecker herbekommen", sagte eine der Frauen. „Wir können ihn nicht einfach hierlassen."

„Kein Abdecker wird dieses Pferd in die Finger bekommen", fuhr ich sie an.

„Was wollen Sie denn sonst mit ihm machen?" fragte sie irritiert.

„Machen Sie sich keine Gedanken. Ich werde schon einen Platz für ihn finden. Es gibt auf diesem Gelände genug abgelegene Stellen."

Zur Ranch gehörten fast 1 200 Hektar Gebirgsausläufer. Es würde kein Problem sein, eine Stelle für John zu finden. Es mußte nur ein Ort sein, der nicht weit entfernt lag, damit John es bis dorthin schaffte. Gleichzeitig mußte der Ort aber weit genug weg sein, damit er nicht gestört wurde und auch er niemanden störte.

Ich ging zu meinem Truck und holte mein Gewehr und eine Handvoll Patronen. Dann ergriff ich Johns Führstrick, und wir machten uns auf den Weg Richtung Berge. Wir gingen ungefähr anderthalb Kilometer durch einen engen Graben, bevor wir auf einen schmalen Tierpfad stießen, der sich in die rote Erde eingegraben hatte. Der Pfad schlängelte sich im Zickzack seitlich den Berg hinauf, der jetzt vor uns lag.

Ich war sicher, daß sich irgendwo entlang dieses Pfades ein geeigneter Ort für John finden würde. Nach einer kurzen Pause am Fuß des Berges stiegen wir bergauf. Der Pfad war sehr schmal und bestand eigentlich nur aus einer Reihe von Kehren, die sich durch Gruppen von Bergmahagonibüschen schlängelten. Das Laufen auf diesem Pfad war für uns beide sehr mühsam, weil diese Seite des Berges sehr steil und heimtückisch war.

Als wir uns der Kuppe des Berges näherten, erreichten wir eine Stelle, wo sich der ansonsten kaum noch sichtbare Pfad deutlich verbreiterte. Wir hatten unser Ziel erreicht. Diese Stelle bot ausreichend Platz, damit John sich bequem niederlegen konnte, und sie lag weit genug abseits, damit er nicht gestört wurde. Es schien, als ob er es bis hierher bereitwillig geschafft hätte, jetzt aber nicht mehr weiterkonnte. Er sah sehr müde aus.

Ich war sicher, daß es nicht mehr lange dauern würde, bis er sich niederlegen würde. Darauf wollte ich warten, egal wie lange. Erst dann wollte ich ihn einschlafen lassen. Er sollte den Zeitpunkt, wann er gehen wollte, selber wählen.

John war immer ein gutes Pferd gewesen und hatte immer getan, was von ihm verlangt worden war. In ungezählten Situationen hatte er alles gegeben und jetzt, da sein Leben zu Ende ging, war dies das mindeste, was ich für ihn tun konnte. Und wenn es die ganze Nacht dauern sollte. Ich würde nichts tun, bevor er sich nicht niedergelegt hatte.

Ich lehnte das Gewehr an einen Busch und setzte mich neben ihn auf einen großen Felsvorsprung. Er schloß die Augen und schien zu schlafen. Während er dort stand und ruhte, schaute ich über das unter uns liegende Tal. Das Gras war ungewöhnlich grün für diese Jahreszeit, da es im Sommer sehr viel geregnet hatte. Ich genoß die wunderschöne Aussicht und bedauerte, daß ich sie unter diesen Umständen anschauen mußte.

Nach ungefähr zwanzig Minuten öffnete John langsam die Augen, sah sich kurz um und legte sich dann mühevoll nieder. Seine Beine lagen einige Sekunden unter seinem Körper, bevor er sich auf die linke Seite hinüberrollte.

Ich kniete mich neben ihn und mußte seinen Kopf hochnehmen, um das Halfter zu öffnen und abzunehmen. Während ich mich auf den Weg machte, um mein Gewehr zu holen, hörte ich, wie er einen langen und friedlichen Seufzer ausstieß. Zögernd schob ich eine Patrone in das Gewehr, holte tief Luft und ging zurück zu der Stelle, wo John lag.

„Mein Gott, wie ich das hasse", hörte ich mich sagen, als ich an seinem Kopf niederkniete und das Gewehr auf ihn anlegte.

Ich wollte gerade abdrücken, da bemerkte ich, daß John nicht mehr atmete. Ich fühlte den Puls an der Arterie am Hals. Da war kein Puls. Seine Augen waren geöffnet, die Pupillen erweitert und jeder Muskel seines Körpers war entspannt. Ich konnte es nicht fassen. Er war einfach so gegangen.

Ich setzte mich auf den roten Lehmboden neben seinen Kopf und streichelte ganz leicht seinen Hals.

„Das also wolltest du mir den ganzen Tag sagen", sagte ich leise. „Du wolltest nicht in diesem verdammten, alten Pen sterben." Plötzlich fühlte ich mich ganz klein. All die Jahre hatte ich nach Wegen gesucht, um mit Pferden zu kommuni-

zieren. Dann versucht endlich ein Pferd, mit mir zu kommunizieren, und beinahe hätte ich alles versaut.

„Bei Gott", sagte ich, als ich zwanzig Minuten später auf-
stand und den roten Staub von meiner Jeans wischte. „Du hast
mir wahrhaftig eine Lektion erteilt. Du kannst sicher sein, daß
mir so etwas niemals wieder passieren wird."

Ich machte mich auf den Rückweg und ging auf dem selben Pfad bergab, den wir eine Stunde zuvor heraufgekommen
waren. Die Sonne ging langsam unter, so daß der rote Lehmboden unter meinen Füßen noch intensiver leuchtete, während
sich die kühle Nachtluft über die Landschaft legte. Ich hatte den
Weg bis zu dem schmalen Graben zurückgelegt, als mich
meine eigenen Worte einholten.

„Du hast mir wahrhaftig eine Lektion erteilt", wiederholte ich. Eine Lektion, die mich gelehrt hatte, Pferden mehr Aufmerksamkeit entgegenzubringen, wenn sie mit mir kommunizieren wollen. Endlich hatte ich begriffen, was mir all die
Jahre entgangen war.

Kommunikation. Nicht wir mit den Pferden, sondern die
Pferde mit uns.

Wir sind meist so sehr damit beschäftigt, den Pferden zu
zeigen, was wir von ihnen wollen, daß wir uns nicht die Zeit
nehmen, zuzuhören, was sie uns erwidern.

Heute hatte ein Pferd den ganzen Tag versucht, mich
dazu zu bringen, ihm zuzuhören. Schließlich, als alle seine
Versuche fehlgeschlagen waren, tat es das einzige, was nicht
ignoriert werden würde. Der alte John ließ sich einfach fallen.
Er wußte, daß ihn früher oder später jemand finden würde, wie
er da lag, mit den Beinen gefangen im Zaun. Sie würden seine
Beine aus dem Zaun ziehen, ihn wieder auf die Beine bringen
und aus dem Pen hinausführen, um zu sehen, ob er in Ordnung war. Und genau das hatte er gewollt.

Sicher gibt es Leute, die sagen werden, daß die ganze
Begebenheit nicht mehr als eine Folge von Zufällen gewesen

ist. Vielleicht haben sie recht. Aber was ist, wenn sie unrecht haben? Was für eine große Tragödie wäre es, wenn ein Tier scheitert, das versucht mit uns zu reden, weil wir es ignorieren, in der festen Überzeugung, daß es so etwas nicht gibt?

Wie ich die Sache sehe, kommunizieren wir einzig und allein mit dem Pferd, wenn wir ihm beibringen wollen, richtig auf unsere Signale zu reagieren. Dagegen versucht ein Pferd uns zu zeigen, was es denkt oder fühlt, wenn es mit uns kommuniziert. Es versucht gewissermaßen, uns etwas über sich beizubringen in der Sprache, die es beherrscht. Wir nehmen uns nur einfach nie die Zeit, um zu begreifen, was das Pferd uns beibringen möchte. Wir versetzen uns viel zu selten in die Rolle des Lernenden.

Plötzlich ergab alles einen Sinn. Es mußten fünfundzwanzig Jahre vergehen, bis ich die Bedeutung der Worte „Er lehrte gut" auf Docs Grab verstand.

Als ich durch den Graben zurückging, mußte ich noch einmal stehenbleiben und nach oben zurückschauen, wo John seine letzte Ruhe gefunden hatte. Ich wünschte, der alte Mann wäre an meiner Seite gewesen, damit ich ihm hätte erzählen können, daß auch ich den Lehrer gefunden hatte. Aber in meinem Fall war es nicht nur ein Pferd, sondern viele.

Zum Beispiel eine Stute, die vor vielen Jahren in einem Round Pen festgebunden worden war. Ein Pferd, das in einen Stacheldraht gerannt war und eins, das schwer mißhandelt worden war. Ein anderes, das mich den Berg hinunter hinter sich hergeschleift hatte. Eins, das sich nicht verladen lassen wollte. Eine Scheckstute, die mir auf die Hand getreten war, ein rotbrauner Wallach, der nicht stehenbleiben wollte und eine Fuchsstute, die meinen Vorderzahn zum Wackeln gebracht hatte.

Doc und John und ein grauhaariger, alter und lederhäutiger Mann, der zu viel rauchte. Ein ganzes Leben täglicher Lektionen, beigebracht von so vielen Lehrern, daß ich sie gar nicht alle aufzählen kann. Als ich meinen Weg fortsetzte, und die Dämmerung sich langsam über dem Tal ausbreitete, konnte ich leichten Herzens sagen: Sie alle haben gut gelehrt.

DANKSAGUNG

Projekte dieser Art sind unmöglich zu vollbringen ohne die Unterstützung guter Freunde und einer verständnisvollen Familie. Aus diesem Grund möchte ich die Gelegenheit nutzen, um ihnen allen persönlich Dank zu sagen – und ich hoffe, daß ich niemanden vergessen habe.

Ich danke meinen Eltern, Jed und Joan, für ihre Unterstützung und Anleitung, die sie mir während meiner Kindheit gegeben haben, sowie für die Freiheit, die sie mir auf der Suche nach meinem Lebensweg gelassen haben, auch wenn es nicht immer der beste Weg schien, den ich gegangen bin.

Ich danke meinen Schwestern Mary und Pam sowie meinen Brüdern Rick, Scott und Craig, die an mich geglaubt haben.

Ich danke meinen Schwiegereltern Gordon und Aleene für ihre Hilfe und Unterstützung in Zeiten, als es nicht leicht war zu helfen. Dank gilt auch Scott und Julie Roederer, die mich dazu angeregt haben, dieses Buch zu schreiben.

Ich danke auch Matt Bowers, der mich zum Schreiben gebracht hat und mich ansporte weiterzumachen. Vielen Dank an Dwight und Jean Thorson, Ron und Jane Ball, Joy York, Patty Lyons, Justin Smith, Scott Bottoms, Linda Goad, Steve und Evelyn Wilson, Linda Wilenski, Dr. Dave und Jill Schneider, Rick Harris, Dennis Clymer, Rob und Jere Irvin, Cathy Irvin, Bob und Cheryl Clifton, Herb und Sherry Mignery, Larry Kitchen, Randy Good, Steve und Gay Nagl, Susie Bail, Fran Vess, George und Jill Pratt, Pat Spivey, Bob Merkins und Boyd LaMarsh für seine Freundschaft und Unterstützung in guten und schlechten Zeiten.

Ich danke Dr. Rick Dill, D.V.M., und Dr. Dave Siemens für die Behandlung der Tiere.

Und mein ganz besonderer Dank gilt dem alten Mann, der mir die Streichhölzer gab, die das Feuer entfachten, und dazu den Treibstoff, der die Flamme immer lodern läßt.

Erlebnis Pferde

Wie Pferde leben fernab vom Einfluß des Menschen, hier am Beispiel der Dülmener Wildpferde,
wird in diesem Band eindrucksvoll dargestellt.
Was die Beobachtung der „Dülmener" uns leh-
ren kann, hat Prof. Dr. Klaus Zeeb zusammen-
getragen und Dieter Schinner in wunderbar
stimmungsvollen Fotos festgehalten.

88 Seiten, 160 Abbildungen
ISBN 3-440-07238-X